※앞 사진은 금명보정선사 입적 3일 전(1930. 2. 10) 모습이다.

조계산문을 재조명하고
조계종 종통을 정립한
시대의 스승

다송자
금명 보정

현봉玄鋒 지음

조계종
출판사

금명보정錦溟寶鼎(1861~1930)선사는
송광사에 출가하여 주석했던
대종사大宗師이다.
선사의 속성은 김金씨,
이름은 첨화添華요,
법휘法諱는 보정寶鼎이며,
법호法號는 금명錦溟이다.
그리고 스스로
호를 다송자茶松子라고 하였다.

금명보정선사 진영

금명보정탑

(2020. 12. 26)

금명보정탑 안에 안장된 크리스털 영정

송광사 부도원
(중앙 왼쪽 하얀 탑이 금명보정탑)

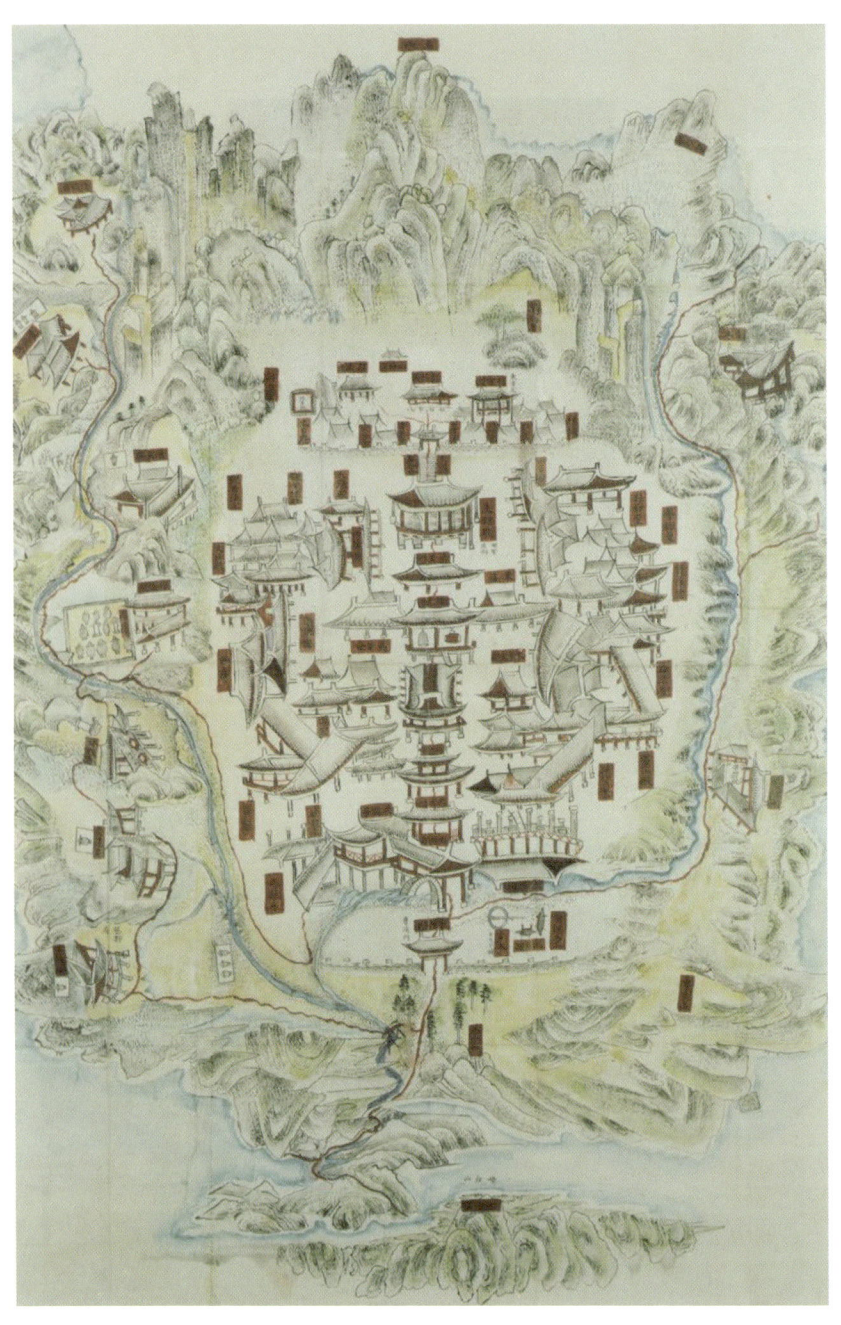

송광사 전경도
조계산 송광사 지도, 규장각 소장, 1886년.
이는 순천부사 이범진이 축성전을 짓기 위해 고종에게 보인 것으로 추정된다.

송광사 전경도

염재 송태회 작, 1915년

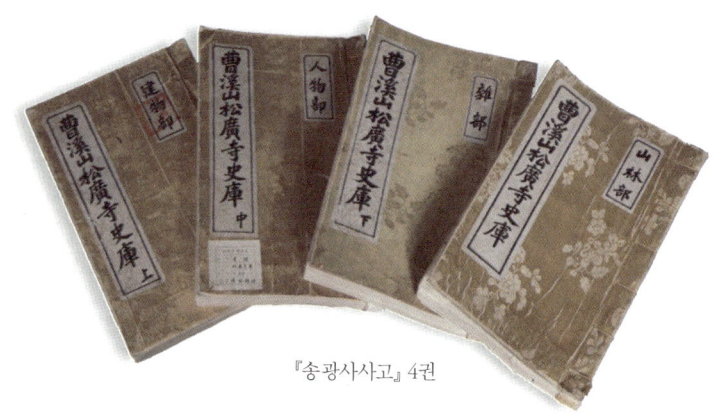

『송광사사고』 4권

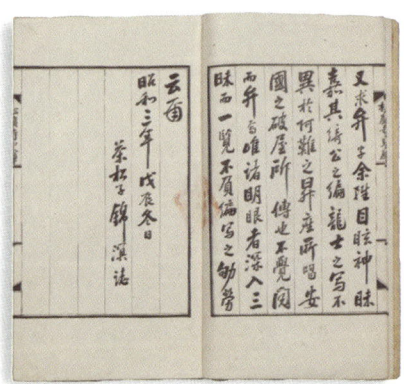

『송광사사고-건물부』 序文(금명 書)

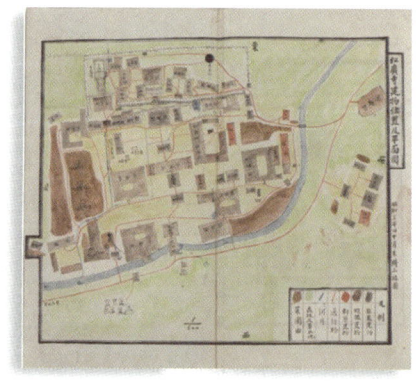

『송광사사고-건물부』 속 송광사 건물 배치도

『송광사사고-건물부』 속 암자 평면도

송광사 일주문 앞 비림

6.25 이전의 송광사 전경

| 광원암 | 감로암 |

송광사 산내 암자도 8폭
이 그림은 송광사를 앞에서 바라본 산세에 따라
광원암▷감로암▷보조암▷은적암▷청진암▷비전암▷큰절 생략▷화엄전▷천자암 순서로 배열하였다.

보조암   은적암

청진암 비전암

화엄전 　　　　　　　　　　천자암

위 8폭 그림은 부산의 정충영鄭忠永 씨가 골동품상에서 구하여 2011년에 송광사에 기증한 것이다.
1890년대 작품으로 추정된다.

1930년대 송광사 전경

1940년대 송광사 전경

2010년대 송광사 전경

2020년대 송광사 전경

차례

서序 028
『다송시고茶松詩稿』의 첫 시를 읽으며 032

제1장
금명보정의 생애

1 | 행장行狀 040

　1) 출생 및 소년기(1~14세) 040
　2) 출가 수학 시기(15~29세) 041
　3) 도제양성 및 수선修禪 시기(30대) 052
　4) 송광사 외호外護 시기(40대) 066
　5) 교화 시기(50대) 084
　6) 저술 시기(60대) 102
　7) 회향回向 117

2 | 금명의 교유 관계 124

　1) 금명보정의 스승 124
　2) 도제道弟 125
　3) 도우道友 125
　4) 재가자在家者 125
　5) 계정혜戒定慧 삼학三學의 권면勸勉 126

제2장
금명보정의 업적

1 | 송광사 수호守護 및 외호外護 129

1) 갑오년(1894)의 수호 129
2) 남여籃輿 부역 혁파革罷 130
3) 총섭總攝과 섭리攝理의 소임 131
4) 향탄봉산香炭封山 제정制定 133
5) 성수전聖壽殿 건립 135
6) 무신병란戊申兵亂 만행 저지 138
7) 각 전당殿堂의 불량계佛糧契와 조합을 조직 142

2 | 편록編錄과 저술著述 144

3 | 방대한 송광사 사료史料의 수집蒐集 정리整理 149

4 | 조계종 종통宗統의 재정립 151

1) 조계산문 중심의 조계종 152
2) 간화선 수행법으로 중국 임제종의 법통을 이은 선사들 154
3) 삼국(인도 중국 고려)의 불교 회통 155
4) 조선 초기의 조계종 157
5) 조선불교의 소중화小中華 사관史觀 161
6) 국권피탈과 종명宗名 180
7) 조계산문의 재조명과 조계종의 종통 정립 181

제3장
금명과 범해각안

1 | 범해로부터 동국계맥을 잇다 195
   1) 칠불사의 대은大隱과 금담金潭 196
   2) 동국계맥東國戒脈의 계승 198

2 | 범해의 선교禪敎마저 이은 금명 205

3 | 범해선사 문집을 편찬한 금명 207

4 | 초의와 범해 사상을 대변하는 금명 211

제4장
다송자 금명의 다풍

1 | 송광사에 이어온 다풍茶風 217

2 | 용악혜견龍嶽慧堅을 통해 본 송광사 다풍茶風 222

3 | 다송자茶松子의 다풍茶風 228
   1) 출가 수학하며 익힌 다풍 228
   2) 초의의 다풍 231
   3) 일상 속에 구현한 다송자의 다풍 241
   4) 다송자 이후의 송광사 다풍 243
   5) 다송자 연구의 미래 246

제5장
다송자 금명의 차시

01 고인과 이별하며 251

02 서불암 저문 봄에 252

03 다려茶侶화상과 함께 등불 아래에서 주고받다 254

04 은적암 초당의 운을 빌리다 257

05 겨울비 258

06 차를 달이며 259

07 은적암에 올라 260

08 이별을 아쉬워하다 261

09 감회를 적다 263

10 백양산인 종宗과 원元 두 사람을 보내며 264

11 호宗과 문文 두 스님을 금강산으로 보내면서 266

12 국천菊泉을 찾아 267

13 각초 상인에게 화답하다 268

14 송상사를 찾아가서 못 만나고 269

15 송광사 문수전에서 오율 270

16 감회를 적다 271

17 광주 최하사에 화답하다 272

18 승평의 윤주정과 결사하다 273

19 섣달그믐날 밤에 274

20 경운 스님께 올림 275

21 산에 머물며 시를 읊다 276

22 늙은 바위 277

23 방장산의 국은계형과 청원루에서 만나 278

24 월곡과 국은과 함께 등불 아래 읊다 280

25 石室山居의 잡영의 운을 빌려 짓다 281

26 한여름 수석정 시내 위에서 세 벗이 대작하며 감회를 읊다 283

27 다려장로와 등불 켜고 입으로 부르다 285

28 석실의 글자를 써서 짓다 286

29 인오 스님 방에서 차 이야기 287

30 비온 뒤에 새로 나온 찻잎을 따며 289

31 긴 여름날을 좋아하여 임천을 즐기면서 290

32 여흥을 읊다 291

33 마주 앉아 읊다 292

34 방장산의 가을 경치에 놀면서 294

35 중양절에 국화 향기 맡으면서 295

36 취암자의 「가을날 벗을 그리며」에서 운을 빌리다 297

37 허원응의 다회에서 298

38 반딧불 299

39 산에 사는 그윽한 멋 300

40 가을을 아파하며 301

41 유연정의 운을 빌리다 302

42 남파를 꿈에 보고 303

43 남창에서 읊다 304

44 장춘동(대흥사) 305

45 겨울에 휴학하고 전별연을 베풀다 307

46 중앙학림의 학생이 산으로 돌아오다 308

47 동짓날 309

48 염재의 운을 빌려 부치다 310

49 다송명 311

50 정참봉 일택의 운을 빌리다 312

51 이빨이 빠진 것을 느낌 313

52 차를 달이다 314

53 다회를 베풀고 느낌을 짓다 315

54 차 곳간을 만들고 나서 316

55 오취암과 함께 가을을 아파하며 317

56 봉서암에서 쉬고 다음날 다시 별운으로 짓다 318

57 별운으로 유儒와 석釋이 어울리다 319

58 청년 학생이 다회에서 법어를 구하기에 삼절을 읊다 320

59 밤에 읊다 321

60 모기를 미워하며 322

61 범해선사의 문집을 읽고 323

62 가을비가 맑게 개어 324

63 늦봄에 벗과 함께 마주 짓다 325

64 구산의 조아미초의 운을 이어 326

65 안금석, 김강운 등 7인이 시를 구하기에 327

66 단산 우재와 함께 읊다 328

67 오지면의 안금석과 태안사의 세 장로께 답함 329

68 영월이 4기의 주지 재임을 바라기에 답함 330

69 귀일선사가 백양산에서 돌아옴에 이어서 331

70 죽원사의 능월선백에게 화답하다 332

71 국사부도 다례문 333

제6장
다송자 기문

01 대화엄사의 원화圓華 함장께 올리는 글 337
02 고흥군 팔영산 능가사 서불암 342
03 조계산 보조암 강당선불장 연화결사문 347
04 축성전 창건기 352
05 성수전 시창연기 발문 355
06 전독대장경 발문 358
07 다솔사 대웅전 선승당 창건양문 364
08 승평군 조계산 극락교기 370
09 진영당 이건과 영정을 새로 조성했던 기록 374
10 칠전 동방장東方丈이 고금에 이름이 다른 이유 378
11 송광사 사자항 신구로 연기변 384
12 조계산 국사전 중창 상량명 병서 391
13 송광사 국사전 중수기 398
14 송광사 극락교 청량각 상량문 401
15 불일보조국사 감로탑 개축기 406
16 보조국사사리탑 이안 연기평 410
17 풍악산 송광암 중수급개금기 414

부록 1_ 금명대종사 비명과 음기 420
부록 2_ 승계보와 승계보 색인 428

찾아보기 443
참고문헌 451

서序

조선 말기에 고요한 아침의 나라는 다시 개벽開闢이 시작되었다. 자각自覺해서가 아니라 서구에서 밀려온 신문물에 의해서였다.

사대事大와 주자학朱子學에 골몰된 지식인들은 바깥의 흐름을 읽지 못하였고, 서구의 선진 문물을 접하고 실학實學에 눈뜬 몇몇 분들이 있기는 했지만, 그들은 당쟁과 파벌로 얼룩진 정국에서 변방으로 밀려나 있거나 역동적인 정책을 펼칠만한 자리에 있지 않았다. 기득권을 가진 세력들은 변화를 거부했으나 결국 외세에 의해 빗장이 풀렸고 가치관의 혼란은 가중되었다.

예전에 야만국이라 얕보던 왜국倭國은 이미 2세기 전부터 개방하고 유신維新하여 동아시아를 흔들며 러시아와 청나라를 눌렀다. 하지만 소중화小中華를 자처하며 대의명분大義名分을 중시하던 예의지국禮儀之國 조선은 그 사이에 끼어 몸부림치다 결국 초라하게 주저앉고 말았다.

이 땅의 오랜 역사 속에 외세에 의해 이런 진통이 몇 번이나 반복되었던가?

조선 말기와 대한제국시대 그리고 일제강점기는 전통과 정체성이 혼란스럽던 격동과 혼돈의 시대였다. 그러니 산중이라 하여 예외일 수 있겠는가?

해동불교의 위대한 선지식들을 가장 많이 배출한 조계산 송광사에서 그런 시대를 꿋꿋이 살면서 무너져가는 역사를 다잡으신 분이 있었으니, 바로 다송자茶松子 금명보정錦溟寶鼎(1861~1930)선사이다.

금명 스님은 세상에 크게 이름나지 않았지만, 조선 말기와 대한제국과 일제강점기를 거치는 그 격동과 혼란의 시절에 폐허가 되어가다시피 하는 송광사에서 도제양성과 도량 외호를 하며 혼신을 다해 묵묵히 이 도량을 지켜온 분이다.

그 혼돈의 시대에 자칫하면 사라질 뻔했던 송광사에 관한 방대한 자료들을 한평생 동안을 수집하고 고증하며 정리하였다. 그리하여 그가 남긴 방대한 저술들을 살펴보면, 바로 오늘의 송광사가 승보종찰僧寶宗刹로 명실상부하게 자리매김할 수 있도록 그 틀을 다져놓았음을 알게 되어, 참으로 그 어른이 존경스럽고 감사하다는 생각을 떨칠 수 없었다.

그리하여 필자가 본사의 주지 소임을 맡고 있을 때인 2001년 10월 14일에 〈다송자 금명보정의 생애와 사상〉을 조망하는 세미나를 처음 개최하여 사계斯界에서도 다송자 금명선사에 대해 관심을 갖는 계기가 되었다.

그리고 2015년 6월 6일에 다시 한번 송광사에서 〈다송자를 중심으로 한 선사상禪思想과 송광사 다풍茶風〉에 대한 학술대회를 열기도 하였지만, 스님의 업적과 행적에 대해 제대로 알리기에는 역부족이었다.

현재 다송자의 저술은 『한국불교전서 제12책』 「보유편」에 방대한 분량이 수록되어 있다. 그러나 한글 세대가 모르는 한문인데다 아직까지 번역되지 않아서 일반인들의 접근이 쉽지 않다.

그래서 다송자의 문집 가운데 일부 행적을 뽑아 스님을 이해하는 데 조금이나마 도움이 될까 해서 우선 행장을 중심으로 그분의 업적을 정리해보았다. 그리고 다송자의 시고詩稿 1,000여 편 가운데 차시茶詩 70여 편과 문고文藁 가운데 기문記文 몇 편을 골라 미력하나마 이를 번역하여 함께 실었다.

금명보정선사는 자호自號를 다송자茶松子라 했는데, 그것은 말 그대로 '차를 즐기는 송광사 스님'이란 뜻이리라. 선사는 평생 동안 조계산문 송광사의 종통宗統과 보조국사普照國師의 목우가풍牧牛家風을 선양하며 일상 속에 다선일향茶禪一香의 삶을 살았다.

진각국사眞覺國師 혜심慧諶(1178~1234)이 백운산에 계시는 보조국사 지눌知訥(1158~1210)을 찾아가는 길목의 솔바람 속에 실려오는 차향을 맡으면서 스승의 진면목을 친견하고 그 법을 전해받은 이후로 조계산 송광사에 면면히 전해오던 목우가풍의 향기인 것이다.

국립중앙박물관에 일제강점기 때의 유리건판 사진이 공개되어 있어 연관된 일부 사진을 여기에 실을 수 있었다. 그리고 도표나 사진, 계보 등은 다송자처럼 송광사의 크고 작은 사료들을 잘 정리하는 송광사성보박물관장 고경 스님의 감수와 객원 연구원 신은영 선생과 연구원 신규나의 편집에 크게 도움받은 것이다.

금명보정선사 입적 90주기를 맞아 2020년 12월 26일 송광사 부도원浮屠園에 금명보정탑錦溟寶鼎塔을 건립하였다. 그리하여 이번에 일부 자료를 보정補正하고 새롭게 내게 되었다.

필자의 관견管見으로 잘 살피지 못하여 다송자의 행장에 착오가 있거나, 시고詩稿와 문고文稿의 번역 가운데 금명 스님의 본뜻과 다른 자의적인 해석이 있기도 할 것이다. 눈 밝은 이들과 함께 다듬어가기를 바랄 뿐이다.

2024년 1월
조계산 적취산방에서
현봉 합장

『다송시고茶松詩稿』의 첫 시를 읽으며

次大興寺挽日庵板上韻 차대흥사만일암판상운

丙戌春
병술(1886) 봄

名區海上得	해남 땅에 이름난 도량이 있어
千載道踪留	천년이나 불법을 이어왔는데
遠浦平如鏡	먼 바다는 잔잔하여 거울과 같고
高嵓眞似頭	높은 산의 바위들은 머리 닮았네
庭心抽玉塔	뜰 가운데 옥탑은 솟아있으며
谷口聳金樓	골 어귀에 누각이 걸려있구나
此地誰先到	이곳을 누가 먼저 찾았었던가
草衣袖裡收	초의 스님 소매 속에 거두었다네

이 시는 금명보정錦溟寶鼎 스님이 그의 나이 26세 때인 병술(1886)년에 해남海南 대흥사大興寺의 만일암挽日庵 현판에 있는 어느 시를 보고 그 운韻을 따서 지은 것이다.

남녘 바닷가에 있는 두륜산頭輪山 대흥사는 서산西山 스님의 유촉으로 법손들이 그곳에 주석하며 조선 후기 불교의 르네상스 시대를 열면서 12대 종사와 12대 강사를 배출한 명찰名刹이다. 그 높은 두륜산의 가련봉迦蓮峰 바로 아래에 있는 만일암은 경개景槪가 아름답고 맑은 기운이 감도는 곳이다. 뒤편에는 두륜산이라는 산 이름에 걸맞게 높은 바위가 머리처럼 둥글게 솟아 있고, 맞은편 서쪽 오도재 능선 너머로 멀리 진도珍島의 내해內海인 벽파진碧波津 앞 갯가의 잔잔한 바다가 보인다.

금명이 처음 찾았을 때는 천년의 역사를 간직한 석탑과 암자 들머리에 단아한 누각이 있었다. 전설에 의하면 이 암자는 통일신라 무렵에 정관존자淨觀尊者가 창건했다고 전해온다. 정관존자가 만일암을 창건할 때 하루 동안에 암자를 다 지으려고 하면서 먼저 탑을 세우고 나니 해가 어느덧 서산 너머로 기울고 있어서 해가 지지 못하게 탑에다 해를 잡아 묶어놓고 암자 짓는 일을 계속했다.

그래서 암자를 완성한 다음에 암자 이름을 '잡아당길 만挽' 자와 '해 일日'을 써서 만일암挽日庵이라고 불렀다고 한다. 아마도 높은 곳에 있는 서향西向의 도량으로 아래 골짜기보다 햇살이 늦게까지 더 오래도록 비추는 곳이라서 붙인 이름일 것이다.

다산茶山 정약용丁若鏞(1762~1836)은 대흥사를 찾아가서 머물 때에 『만일암지挽日庵誌』를 지어 남겼다.

대흥사 만일암 오층석탑(1930년대)

지금은 이 암자가 없어졌지만, 그 터에는 아직도 오층석탑이 남아 있으며 오래된 천년수千年樹도 그대로 있다.

금명이 만일암을 찾아갔을 때, 그는 출가하여 10여 년 동안 제방의 종장宗匠들을 찾아다니며 내외전內外典을 두루 익힌 어엿한 장부가 된 청년 승려였다. 그곳에는 동국의 칠불계맥七佛戒脈을 이은 범해각안梵海覺岸(1820~1896) 스님이 계단戒壇을 설치하여 구족계具足戒를 전하고 있었기에, 그때에 구족계를 받기 위해 만일암을 찾았던 것이다.

◉

범해각안은 초의의순草衣意恂(1786~1866)선사의 제자이다. 초의는 43세 되던 무자년戊子年(1828) 여름에 지리산 칠불암에 가서 연담유일蓮潭有一의 제자인 금담보명金潭普明 스님에게 구족계를 받았으며, 금담金潭은 칠불암에서 서상수계瑞祥受戒를 하여 동국의 계율을 중흥시킨 대은大隱 스님에게서 구족계를 받았다.

그런 인연으로 뒤에 초의는 동국의 계율을 중흥시킨 대은을 대흥사 만일암으로 모셔와 주석하게 하였다. 대은은 1841년 3월 25일에 만일암에서 설법을 마치고는 그대로 가부좌한 채 입적하였다.

그 이후 만일암에서 초의 스님과 그 뒤를 이은 범해 스님이 계단을 설치하여 수계授戒하면서 동국의 칠불계맥을 이어가고 있었다. 만약 그때 그렇게 초의가 계맥 전수를 위해 힘쓰지 않았다면 조선 말의 칠불계맥은 사라졌을지도 모른다.

그러니 금명이 범해로부터 만일암의 계단에서 구족계를 받게 된 것도 초의가 계맥을 이어 전해주었던 공덕이었음을 마음에 새기며 위와 같은 시를 지었던 것이다.

금명은 자호自號를 다송자茶松子라고 하였으며, 그의 문집 가운데는 약 1,000여 편의 시를 지어 엮은 『다송시고茶松詩稿』를 남겼는데, 위의 시는 그 『다송시고』의 제일 첫머리에 실려 있다.

그래서 이 시를 들머리 삼아 다송자 금명보정선사의 생애와 업적을 살펴보고자 한다.

제1장

금명보정의 생애

다송자 금명보정선사는 조선 말기에 태어나 송광사로 출가하여 혼란스럽던 격동과 혼돈의 대한제국시대와 일제강점기를 살았다. 한평생을 도량 외호와 도제 양성을 하면서 자칫 사라질 뻔했던 송광사에 관한 방대한 자료들을 수집하고 정리하였다. 오늘의 송광사가 조계종의 근본도량으로 승보종찰로 당당하게 자리매김할 수 있게 한 분이다. 조계산문은 참으로 그분의 업적에 힘입은 바가 크다고 할 수 있다.

그런데도 금명의 위대한 업적에 비해 송광사 대중이나 일반 사람들에게 많이 알려지지 않은 편이라서, 2001년 10월 14일, 송광사에서 대덕大德 석학 碩學들을 모시고 〈다송자 금명보정의 생애와 사상〉 학술대회를 개최하여 그분의 생애와 사상에 대해 조명한 일이 있다.

그 학술대회로 인하여 각계에서 다송자 금명 스님에 대한 연구가 일어나고 논문들이 발표되면서 현창顯彰하는 계기가 되었다. 그러나 그분의 업적에 비하면 아직도 미흡한 상태라서 여러 자료들을 참고하여 그분의 행장을 연대별로 정리하여 소개한다. 더불어 스님의 행장을 통해 그 시대에 송광사에서 일어난 역사적인 크고 작은 사건의 흐름도 더듬어 보고자 한다.

1.
행장行狀

다송자 금명보정선사에 대한 행장에 대해서는 금명 스님이 자신의 행적을 손수 기록하여 남긴 「행록초行錄草」와 『다송문고茶松文庫』『다송시고茶松詩稿』『송광사지松廣寺誌』(2001, 송광사) 등을 참조하였다.

그리하여 이해하기 쉽게 연대별로 출생 및 소년기(1~14세), 출가 후 수학 시기(15~29세), 전법 시기(30대), 외호 시기(40대), 교화 시기(50대), 저술 시기(60대), 그리고 회향으로 나누어 정리하였다.

하지만 이것은 편의상 그렇게 정리하는 것으로, 사실 그 시기들이 뚜렷하게 선이 그어지는 것은 아니다. 수학·전법·외호·교화·저술 활동의 시기들이 서로 겹쳐 있기 때문이다.

1) 출생 및 소년기(1~14세)

금명보정 스님은 1861년(辛酉: 哲宗 12) 1월 19일 축시丑時에 운룡리에서 아버지 통정대부通政大夫 김상종金相宗과 어머니 완산完山 이씨李氏 사이에 4남 중 막내로 태어났다. 스님의 선대先代는 전남 영암靈巖에 살다가 지금의 순천시 주암면 운룡리(당시 행정구역은 곡성군 석곡면 운룡리)로 이주하여 왔다. 선사는 가락국왕駕洛國王의 후예인 학성군鶴城君 완完의 11세世 적손嫡孫이다.

어머니의 꿈에 비단(錦)같은 오색구름이 피어나는 시냇물이 넘쳐 흘러 큰 바다(溟)를 이루는 상서로운 꿈을 꾸고 나서 스님을 잉태하였다고 한다. 이 태몽으로 인하여 뒷날 호號를 금명錦溟이라 하게 된다. 선사는 정수리가 우뚝 솟아 숙세宿世에 수행이 깊은 상호相好였으며, 코가 높이 솟고 곧아서 골상骨相이 풍부하였다. 총기가 뛰어나 신동이라고 소문이 났는데, 그래서 나이 다섯 살 때에는 사람들이 이름을 영준英俊이라고 불렀다.

◆ **11세**(신미辛未, 1871년) ~ **14세**(갑술甲戌, 1874년)

금명은 집안이 곤궁한 가운데서도 열한 살부터 서당에서 글을 익히며 주경야독晝耕夜讀하며 부지런히 공부하였다. 그러면서도 병환이 든 어머니를 4년 동안 간병看病하면서 대소변을 받아내는 일을 싫어하는 기색이 없었으며, 눈 속을 헤쳐 지초芝草를 찾고 진흙을 뒤져 조개를 캐는 그런 효성을 다하였다.

2) 출가 수학 시기(15~29세)

금명은 숙세로부터 불연佛緣이 깊어 출가하게 된다. 그는 승속僧俗의 사친師親에게 효심도 깊었고 언제나 의리를 존중하였다. 타고난 총명함으로 언제 어디서나 발군拔群의 재질로 많은 스승들로부터 가르침을 받으면서 그들의 정수精髓를 모두 전해받아 출세간出世間의 대장부大丈夫가 된다.

◆ 15세(을해乙亥, 1875년)

가세가 기울어 집안이 어려워져 4형제가 제각기 흩어지게 되었다. 아버지의 명命으로 12월 20일에 순천 송광사로 출가하였다.

금명은 어릴 적부터 영특하여 스승들에게 배우면 바로 이해하였고 한번 읽으면 그때마다 곧바로 외웠다고 한다.

◆ 16세(병자丙子, 1876년)

불탄일佛誕日인 4월 8일에 금련당金蓮堂 경원화상敬圓和尙(?~1889)을 스승으로 득도得度하고 입적入籍하였다. 경원은 1859년(己未)과 1873년(癸酉) 두 번에 걸쳐 송광사 총섭總攝(지금의 주지)을 지낸 분이었다.

어느 날 슬픈 마음이 일면서 털이 곤두서는 느낌이 들어 은사스님의 허락을 얻고 곧바로 집으로 가니, 모친의 병이 재발하여 목숨이 아주 위태하였다. 시탕侍湯한 지 3일 만에 모친이 돌아가시니, 그때가 5월 21일이었다.

◆ 17세(정축丁丑, 1877년)

7월 15일에 경파景坡 스님에게서 대승계大乘戒를 받았다. 경파성원景坡性元 스님은 생몰 연대 미상으로 이력은 자세히 남아 있지 않으나 환성지안喚醒志安(1644~1729)의 7대 법손이다. 〈431쪽 참조〉

◆ 18세(무인戊寅, 1878년)

6월에 계사戒師인 경파 스님을 모시고 지리산 천은사泉隱寺 수도암修道庵에서 유학遊學하였다. 그리고 가을과 겨울에는 송광사 광원암廣遠庵에서 경붕익운景鵬益運(1836~1915) 강백에게 나아가 『기신론起信論』을 배웠다. 경붕은 함명태선涵溟台先(1824~1902)의 제자로 덕망이 높은 분이었으며, 그의 제자로 선암사에 오래 주석하며 명망 높았던 경운원기擎雲元奇(1852~1936) 선사가 있다.

◆ 19세(기묘己卯, 1879년)

본사의 서기書記 소임을 맡아 대중의 외호에 힘썼다.

◆ 20세(경진庚辰, 1880년)

봄에는 지리산 법화암法華庵에서 혼해찬원混海贊元 스님에게서 『기신론』을 다시 배웠으며, 가을에는 화엄사華嚴寺 구층암九層庵에서 원화圓華(1839~1893) 스님으로부터 『원각경圓覺經』을 배웠다.

원화는 화엄사의 서우대사西藕大師를 은사로 출가하였고 법명은 덕주德柱이다. 원화 스님은 지혜가 총명하였으며 젊은 시절에 우담優曇, 포허抱虛, 응월應月 등의 종사들을 참방하여 배웠다. 그리고 두월우홍斗月禹洪(1744~1816)의 법을 받았으니, 부휴선수浮休善修(1543~1615) 제자인 벽암각성碧巖覺性(1575~1660)의 11세 법손이 되며, 화엄사에서 『화엄경華嚴經』 강의로 이름을 날리던 분이었다.

◆ **21세**(신사辛巳, 1881년)

송광사 보조암普照庵에서 구연법선九淵法宣(1844~1897) 스님에게서 『현담懸談』을 배웠다. 구연九淵(九蓮)은 주암 출신으로 송광사로 출가하여 우담홍기優曇洪基(1822~1881)에게 경經과 선禪을 배워 그 골수를 얻었다. 당대 불교계의 대공덕주인 용운처익龍雲處益(1813~1888) 스님에게서 의발衣鉢을 전해 받고, 송광사 보조암에서 개당開堂했던 분이다.

이해 9월 8일 송광사 광원암廣遠庵에 주석하던 우담선사가 60세로 입적했다.

◆ **22세**(임오壬午, 1882년)

봄에 『삼현三賢』을 배우고, 가을에는 『반야般若』를 배웠다.

◆ **23세**(계미癸未, 1883년)

봄에 광원암에서 원해문주圓海文周(1850~1888) 스님한테 『십지十地』를 배웠다. 원해는 낙안樂安 사람으로 어려서 송광사로 출가하여 수산원만守山圓滿의 법을 계승하니, 묵암최눌默庵最訥(1717~1790)의 4대 법손이 된다. 원해의 제자로 율암찬의栗庵贊儀(1867~1929)가 있다. 원해는 학문과 덕행이 뛰어나 『화엄경』의 선재동자처럼 법을 구해 남방을 지나가는 이들은 반드시 그를 만나보기 원했으며, 임종할 무렵 서방西方으로 갈 때에는 스님께 눈물을 흘리며 이별을 고하려고 할 정도였다고 한다.

◆ **24세**(갑신甲申, 1884년)

광원암에서 계속 원해 강백에게서 『법화경法華經』을 배웠다.

원해당 문주 스님
진영(부분),
115.5×54.5cm,
비단 채색,
1911년,
송광사 풍암영각 소재

    12월 7일에 포우행성布雨幸性(1850~1884) 스님이 35세 젊은 나이로 입적하였다. 포우는 1850년 송광면 인덕리에서 태어나 일찍이 아버지를 잃고 어머니의 교훈으로 경서를 공부하다가 단명短命한다는 말을 듣고 16세에 송광사로 출가하여 우담優曇과 함명涵溟 두 대가大家에게 참학하였다.

    29세에 청진암淸眞庵에서 영허여만盈虛如滿대사의 법을 이어 건당建幢하니 사중四衆이 많이 모여들었다. 시율詩律을 즐겼으며 문장이 뛰어났다. 그는 우담선사가 입적한 뒤(1881)에 광원암으로 옮겨 주석하였다. 그러다가 묵은 병으로 입적하니, 그의 제자 한붕성학漢朋聖鶴(1864~1929)이 지금의 오도암에서 주암 복다리로 넘어가는 고개인 가재加峙에서 다비茶毘(火葬)하였다.

◆ **25세**(을유乙酉, 1885년)

정월부터 선암사仙巖寺 대승암大乘庵에서 함명태선 종장宗匠에게서 『선문염송禪門拈頌』을 배웠다. 가을에는 송광사 보조암에서 『통사通史』를 비롯한 제자백가諸子百家의 서적을 읽었다.

함명은 백양사의 풍곡덕인豊谷德仁에게 출가하였다. 도암선사道菴禪師의 계단에서 구족계를 받고, 침명枕溟 대강백 선석禪席에서 선참禪懺을 받았다. 이후 풍곡의 법통을 이었다.

옛날 중국 선종禪宗에서 북쪽은 신수神秀요 남쪽은 혜능慧能이라 하던 것처럼, 선대先代에는 말하기를 '오른쪽은 백파白坡요, 왼쪽에는 침명枕溟이라' 했다. 그 당시에는 '오른쪽은 설두雪竇요 왼쪽은 함명이라'고들 했다. 함명의 법석에는 언제나 전국에서 많은 학인이 몰려들었으며, 금명은 18세 때 광원암에서 그 제자인 경붕景鵬에게 사사한 바가 있었다.

◆ **26세**(병술丙戌, 1886년)

1월 10일 해남 대흥사로 가서 범해梵海 스님에게서 『고문진보古文眞寶』*와 『동래박의東萊博義』**와 『사산비명四山碑銘』*** 등을 배웠다. 그

● 『고문진보』는 중국 주周나라 때부터 송宋나라 때까지 고시古詩와 고문古文을 모아 엮은 책이다.
●● 『동래박의』는 송나라 학자인 동래東萊 여조겸呂祖謙(1137~1181)이 『춘추좌씨전春秋左氏傳』에 기록된 사건들에 대한 평론집으로 과거科擧 시험의 문제로 많이 사용되었다고 한다.
●●● 『사산비명』은 절세의 문장가인 최치원崔致遠이 지은 지리산智異山 쌍계사진감선사대공탑비雙溪寺眞鑑禪師大空塔碑, 보령 만수산萬壽山 성주사지대낭혜화상탑비聖住寺址大郎慧和尙塔碑, 경주 초월산初月山 숭복사지비崇福寺址碑, 문경 희양산曦陽山 봉암사지증대사적조탑비鳳巖寺智證大師寂照塔碑 등 네 분의 고승들에 대한 비명碑銘이다.

리고 범해 스님으로부터 구족계를 받고, 『범망경梵網經』과 『사분율四分律』 등을 배웠다.

8월에는 송광사로 돌아왔다가 9월에 화엄사의 원화 스님의 강헌講軒에서 유가儒家의 사서삼경四書三經을 배웠다.

◆ **27세**(정해丁亥, 1887년)

봄에 원화 스님에게서 장자莊子의 『남화경南華經』과 『사략史略』 등 제자백가의 여러 전서典書들을 배웠다. 그 문하에서 수학하고 떠날 때 원화선사께 올린 「상대화엄사원화함장문上大華嚴寺圓華函丈文」은 신선하고 아름다운 청년의 문장이다.〈337면 참조〉 이처럼 제방諸方의 종장들을 찾아다니며 내외의 전적典籍을 두루 섭렵하였다.

일주문 앞 하마비下馬碑

지난해(1886)에 왕실의 종친宗親인 순천부사 천운川雲 이범진李範晉(1852~1910)[●]이 상경하여 본사의 동방장東方丈(지금 수선사 자리)에다 삼전三殿인 국왕과 왕비와 세자의 만수무강과 국태민안을 기원하는 왕실 원당願堂인 축성전祝聖殿을 세울 것을 고종高宗에게 직접 주청奏請하여 윤허允許를 얻었다. 이해 용운龍雲 스님이 이를 관장하여

● 이범진李範晉은 조선 말기의 문신으로 본관은 전주숲州, 자는 성삼聖三이다. 서울 출신으로 아버지는 경하景夏. 1910년 국치를 당하자 자결하였다. 차남이 헤이그밀사 3인 중의 1명인 이위종李瑋鍾이다. 1963년 대통령표창, 1991년 건국훈장 애국장이 추서되었다.

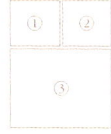

① 1886년 축성전
② 축성전 송태희 그림(부분)
③ 바위에 새겨진 송광사 외호자들, 이범진의 이름도 보인다

준공하였다. 그리고 일주문에서 200여 보 거리에 홍살문을 세우고, 그 옆에 하마비下馬碑를 세웠다. 이는 송광사를 찾아오는 이는 누구나 말에서 내려 참관하라는 의미다. 이리하여 관리들이나 유생들이 송광사 경내에서 방자한 짓을 못하게 되었다.

◆ 28세 (무자戊子, 1888년)

1월 18일 속가 부친이 돌아가셨다. 그리고 2월에 은사恩師의 부탁을 받들어 여산礪山(지금의 익산) 심곡사深谷寺에 주석하던 신승神僧으로 알려진 허주덕진虛舟德眞● 선사를 찾아갔다.

허주선사로부터 금련당金蓮堂이라는 은사스님의 선호禪號를 받아오니, 은사스님이 "내가 허주선사로부터 선호를 받는 것이 내 평생의 소원이었는데, 네가 지금 내 소원을 이루어주었구나. 그러나 지금 나는 병상에 있은 지 오래되어 가진 것도 없으니 전해줄 것이 없다. 너는 가진 것이 많은 다른 스님을 찾아 법을 구해 건당하여 그 뒤를 잇도록 하라!" 하였다. 이에 금명이 답하기를 "십 년 동안 가르치고 길러주신 본뜻이 어디에 있겠습니까? 다만 마음을 전하는 법이 오직 우리의 가풍입니다. 물건의 있고 없는 것이 어찌 도를 만족시키겠습니까?" 하였다. 은사스님이 "말은 그렇지만, 내 입장에서는 차마 그럴 수 없구나!"

● 허주덕진虛舟德眞(1815~1888)선사는 어려서 부모를 잃고 유리걸식하다 11세에 조계산에 이르러 누갈樓楬 수좌를 만나 인연이 되어 출가했다. 침명枕溟 스님을 찾아 경을 배우고 인파印波선사에게서 선지禪旨를 얻었다. 1843년(癸卯) 29세 되던 해에 송광사 대법당의 점안불사에 증명법사가 되었을 정도로 유명했던 고승다. 기봉奇峰 스님의 제자인 정담靜潭의 법을 이어 30세에 은적암에서 건당하였다. 불망염지不忘念智를 얻어 자비로운 덕이 넘치고 총혜聰慧가 뛰어났으며 선풍禪風을 떨쳤다. 『경허집鏡虛集』에 보면 경허선사도 「기허주장자奇虛舟長者」라는 칠언절구七言絶句로 탁마를 하였다.

라고 하였다. 그 뒤에 혹 누가 이익을 볼 수 있는 건당을 하라고 유혹해도, 금명은 "이익이나 구하는 것은 나의 분수가 아닙니다" 하면서 거절하였다.

은사의 병이 더욱 깊어지니 직접 대소변을 받아내고 씻어드리면서 시탕侍湯의 정성을 다하였다. 은사스님을 위해 200리가 넘는 고흥 팔영산까지 하루 밤낮을 꼬박 걸어가서 만병초萬病草를 구해 돌아왔다.

그때 팔영산八影山 서불암西佛庵에 며칠 머무는 동안 같은 고향 출신인 암주庵主의 청으로 「흥양군팔영산능가사서불암기興陽郡八影山楞伽寺西佛庵記」를 지어 남겼다. 〈342면 참조〉

2월 22일에 송광사 원해선사가 잠시 앓다가 39세의 젊은 나이로 입적하였다. 원해 스님은 금명보다 열한 살 위였으나, 1883년부터 이듬해까지 광원암에서 가르침을 받은 스승이었으며, 두 해 전에는 함께 대흥사 범해 스님을 찾아가서 같이 구족계를 받기도 했다.

금명은 그 애통함을 다음과 같이 읊었다.

| **輓圓海和尙** | **원해 스님을 애도하며** |

至圓覺海一漚生	원각 바다 이르면 하나의 거품일 뿐
脫殼今朝寂滅相	껍질 벗은 오늘 아침 적멸의 모습이니
數曲薤歌山寂寬	상여소리 몇 가락에 산은 더욱 적막한데
十年教鏡日斜陽	십 년 동안 가르치던 거울 속의 해는 졌네
恩室尙存君有恨	은사스님 살아있어 님의 한이 남았건만
蘭叢未秀鬼無常	난초 떨기 못 피우고 염라 귀신 찾아오니

| 娑羅城畔春先暮 | 사라쌍수 성 밖에 봄이 먼저 저물어 |
| 隻履謾携蔥嶺行 | 신 한 짝 손에 들고 총령을 넘어가네 |

5월 5일에 전국의 여러 사찰 불사를 주관했던 당대 불교계의 대공덕주인 용운처익龍雲處益 스님이 송광사에서 76세로 입적하였다.

10월 12일에는 허주덕진虛舟德眞선사가 74세로 입적했다.

◆ **29세**(기축己丑, 1889년)

3월 5일에 용운선사의 법을 이은 동명지선東溟智宣● 선사가 광주廣州 청계사淸溪寺에서 입적하였다.

7월 26일에는 은사인 경원敬圓선사가 입적하니, 금명은 슬픔이 망극罔極하여 그 한탄하는 심경을 다음과 같이 읊었다.

雙親恩傅俱看病	양친과 은사스님 모두를 간병하며
大小糞穢手自摩	더러운 똥오줌을 손에 직접 주물렀고
雪芝泥蛤皆常事	눈 속 지초 진흙 조개 예사로이 구했지만
最恨無能斫指蘇	손가락 자른 피로 못 살려서 한스럽네

● 동명지선東溟智宣/東溟化印(1839~1889) 스님은 신동神童으로 소문나서 경사經史를 한번만 보아도 외웠다. 일찍 부모를 여의고 14세에 송광사의 계월桂月대사를 만나 득도하고 우담優曇선사에게 경을 배우고, 함명涵溟, 설두雪竇, 응화應化, 용호龍湖 등의 대종장大宗匠들을 참예하였다. 23세의 젊은 나이에 용운선사의 법을 이어 보조암에서 건당하니 학인이 수없이 몰려들었다. 사대부들과 수창酬唱하면 열복悅服하지 않는 이가 없었으니 가는 곳마다 명성이 일었다. 광주 청계사에 하산소下山所를 정하니 궁속宮屬과 신도들이 구름처럼 모여들었다. 동명선사는 고해苦海의 방주芳舟이며 교문敎門의 법경法鏡이라고 모든 이가 흠경欽敬하였다. 51세로 입적하니 조계산에서도 모든 대중이 애석해 하였다.

3) 도제徒弟 양성養成 및 수선修禪 시기(30대)

장년기壯年期인 30대에 접어든 금명은 여러 조사들이 주석하며 강연講筵을 펼쳤던 송광사 보조암에서 전등식傳燈式을 거행하고 건당建幢하며 서원을 굳게 세운다. 그리하여 송광사의 청진암, 화엄사의 봉천암, 송광사의 광원암, 다시 보조암 등 여러 도량에서 개강開講하여 도제를 양성하고 법을 전하였다. 지리산 구층암과 송광사의 삼일암 선원 등에서 참선하다가, 해인사 팔만대장경을 인경印經하는 불사 교정과 편집 소임을 맡기도 하였다.

◆ **30세**(경인庚寅, 1890년)

2월 23일●에 송광사 보조암에서 전등식을 행하고 은사인 금련당金蓮堂 아래로 건당하니 부휴선사浮休禪師의 14세 법손이다.

보조암은 근세의 풍암楓巖, 묵암默庵, 응암應庵, 제운霽雲, 벽담碧潭, 환해幻海, 회계會溪, 퇴은退隱, 기봉奇峰, 침명枕溟, 허주虛舟, 응화應化, 이봉離峰, 침연枕淵, 동명東溟, 구연九淵, 포우布雨 스님 등 기라성 같은 고승들이 건당하고 개당開堂하며 주석하였던 도량이다.

건당이란 스승이 제자의 안목眼目을 인가하여 독자적인 일가를 이루는 것을 허락하고 법통을 전해주는 불교의 전법의식으로, 자기의 종지宗旨나 사상을 천양하는 도량임을 표시하는 당간幢竿 즉 깃대를 세운다는 뜻이다. 즉 일가一家를 이루어 회상을 열게 된다는 것이다.

● 금명 자신이 쓴 「행록초行錄草」에는 건당이 그냥 2월이라고 하였고, 기산綺山 스님이 지은 『송광사지』에는 2월 23일이라 하였다.

금명의 법계法系는 다음과 같다.

일찍이 범해梵海선사는 『동사열전』 가운데 금명의 옹사翁師인 「벽련선사전碧蓮禪師傳」에서 "절은 십팔공十八公(즉 松이니 松廣寺를 말함)의 옛 가람이요, 16종사(16國師)의 대도량이다. 법은 영해影海에 드리우고 가을은 풍암楓巖에 이른다. 묵암默庵과 응암應庵(두 분은 풍암의 제자)은 말없이 사자후를 삼한三韓의 옛 산천에 떨쳤고, 백화白花(풍암 제자인 八晶禪師)와 벽담碧潭(풍암 제자인 幸仁)의 향기는 장광설長廣舌로 해동의 크고 작은 사람과 신神들을 덮었도다. 성월聖月이 더욱 밝으니 지봉智峰은 그 빼어남을 다투었고, 벽련碧蓮에 이르러 실상實相의 묘법妙法을 머금어 인과의 큰 법을 펼쳤도다. 그의 법손인 금명은 이름이 학계學界에 퍼졌고 명성은 강당에 널리 알려졌다. 벽련 스님은 (옛사람이 말했던 것처럼) 가히 '이제 다리를 뻗고 잘 수 있겠구나. 나의 도가 동쪽으로 갔도다!'라고 말할 만하다. 나(범해)는 금명의 노스님 '벽련'을 뵙지 못했지만 금명의 사람됨을 보니 그분들을 알만하도다"라고 금명의 법계를 극찬한 바가 있다.

다음 달인 윤潤 2월 12일에는 이봉낙현離峰樂玹•선사가 미질微疾을 보이다가 임종게臨終偈를 쓰고는 보조암에서 87세로 입적하였다.

금명은 보조암에서 건당한 다음, 이해 2월에 강석講席을 열어 학인들을 제접提接하였다. 뒷날 송광사 주지를 지낸 용암龍嵒, 설월雪月 등이 그때에 금명에게 경經을 배웠다. 이해에 「감로암중수화문甘露庵重修化文」 「광원암중수화문廣遠庵重修化文」 「사천왕진상중수개채권문四天王眞像重修改彩勸文」 등을 지었다.

◆ **31세**(신묘辛卯, 1891년)

봄에 보조암을 새로 수선修繕하였다. 어느 날 물건들을 정리하다가 묵은 궤짝 속에서 오래된 낡은 종이 뭉치를 발견하였는데, 바스러질 것만 같았다. 조심스럽

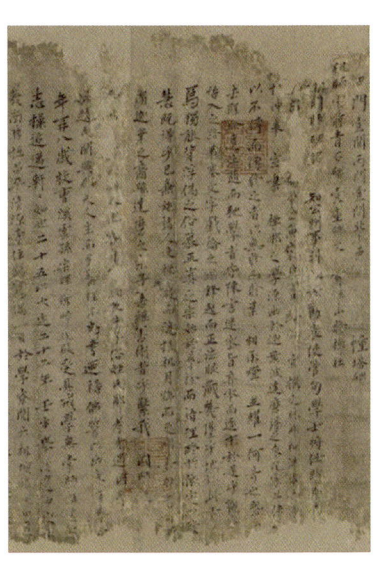

송광사 고려문서 수선사형지기(보물 제572호)

• 이봉낙현離峰樂玹(1804~1890)선사는 나주 출신으로 17세에 나주 덕룡산德龍山 쌍계사雙溪寺로 출가하여 여러 강백講伯을 찾아 선교禪敎를 널리 탐구하였다. 조계산 회계會溪선사의 법을 이어 30세에 승당昇堂하니, 계향戒香이 만실滿室하고 선풍禪風은 총림을 뒤흔들었다. 중년에 금강산 태백산을 유력하다가 칠불사 옥부대玉浮臺에서 선정을 닦았고 보성 대원사大原寺에 머물다가, 만년에는 회계선사의 부도가 모셔진 송광사 보조암에 주석했다. 뒤에 팔도대각등계보제존자도총섭八道大覺登階普濟尊者都摠攝에 추증되고, 저서에 문집文集 2권과 행장行狀 1권이 있다. 『송광사지松廣寺誌』에는 이봉離峰선사의 입적이 고종 27년(1890) 윤潤 2월 12일로 되어 있고, 이건창李建昌이 지은 이봉선사 비문에도 윤 2월 12일에 입적했다고 했으며, 『다송시고茶松詩稿』에도 금명이 쓴 「만이봉선사열반행輓離峰禪師涅槃行」이라는 만사輓詞 3수首가 경인庚寅(1890) 2월 12일로 적었다. 그러나 『조계고승전曹溪高僧傳』에는 광서光緖 17년(고종 28년) 신묘辛卯(1891) 2월 12일이라 하였다. 착오가 있다.

게 이리저리 간신히 맞추어가며 읽어보니 고려 때 임금이 보조 스님께 '절 이름을 수선사修禪社로 하라'고 내린 윤음綸音인데, 이를 보조국사께서 표구해놓았던 것이다. 이를 다시 잘 정리하였다. 그리고 서각西閣(변소)에 제사祭祀하던 그런 미신들을 과감하게 모두 없애버렸다.

◆ **32세**(임진壬辰, 1892년)

고흥 팔영산(일명 능가산) 서불암西佛庵에 가서 관음기도를 하였다. 남쪽 바닷가에 있는 팔영산에서 바라보는 경관은 천하제일경天下第一景이라고 할만하다. 날이 맑으면 멀리 북쪽으로는 지리산과 남쪽으로는 제주의 한라산이 보이며 밤에는 남극노인성南極老人星이 비추는 길지인데, 그곳 서불암에 모셔진 관음불상은 옛날 바다 건너 월지국月支國에서 모셔왔다고 한다. 옛날부터 서불암은 수행자들이 서원을 굳게 세우는 기도도량으로 이름났다. 근세의 선지식인 침명선사도 여기에서 서원을 세워 기도하였다. 침명선사는 고흥 남양南陽의 장담촌長潭村(지금의 장담리) 사람으로 어릴 때 가까운 팔영산 능가사楞伽寺로 출가하여 서원을 굳게 세우고 서불암에서 백일기도를 하는 중에 다기茶器에 올린 청수가 얼어서 마치 죽순처럼 반 자(尺)나 공중으로 솟아올랐는데, 모두가 말하기를 '장차 불법을 중흥하게 할 징조라' 하더니, 과연 뒷날 침명은 대종사가 되어 많은 교화를 했다.

근세의 신승神僧으로 알려진 허주虛舟선사도 이곳에서 기도하여 가피를 입었다고 한다.

금명은 그해 2월에 팔영산 남쪽 중턱에 있는 서불암에 들어가 관음상觀音像 앞에서 이레 동안 지극정성 용맹기도 정진하여 삼매 속에서 가피를 얻었다. 그리고 송광사로 돌아와 3월에 보조암 강당講堂의 선불장選佛場을 후원해줄 수 있는 모임을 만들고자「보조암강당선불장연화결사문普照庵講堂選佛場緣化結社文」을 짓고, 이 결사를 조직·운영하였다.〈347면 참조〉

4월에 천자암天子庵의 성산각星山閣을 중건하기 위해「연화문緣化文」을 지었다. 당시에 순천부사順天府使로 재직하던 원우상元禹常*이 만연하던 전염병을 막기 위해 애쓴 것을 기리는「본군수원우상제막공덕기本郡守元禹常除瘼功德記」를 지었다.

◆ **33세**(계사癸巳, 1893년)

이해에는 조금 한가하게 지냈던 것 같다. 봄에 다시 경승지인 고흥의 팔영산 서불암을 찾아가 머물면서 그때의 감회를 서불암 벽 위에 걸린 시운詩韻을 따라 3수의 율시律詩를 남겼다.

次西佛庵壁上　　서불암의 벽 위에 걸린 시운을 따라

八峯爭秀鎭南汀　　팔영산은 빼어나 남쪽 바다 누르고
碧落高庵得地靈　　하늘 높이 솟은 암자 땅의 영기 서렸으니

● 원우상元禹常(1839~?)은 영일현감迎日縣監(1871), 평안도병마절도사(1885), 순천부사(1892), 함경북도관찰사(1896), 중추원 1등 의관 칙임관 2등(1897) 등을 역임하였다. 1898년에 정2품이 되었으며, 이듬해 경무사 칙임관 2등으로 근무하던 중에 함령전咸寧殿에 황의수黃義秀가 난입한 사건이 있었다. 이에 대한 의법처리로 지도군고군산智島郡古群山에 귀양 3년에 처해졌으나 곧 특별 석방되었다. 1904년에는 육군참령陸軍參領에서 참장參將에 승진하여 경무사 칙임관 2등, 유행병예방위원장流行病豫防委員長, 헌병사령관, 중추원의관 칙임관 2등을 역임하였다. 이듬해 육군법원장陸軍法院長이 되었다.

江心船泛月支佛	바다는 월지국의 불상을 실어오고
天面燈明延壽星	하늘은 연수성●을 등불로 밝히네
山水交分仙夢淡	산수가 어울리니 신선 꿈이 맑아지고
乾坤相接海嵐靑	하늘과 땅 서로 닿아 바다 이내 푸르며
收拾眼光緣慮散	눈빛을 거두고 생각들도 흩어지니
歸來香榻讀黃庭	책상 앞에 돌아와서 『황정경』●●을 읽네

曹溪徑路已蹉過	조계의 지름길은 미끄러져 지나치고
難往峰頭杖欲斜	산마루에 못 올라서 지팡이를 비껴놓네
短枕支肱鄕夢斷	팔을 베고 누웠으니 고향 꿈이 사라지고
長風排竹筑聲多	긴 바람 대 흔들어 축●●●의 소리 울려댄다
仙家白玉收藏壑	신선들이 백옥을 골짜기에 갈무리고
水國靑山散在波	수국의 청산은 파도 속에 흩어졌네
日事無關茶飯外	날마다 다반茶飯 외에 하는 일이 없지만
每携齋食喚啼鴉	언제나 헌식하며 까마귀를 부르네

凭檻靜觀二月枝	난간 기대 이월의 가지들을 살펴보니
古査新髮盡春思	묵은 나무 봄 생각에 모두 새 털 돋아나고
嬌童採得籬邊菜	아희들은 울 밑에서 나물을 캐는데

● 연수성延壽星은 남극노인성南極老人星을 말한다. 이 별을 보면 장수한다고 하여 연수성이라 한다.
●● 『황정경黃庭經』은 도교道敎의 경전.
●●● 축筑은 대나무로 만든 거문고 비슷한 악기.

豪士題來安上詩	선비들은 시제 내어 좋은 시를 짓는구나
數片煙雲江淡際	띄엄띄엄 안개 서린 물 맑은 바닷가에
一聲船鼓夢惺時	뱃고동 소리는 단잠을 깨우고
雨霽風捲山塵宿	비바람 걷고 나서 산의 먼지 재우니
更有團輪不負期	또다시 둥근 달이 어김없이 떠오르네

5월 30일에 화엄사에서 원화 스님이 55세로 입적하였다. 원화 스님은 『화엄경』 강의로 유명하신 분이었다. 금명이 20세 때 『원각경』을 배우고, 27세 때 장자의 『남화경』과 『사략』 등 제자백가의 여러 전서典書들을 배울 때 가르쳤던 분이다.

7월에 송광사의 천왕문天王門과 사천왕상의 중수개채重修改彩를 하였다. 지난해 전라도 지역에 조선의 마지막 암행어사暗行御使로 내려온 이면상李冕相•은 전라도의 민정을 살피면서 가는 곳마다 여러 사원의 불사를 돕기도 하였다. 그때 송광사를 참관하고 천왕문의 단청불사를 위해 보시하였다. 금명은 「본도수의이면상천왕문단청공덕송本道繡衣李冕相天王門丹靑功德頌」을 지었다.

8월 9일에는 일생을 두타행으로 참선하며 지내던 기룡麒龍••선사가 79세로 송광사 은적암에서 입적하였다.

- • 이면상李冕相(1846~?)은 조선 말기의 문신으로 1891년 마지막 두 번째 전라도 암행어사이다. 그는 가는 곳마다 공덕비를 세웠는데 송광사는 물론 해남 단군전 앞, 남원 광한루, 구 승주군청, 석곡면사무소에는 석비로 현존하며, 선암사에는 다급하게 하는 바람에 목비로 남아 있다. 무등산 규봉암의 바위에도 그의 이름이 새겨져 있다.
- •• 기룡麒龍(1815~1893)선사는 순천 황전면 동고리 출신으로 어릴 때 경사經史를 두루 읽고 모두 외워 동몽교원童蒙教員이라 알려졌는데, 17~8세 때 부모를 모두 잃고 3년 시묘侍墓를 마친 다음 20

◆ 34세 (갑오甲午, 1894년)

동학운동東學運動에 가담하였다가 일탈한 무리들이 조계산으로 숨어들어 산적으로 변해서 온갖 만행을 저지르는 것을 막아냈다. 그리고 동학군들을 토벌한다는 명목으로 서울에서 내려온 관군들의 약탈도 심하였는데, 이들을 꾸짖고 달래면서 회유하여 사중의 대중들을 안전하게 보호하였다. 혼란스런 시대였다.

◆ 35세 (을미乙未, 1895년)

2월부터 송광사 청진암淸眞庵에 주석하며 강석을 열었다.

3월 8일에 허주선사의 법제자法弟子인 정봉正峰 스님이 결가부좌한 채로 입적하였는데, 3일 동안 밤낮으로 방광을 하며 조계산 골짜기가 밤에도 대낮처럼 훤하게 상서로운 기운이 감돌았다. 이 사실을 적어 세상에 알리는 「정봉대화상출세통장正峰大和尙出世通狀」을 썼다.

봄에 송광사 부도전에 중창 대공덕주인 용운龍雲선사의 비석을 세웠다. 비석은 전남 고흥군 두원면 선창포船昌浦에서 채취하였는데, 석질이 좋지 못하여 비문은 적지 않고 침연枕淵선사의 글씨로 면액面額만 썼다. 금명은 용운선사의 행장을 대강 정리해두었다. 묵암默庵선사의 비석을 세우기 위해 「묵암입석모연문默庵立石募緣文」을 지었다. 이해

세에 태안사의 낙천樂天 스님을 의지하여 출가하였다. 송광사에서 침명枕溟에게 경을 배우고 인파印波의 선법을 전해 받았으며 기봉奇峰 스님에게 『남화경南華經』을 읽어 유불선儒佛仙의 경전에 박통하고 천문 지리에도 밝았다. 은적암에서 개당하여 강의하며 머물다가, 모든 경전을 접고 발우 하나와 누더기 한 벌로 30년 동안 제방 선원에서 참구하였다. 향상사向上事와 말후未後의 일 념一念도 진실하였는데, 미질을 보이다가 한 벌의 옷만 남기고 입적했다.

에 문도들이 묵암선사의 비석을 시공始工하였으나 을미사변乙未事變●으로 중단했다가, 무술년(1898) 가을에야 끝낼 수 있었다.

◆ **36세**(병신丙申, 1896년)

3월에 송광사 영산전과 약사전의 공양미供養米와 등촉燈燭을 공양 올리기 위해 계契를 만들고, 「팔상전약사전양등계서八相殿藥師殿糧燈契序」를 지었다.

4월 8일 「명부전계안서冥府殿契案序」를 지었다. 1793년에 보성 율어에 살았던 고高 씨가 남편 김시원의 왕생을 발원하여 지었던 원당願堂이 오래되어 퇴락頹落하니 이를 중건하면서, 4월 15일에 「김시원원당중건상량문金時元願堂重建上樑文」을 지었다.

5월까지 청진암에 있었다. 6월부터 다음해 정월까지 지리산 화엄사의 요청으로 봉천암奉天庵에서 강석講席을 여니, 뛰어난 수재秀才들이 몰려들었다. 가을에 알고 지내던 구례의 매천梅泉 황현黃玹●●이 화엄사로 찾아오니 율시 3수를 지어주었다.

그해에 봉천암의 중수문重修文도 지었다. 그리고 「원효암산왕계안문元曉庵山王契案文」 「수계계안문受戒契案文」 「산신계서山神契序」 「보적암중수

● 을미사변은 1895년 명성왕후 시해 사건을 말한다.

●● 매천梅泉 황현黃玹(1855~1910)은 조선 말기 순국지사로 시인이며 문장가이다. 본관은 장수長水, 자는 운경雲卿, 호는 매천梅泉이다. 전라남도 광양 출신으로 구례에서 작은 서재를 마련해 3,000여 권의 서책을 쌓아 놓고 독서와 함께 시문詩文 짓기와 역사 연구·경세학 공부에 열중하였다. 1905년 국권회복운동을 하기 위해 망명을 시도하다가 실패, 1910년 8월 일제에 의해 강제로 나라를 빼앗기자 통분하며 절명시 4수를 남기고 다량의 아편을 먹고 자결하였다. 1962년 건국훈장 독립장이 추서되었다. 저서로는 『매천집』 『매천시집』 『매천야록』 『오하기문』 『동비기략東匪紀略』 등이 있다.

문寶積庵重修文」 등을 지었다.

12월 26일에 대흥사에서 가르침 받았던 범해梵海 스님이 입적하니 다음의 「만사輓詞」를 지었다.

輓梵海和尙	범해 스님을 애도하며
聞道吾師覺大眠	도를 아신 우리 스님 큰 꿈을 깨시고서
海陽彼岸駕虛船	바다에서 빈 배 타고 피안으로 가시니
來也浮雲生谷口	오실 적은 뜬 구름이 골 어귀에 피어났고
去時明月落天邊	가실 때는 밝은 달이 하늘가에 지는구나
敎叢蘭茁餘朝雨	가르치던 어린 난초 아침 비에 남겨두고
萬秩詩篇埋夕煙	만 권의 시편들은 노을 속에 묻어둔 채
脫却塵幻靈識露	빈 몸뚱이 벗어 놓고 영식靈識만 드러나
聊知西界度長年	긴 세월 서방정토 계실 줄을 알겠네

◆ **37세**(정유丁酉, 1897년)

1월에 화엄사 강원에 있다가 본사인 송광사의 요청으로 진각국사眞覺國師께서 결사하신 도량인 광원암廣遠庵으로 돌아와 강원을 열었다. 강원에서 『화엄경』을 강설하니, 모여든 대중이 50여 명이나 되어 강당講堂이 비좁았다.

3월에 「침계루중수상량문枕溪樓重修上樑文」을 지었다.

봄에 전라남도관찰사全羅南道觀察使 윤웅렬尹雄烈●에게 편지를 썼다.

윤웅렬은 갑신정변甲申政變에 동조했다고 하여 1884년 6월 전남 능주綾州로 유배당한 일이 있었다. 유배 중에 송광사 나한전에 백일재百日齋를 올리고, 관음전에 헌답獻畓했던 인연이 있었다. 사헌부와 사간원에서는 1894년까지 여러 번 그에게 죄를 줄 것을 청하는 탄핵 상소를 올렸으나 고종이 듣지 않아 위기를 모면하였으며, 10년의 귀양살이를 끝내고서 1894년(고종 32) 6월 석방되어 7월 6일 한성으로 돌아갔다.

윤웅렬은 1896년 9월 2일에 초대 전라남도관찰사로 부임하였는데, 관내를 순시하다가 송광사에 와서 삼전三殿의 축리원당祝釐願堂인 축성전祝聖殿을 참배하고는 만세계萬歲契를 만들고, 칠백금七百金을 내놓으니 지방 관원들도 동참하였다. 윤웅렬이 「계안문契案文」을 지었다. 금명은 이 사실을 적어 「축성전창건기祝聖殿創建記」를 썼다. 〈352면 참조〉

9월에 「청진암중건화문清眞庵重建化文」을 짓고, 10월에 「행해당중건화문行解堂重建化文」을 지었다.

그해 가을 보조암에서 강석을 열고 전법傳法의 인연이 있어서 겨울에 문제門弟인 눌봉·용화訥峰龍化 스님에게 전강傳講하였는데, 이것이 제일처전심第一處傳心이다.

11월 28일에 금명이 21세 때에 『현담懸談』 『삼현三賢』 『반야般若』 등

- 윤웅렬尹雄烈(1840~1911)은 조선 말기의 무신으로 본관은 파평坡平이다. 충청남도 아산 출신으로 1856년 무과 급제하여 함경북도병마우후토포사咸鏡北道兵馬虞侯討捕使가 되었다. 2차 수신사 김홍집金弘集의 수행원으로 일본행을 하였다. 함경도병마절도사, 1884년 형조판서가 되었다. 갑신정변이 실패하자 능주綾州로 유배되었는데 이때 송광사와 인연이 되었다. 1895년 이후 경무사警務使, 1896년 전남 초대 관찰사, 그 후 의정부찬정, 군부대신 등을 역임하였다.

을 배웠던 구연법선九淵法宣 스님이 54세로 보조암에서 입적했다.

◆ 38세 (무술戊戌, 1898년)

정월에 청진암에 칠성각을 짓고 칠성탱화를 봉안할 때 증명법사가 되었다. 그 탱화는 뒤에 송광사로 옮겼다가 도난당했는데, 2020년 7월 영국의 경매장에 나타났다. 이에 송광사에서 교섭하여 2020년 7월에 송광사로 이운하여 왔다.

봄에 방장산方丈山으로 들어가 도반들과 금강산을 향하였다. 먼저 법보종찰 해인사의 팔만대장경을 참배하고, 불보종찰 통도사를 참례한 다음, 북쪽으로 가다가 경주를 지날 무렵에 극심한 가뭄을 만나게 되니 도중에 그만두기로 하고, 사불산과 속리산 계룡산을 거쳐 돌아왔다.

여름 결제는 방장산(지리산) 구층대의 염불암에서, 겨울 안거는 송광사의 삼일암三日庵 선원에서 결제하였다.

이해 봄에 「유산서遊山序」를 지었고, 화엄사에 머무는 동안 「화엄사개와모연문華嚴寺蓋瓦募緣文」 「화엄사만일암모연문華嚴寺萬日庵募緣文」 「장등공덕기長燈功德記」 「성주쌍계사사천왕중수기星州雙溪寺四天王重修記」

● 구연법선九淵法宣(1844~1897) 스님은 주암 운월리 출신으로 17세에 송광사의 의영宜映 스님을 의지하여 출가하여 우담선사에게 경전을 배우고, 경붕, 청공, 원화 등의 종장들을 찾아다니며 공부하였다. 37세에 용운龍雲대사의 의발을 전해 받고 보조암에서 개당하여 강의하였다. 1889년에 천자암天子庵으로 이석移席하여 사성각四聖閣을 창건하였다. 1897년 가을에 보조암으로 옮겨와서 조금 앓다가 54세로 입적했다.

「지리산문수암모연문智異山文殊庵募緣文」 등을 지었다. 그리고 송광사에서 「수보살계첩문受菩薩戒牒文」을 지었다.

가을에 부도전 북쪽에 묵암대사의 비석을 세웠다. 비문은 이용원李容元●이 짓고 정기회鄭基會●●가 글씨를 썼다.

◆ 39세 (기해己亥, 1899년)

1월에 해인사에 가서 칙령勅令으로 인출印出하는 대장경인경불사大藏經印經佛事●●●에 동참하여 교정較正 편집編輯의 소임을 맡아 수행하였다. 모두 네 질秩을 인출하여 그중 한 질을 송광사로 모셔왔다.

그리고 곧 서울에 올라가 그동안 관리들의 고폐痼弊가 심했던 남여籃輿의 부역을 혁파革罷하게 하였다. 당시 순천 관아官衙에 있던 관리들

● 이용원李容元(1832~1911)은 조선 말기 문신으로 1875년 동부승지·대사간, 1882년 이조판서와 성균관대사성, 1883년 형조판서, 1889년 대사간·대사헌, 1890년 예조참판, 1894년 이조판서와 법부아문대신, 우찬성, 1896년 경연원경겸왕태자궁일강관經筵院卿兼王太子宮日講官, 1897년 중추원일등의관, 1902년 궁내부특진관 등을 지냈다.

●● 정기회鄭基會(1829~ ?)는 조선 말기 문신으로 본관은 동래東萊, 자는 성오聖五이다. 1858년 별시문과 급제하여 성균관대사성, 좌승지, 이조참판, 1874년 공조판서와 형조판서, 한성부판윤을 역임하였다. 함경도관찰사, 사헌부대사헌과 홍문관제학으로 체임하였고, 1886년 이후 여섯 차례에 걸쳐 5조 판서를 역임하였다. 독판내무부사督辦內務府事, 1894년 왕태자궁일강관과 궁내부특진관을 지냈다.

●●● 대장경인경불사大藏經印經佛事 : 이 인경불사는 안변安邊 석왕사釋王寺의 용악혜견龍嶽慧堅(당시 69세) 스님이 통도사의 보궁寶宮과 해인사 장경각藏經閣에서 기도를 하며 발원하여 고종高宗 황제의 윤지允旨를 얻어 이루어졌다. 석왕사는 무학無學대사가 주석하고 있을 때 이성계李成桂의 꿈을 해몽하면서 장차 왕위에 오를 것이라고 해석해주었던 인연이 있는 절이다. 이성계가 조선을 개국하고 태조太祖로 등극한 뒤에 무학대사를 왕사王師로 책봉하고 그 절을 석왕사釋王寺라 개명하였으며, 조선 왕실의 원찰願刹이 되었다. 용악 스님은 석왕사의 총섭總攝(지금의 주지)을 지냈던 분이었으니 그런 인연으로 궁중의 지원을 받아 대장경을 인출할 수 있었다. 대장경은 모두 네 질秩로 2만 권을 인경印經하여 삼보三寶사찰인 통도사, 해인사, 송광사에 한 질씩 분봉分封하고, 한 질은 전국의 사찰에 나누어 모시기로 하였다. 그래서 그 가운데 한 질을 송광사로 모셔와 6월 5일 설법전說法殿의 가상架上에 봉안하였다.

과 지역의 세도가들은 풍광이 뛰어난 명승지인 조계산을 유람하면서 송광사의 승려들에게 두 사람이 앞뒤로 메는 가마인 남여의 부역을 강요하였다. 그러던 어느 날도 승려들이 차출되어 가마를 메고 가는데, 가마에 올라탄 관리가 심하게 모욕을 주며 구박을 하므로 부아가 치민 승려들이 메고 있던 남여를 그냥 벼랑 아래로 던져버렸다. 그 관리는 절벽 아래로 처박혀 현장에서 즉사하였다.

이때 가마를 메던 승려들은 도망을 가버렸는데, 이 사고를 조사하러 나온 관리들의 횡포가 또한 극심하였다. 금명은 이런 상황을 상부에 보고하였고, 이를 알게 된 고종高宗은 바로 전국의 사찰에 자행되고 있는 남여의 부역을 칙령으로 없애게 하였다.

전남 관찰사 민영철閔泳喆●과 순천군수 윤성구尹成求와 무감武監 김영택金永澤은 칙령을 받들어 10여 개의 남여를 모두 걷어 순천의 관아에서 태워버리니 그 후로는 전국 사찰에 남여 부역의 병폐가 사라졌다. 그때 남여혁파籃輿革罷의 칙령을 내리도록 도움을 준 이들은 의정부議政府 찬정贊政인 이하영李夏榮●●과 내시內侍 강석호姜錫鎬●●●였는데, 지금도 그들의 공덕을 기리는 이름이 송광사 입구 바위에 새겨져 있

● 민영철閔永喆(1864~?)은 문신으로 본관은 여흥驪興이다. 1885년 문과 합격, 전라도관찰사로 전임, 군부대신 육군부장陸軍副將 군무총장軍務總長 철로총재鐵路總裁를 역임하였다.

●● 이하영李夏榮(1858~1929)은 조선 말기 문신이다. 1886년 외아문주사外衙門主事, 사헌부감찰·전환국위원典圜局委員, 겸임주차미국공사관 서기관, 주차미국서리전권대신으로 미국에 주재하였다. 기기국사사機器局司事, 웅천·홍덕의 현감, 외아문참, 궁내부회계원장宮內府會計院長, 주차일본국특명전권공사, 주차일본국특명전권공사 겸 의정부찬정, 외부대신, 법부대신·형법교정총재, 중추원 고문, 자작 수여, 조선총독부 중추원고문 등을 지냈고, 1910년 이후에는 고무신 공장을 운영하였다. 그는 송광사 남여혁파와 삼일암을 중건하는 등 송광사의 외호자였다.

●●● 강석호姜錫鎬(1858~1933)는 궁내부 봉시奉侍로 종이품의 상선尙膳을 지냈다.

송광사 바위 명문—남여혁파籃轝革罷 이하영李夏榮과 강석호姜錫鎬

다. 이런 사실을 「남여혁파연기기籃轝革罷緣起記」로 남겼다.

8월에 「송광사하사당중수량문松廣寺下舍堂重修樑文」 「합천군가야산해인사대장경어인출불사경찬소陜川郡伽倻山海印寺大藏經御印出佛事慶讚疏」 「어인대장경봉안연화문御印大藏經奉安緣化文」 등을 지었다.

가을부터 당시 송광사 시왕전十王殿의 각부 탱화幀畵를 새로 조성하게 되었는데, 그 불사의 화주化主 책임을 맡았다.

4) 송광사 외호外護 시기(40대)

금명이 불혹不惑의 나이가 된 1900년경의 대한제국大韓帝國은 세계열강世界列强의 각축장이 되었고, 동서의 문물이 교차되는 혼돈의 장이 되면서 큰 변혁기를 맞이하게 된다. 중년中年의 시기인 40대에 이런 시대적인 혼란 속에서 금명은 풍전등화風前燈火와 같은 송광사를 지켜나 간다.

◆ **40세**(경자庚子, 1900년)

2월 27일에 시왕탱화를 봉안하고, 3월에 다송산방茶松山房에서 「송광사시왕탱신성기松廣寺十王幀新成記」를 지었다. 총섭摠攝(주지)의 인수印綬를 차고 소임을 맡으면서 각종 관역官役의 폐해를 혁파하고, 향탄봉산香炭封山을 칙령으로 제정하도록 하였다.

조선은 성리학을 통치 이념으로 삼으니 유교자류儒敎者流임을 자처하는 부유배腐儒輩들의 뇌리에는 늘 불교를 배척하고 승려들을 헐뜯는 척불훼석斥佛毁釋의 용렬함이 있었다. 그래서 승려들의 인권을 유린하고 불교를 탄압하며 사탑寺塔이나 불상佛像을 훼손하거나 파괴할 뿐만 아니라, 절 땅에 명당明堂을 찾아 분묘墳墓를 쓰기 위해 폐사廢寺를 시키기도 하였다. 관청官廳에서는 진상進上이나 관용官用을 칭탁하면서 백성의 재물을 강제로 빼앗는 일을 자행하기도 하였다.

그래서 사원의 재산이 없어지거나 힘이 부치게 되면, 스님들은 사원과 불탑 등을 빈 골짜기에 그대로 남겨두고 다른 절로 가거나 환속還俗하는 그런 참상慘狀이 곳곳에서 이루어졌다. 그런 경우가 특히 숙종 이후부터 200여 년 동안에 심하다가 갑오경장甲午更張(1894) 이후에는 조금씩 덜해졌다.

그런 역사 속에 송광사에서는 관청이나 부패한 세도가들과 못된 유생들의 횡포로부터 사운寺運을 유지하기 위해 순조純祖 29년(1829)에 혜준惠俊대사의 알선으로 본산本山을 율목봉산栗木封山으로 칙정勅定하

율목봉산 목패　　　　　　　　　향탄봉산 금송패

게 되었다. 율목봉산이란 종묘宗廟나 왕릉王陵 등에 모시는 위패位牌를 만드는 밤나무를 보호하기 위해서 칙령으로 그 경계 안에 일반인들의 난행亂行을 금하고 출입을 통제하는 것이었다. 그렇게 율목봉산으로 지정되어 관청이나 유생들의 주구誅求나 횡포를 조금이나마 벗어날 수 있었다.

금명이 지난해 광무光武 3년(1899) 해인사에서 인출한 대장경을 송광사에 봉안할 때에 별검別檢 김영택金永澤이 말하기를 "이제 율목봉산도 칙정된 지가 70년이 지나 그 위광威光이 실추되었으니, 송광사를 홍릉洪陵(명성황후의 능으로 그때 청량리에 있었음)에 부속시켜 거기에 쓰일 숯을 공급하는 향탄봉산香炭封山으로 주선함이 어떤가?" 하므로, 산중의 율암찬의栗庵贊儀(1867~1929), 취암경은翠巖璟恩(1867~1934) 등 대덕들과 상의하여 송광사 일대가 향탄봉산으로 칙정되게 하였다. 이 봉산을 보호하기 위해서 이 경계 안에서 지켜야 할 금폐禁弊의 절목節目(시행 규칙)*이 14조條나 제정되었다. 당시 순천 관아에 있는 통인通引들이 사원을 괴롭히는 작폐作弊가 극심하였는데, 이 금폐 절목을 적용하여 이를 중앙에 보고하여 이들을 서울로 잡아가 경무청警務廳에서 엄형으로 다스리게 하였다.

그리고 칙지勅旨를 받아 그 절목들을 간판에 적어 널리 보게 하니, 그 이후로 관청에서 부과하던 갖가지 잡역雜役이 많이 사라지고 사원의 승려들이 조금이나마 안심하게 되었다.

그해 겨울에 경허성우惺牛鏡虛(1846~1912)선사가 평소에 흠모하던 보조국사의 도량인 송광사를 방문하여 보조 스님의 사리舍利를 모신 감로탑甘露塔과 영정을 모신 국사전國師殿을 참배하였다.

경허는 이해 12월 하순 차안당遮眼堂에 머물면서 취은민욱取隱旻旭(1815~1899) 스님 문도들의 청으로 「취은화상행장取隱和尙行狀」을 지어 남겼다.

그리고 그때에 16국사를 배출한 해동의 승보종찰 송광사에 대한 감회를 우화각羽化閣에다 칠언절구로 남겼다.

---

* 금폐禁弊의 절목節目(시행 규칙) 내용은 다음과 같다. ○ 관청, 군기청, 포진청 등에 바치는 밀가루 들기름, 본방전 등의 잡역은 영원히 없앨 것. ○ 지소紙所를 수리하는 본전本錢은 즉시 해당 담당자에게 지급할 것. ○ 각 청에 바치는 계방전契防錢과 전례에 따른 잡역을 영원히 없앨 것. ○ 사주인寺主人에게 지급하던 것도 영구히 없앨 것. ○ 내공방에 납부하는 화공미畵工米도 영구히 없앨 것. ○ 절의 봉산 구역 내에 묘를 쓰는 폐단을 관에서 금할 것. ○ 봉산 내의 산림을 철저히 보호할 것. ○ 향탄봉산을 수호하는 이는 팔만장경각 도총섭, 산도감인데, 지금부터는 본릉本陵에서 선택하여 정할 것. ○ 향탄봉산 보호에 필요한 총섭각패總攝角牌 1개, 산도감 금패禁牌 1개, 산직山直 금패 2개를 본시에서 내려 보내니, 잘 간수하여 성실히 거행할 것. ○ 미진한 조건은 추후에 마련할 것. 〈전영우, 『송광사 사찰숲』, 2019, p.154 참고〉.

송광사 우화각羽化閣(1920년대 모습)

題松廣寺羽化閣	송광사 우화각에
靈境許多淸興慣	신령스런 도량에 맑은 흥이 많아서
曠然遊戱付年年	끝없는 유희가 언제나 펼쳐지며
喝開兎角風雷殷	할을 하는 토끼 뿔에 천둥소리 은근하니
無數魚龍上碧天	수많은 어룡들이 푸른 하늘 올라가네

그리고 경허선사는 금명에게 송광사 총림을 융성시키기를 기대하면서 「화송광사금명당和松廣寺錦溟堂」이라는 칠언율시를 주었다.

和松廣寺錦溟堂　　송광사 금명 스님에게 화답하다

旣面終愧行李遲	진작부터 알면서도 늦게 찾아 왔더니
曹溪山月抵窓時	조계산 달빛은 창가에 비껴있네
索珠罔象元非實	구슬 찾는 망상罔象이 진실한 것 아니라면
入夢陳生竟是誰	꿈속에 펼친 삶이 필경에 누구던가?
來訪煙霞名勝地	연하煙霞 속의 이름난 승지를 찾아오니
擬看松栢歲寒枝	세한歲寒에도 절개 굳은 송백의 가지처럼
叢林自有高人在	총림에는 스스로 고승이 있기에
隆化玄乘斷可期	불법의 융성함을 기약할 수 있으리라

　　두 해 전에 해인사의 인경불사가 끝날 무렵 칙령으로 해인사에 선원禪院인 수선사修禪社를 개원하였는데, 경허선사는 그 법주法主가 되었다. 그때 경허선사는 보조국사가 정혜결사定慧結社로 고려불교를 중흥시킨 수선사修禪社의 수행가풍을 이어 함께 선정과 지혜를 닦아 다 같이 도솔천에 태어나서 함께 불과佛果를 이루기를 서원하는 결사結社를 위해 「결동수정혜동생도솔동성불과계사문結同修定慧同生兜率同成佛果契社文」을 짓고, 정혜계사定慧契社의 규례規例를 제정制定하였다.

　　그리고 2년 뒤에 범어사에서 『선문촬요禪門撮要』를 편찬할 때 해동선문에서 가장 추앙하던 보조국사普照國師 지눌知訥의 저술인 『정혜결사문定慧結社文』 『수심결修心訣』 『진심직설眞心直說』 『원돈성불론圓頓成佛論』 『간화결의론看話決疑論』 등을 편입編入하여 그 가운데 수록하였다.

◆ **41세**(신축辛丑, 1901년)

7월 9일에 통허치성洞虛致性(1844~1901) 스님이 입적하였다. 통허는 천은사로 출가하였으며 송광사로 와서 광원암의 우담優曇 스님에게서 경전을 섭렵한 다음, 여산礪山(지금의 익산) 심곡사深谷寺의 허주虛舟 스님을 찾아 조사선祖師禪을 참구했던 분이다. 그리고 송광사 자정암慈靜庵(지금의 佛日庵)에서 1879년 4월 15일 만일회萬日會를 창설하여 몇 년 동안 정업淨業을 닦다가 장소가 협소하여 1885년부터는 큰절 보제당普濟堂으로 옮겨 23년 동안 염불 정진하다가 서화西化하였다.

이때 여러 이적異蹟이 일어났는데, 금명은 이 사실을 적어 「통허화상출세통장서洞虛和上出世通狀序」를 지었다. 그리고 통허 스님의 「진신찬眞身贊」도 지었다.

이해에 해남 대흥사에 가서 화재로 소실되었던 도량을 복원하는 불사의 증명 법사가 되어 40축軸의 복장腹藏을 아무 장애 없이 성취하였으며, 이를 봉안하던 날 저녁에 상서로운 구름이 하늘에 서리는 이적이 있었다.

◆ **42세**(임인壬寅, 1902년)

정월에 「취은화상열반계서翠隱和尙涅槃契序」를 지었다.

2월 26일에 「행해당중건상량문行解堂重建上樑文」을 지었다.

3월 11에 풍암조사楓巖祖師의 제자인 제운당霽雲堂의 비석을 세우고 축문을 지었다.

3월 16일에 송광사의 중요한 성보聖寶와 당사堂司에 비치된 상주常住 집물什物들을 모두 파악해서 이를 잘 인수인계할 수 있도록 장부를 만들고, 그 서문인 「당사상주집물전장서堂司常住什物傳掌書」를 지었다.

여름에는 해인사 선원에서 결제하였다. 그때 해인사에서 상궁尙宮 천일청千一淸*이 주선하여 금강계단金剛戒壇과 대구품승가리회大九品僧伽梨會를 열었는데 거기에 증명으로 참석하였다.

5월 15일에 「칙사대법보종찰가야산해인사금강계단계첩서勅賜大法寶宗刹伽倻山海印寺金剛戒壇戒牒序」를 지었다. 이때 회광晦光(1862~1933) 스님과 인연을 맺게 되어 여름 안거安居가 끝난 다음, 송광사로 돌아올 때에 회광 스님과 천일청 상궁을 설득하여 그들과 함께 송광사로 돌아왔다. 그리고 그들이 송광사 삼일암 선원에 많은 보시布施를 하게 하였고, 뒷날 본사에서 전경轉經 불사를 하면 후원해주기로 약속 받았다.

그해 10월에는 서울 동대문 밖의 원흥사元興寺에서 국재國齋를 봉행하며 화엄대회華嚴大會를 열어 명사名師들을 요청邀請하여 전국의 고승들이 많이 모였다. 거기에 참석하여 「현요玄要」를 담설談說하였다.

당시 고종은 성수망육聖壽望六(즉 나이가 60을 바라보게 되는 51세)이 되던 해였다. 고종은 기로사耆老社에 입참入參하여 크게 예연禮宴을 베풀고, 명산의 사찰에 원당願堂을 세우려고 하였다. 그 가운데 송광사가 가장 적합하다고 물망에 올랐다.

금명은 상경上京한 김에 이 기로소耆老所 원당의 건립을 교섭하는 임무도 맡게 되었다. 그런데 그때는 마침 궁내宮內가 편안하지 못하여 진행이 어려워 「기로소원당성수전창건사상언장耆老所願堂聖壽殿創建事上言

• 천일청千一淸은 조선 말기의 궁녀로 생몰연대 미상이다. 네 살 때 궁녀로 들어와 1909년 훈 5등에 서훈되었다. 해인사 심검당을 중건하는 등의 불사를 많이 하였다.

狀」을 작성하여 서리청書吏廳에 제출하고는 도봉산 망월사望月寺에 가서 거처를 정하였다. 그리고 거기서 이 일을 위해 서울을 왕래하며 해를 넘겼다.

◆ **43세**(계묘癸卯, 1903년)

5월 27일에 내폐內幣 50,000냥兩의 하사下賜 처분을 받고, 윤潤 5월 6일 서울을 떠나 14일에 송광사에 도착하여 원당 건립을 시작하였다. 그러나 순천 관아에서 온갖 핑계로 미루어 진척이 없었다.

다음 달 6월에 다시 상경하여 21일에 상서上書를 봉정奉呈하니 비제批題를 내리시고, 기로사耆老社로부터 군부대신軍部大臣 윤웅렬尹雄烈과 탁지부대신度支部大臣 김성근金聲根●이 감결甘結을 내리니 그때부터 일을 서두르게 되었다.

그리하여 도백과 군수들이 자원하여 보조하고 원근의 민정民丁들이 양식을 모아 부역하였으며, 원근의 여러 산에서 재목을 구하고 고흥의 여자도진汝自島鎭과 낙안의 선소창船所倉 등에서 기와를 실어왔다. 그 일을 진행하는 데 애로가 많았다.

7월 2일에 「양문액호예폐사상언장樑文額號禮幣事上言狀」을 지어 상량문上樑文과 액제額題와 예폐禮幣 등에 관해 상서上書하여 상량문과 예폐 1,000냥, 붉은 비단 한 필, 은화銀貨 3원, 성수전聖壽殿 만세문萬歲門 사액寫額 등을 받아 9월 14일에 본사로 돌아와 9월 19일 상량식을 하였다.

● 김성근金聲根(1835~1919)은 조선 말기의 문신으로 서예가이며 호는 해사海士이다. 전라도관찰사, 공조·형조·이조·예조 판서 등을 지냈다. 송광사 해청당海淸堂 액호는 그의 글씨이다.

금명이 쓴 「성수전창설발문聖壽殿創設跋文」

이때 「성수전시창연기발문聖壽殿始創緣起跋文」을 지었다. 〈355면 참조〉

그리고 철물鐵物과 채색彩色 등의 일로 다시 상경하였다가 10월 19일 돌아와서 단청丹靑하는 일을 서둘러 12월에 모두 완공하였다. 그때 지은 성수전이 지금은 관음전이 되었다.

이 원당의 일로 그동안 세 번이나 상서上書를 쓰고 세 번이나 상경하니, 주위에서 말하기를 "불자佛子가 본업本業에 힘쓰지 않고, 서울에

나 드나드는 것은 명리名利나 구하는 일이 아닌가?" 하자, 답하기를 "불자도 신자臣子이니 임금을 위하는 일이 본래 불법佛法을 위한 것이다. 우리가 이렇게 충군忠君하는 것이 바로 부처님을 공경하는 것과 무엇이 다르겠는가?"라 하였다.

이런 과정을 보면 당시 혼란스런 조선 말기 부패한 관리들의 적폐積弊와 난적亂賊들의 횡포 속에서 민멸泯滅해가는 송광사를 부지扶持하기 위해 노력하는 다송자의 위법망구爲法忘軀의 일면을 엿보게 된다.

그해 12월에 본사의 섭리攝理(주지)● 소임을 맡아 성수전聖壽殿에 전패殿牌를 봉안하는 일을 계속 주선하여 이듬해 9월에 마쳤다.

◆ 44세(갑진甲辰, 1904년)

예전에 송광사는 칠성탱七星幀이 없었다. 지난해부터 성수전을 짓기 위해 칙지勅旨를 받들고 감독하러 왔던 정삼품正三品 정명원鄭明源이 이를 시주하겠다고 하여, 정월에 화공畵工을 불러 칠성탱을 조성하여 장경전藏經殿에 모셨다.

이해에 장경전에서 백 일 동안 기도하면서 가사불사를 원만히 회향하였다.

9월 2일 칠성계七星契를 만들고 「칠성계안서七星契案序」를 지었다. 9월 7일에 성수전에 전패를 봉안하기 위한 행차行次가 본 군郡에 도착하니 기로소耆老所의 명命대로 순천 군수郡守가 전패의 글씨를 받들어

● 송광사의 경우 주지住持는 보조국사 때부터 1831년까지 사용되었다가 1832년부터 '총섭' '섭리' '판사' 등으로 불리다가 1911년 이후 '주지'로 불리고 있다.

금명 스님이 섭리 때 조성한 칠성탱

성수전 전패(황태자 부분은 훼손)

쓰고 친히 모시고 왔다. 중양절重陽節인 9월 9일 사시巳時에 이를 봉안하고 축재祝齋를 봉행하였다. 그 이후는 기로소에서 논정論定하여 보낸 수호守護 세칙細則대로 매달 초하루와 보름에 원장院長인 판사判事(주지)가 예복禮服을 입고 위의를 갖추어 성수전 마당에 나아가 조하朝賀를 하면서 위세를 떨쳤다. 이후로는 송광사의 사격寺格이 더 높아져 관청의 모든 폐해가 없어졌다.

이렇게 성수전의 모든 일을 마치고 난 다음, 몸이 아프다는 핑계로 섭리 소임을 그만두고 물러나 만일암萬日庵으로 들어갔다. 그해 겨울은 광주 무등산 원효암에서 동안거를 보냈다.

◆ 45세(을사乙巳, 1905년)

2월 19일에 청신녀 오씨吳氏가 오계五戒를 받고 문수전에 10석지기 논을 보시하여, 「대지전헌답기大智殿獻畓記」를 썼다.

2월 20일에 보조암의 청원루淸遠樓를 지으면서 상량문을 썼는데, 안타깝게도 3년 뒤에 보조암이 병화를 당할 때 이 청원루도 불타서 사라져버렸다.

금명은 1899년 해인사에서 인경印經한 팔만대장경을 이운移運하여 송광사 설법전說法殿에 봉안하고 나서, 송광사 대중들과 제방의 선지식들이 법석法席을 이루어 이 팔만대장경을 모두 한번 전독轉讀하는 전경불사轉經佛事를 하는 것이 소원이었다.

그래서 1902년 해인사에 가서 여름 안거를 하면서 주지 회광晦光 스님과 초은草隱 존숙尊宿, 그리고 천상궁千尙宮을 회유하여 송광사로 돌아올 때 함께 왔었다. 그리하여 뒷날 송광사에서 전경불사를 하기로 하고 그 후원도 해주기로 약속 받았던 일이 있다.

그래서 3월에 회광 스님이 2,000금을 마련하여 송광사로 왔다. 3월 17일부터 율법대로 결계結界를 하고 해인사판海印寺板 대장경大藏經을 전독하는 전경불사를 하였는데, 금명은 입승立繩(維那)과 검경도감檢經都監을 맡아 7일간의 전경불사를 여법하고 성대하게 회향하였다.

이어서 송광사에 금강계단을 설치하여 『범망경梵網經』과 『사분율四分律』을 강의 하고 갈마羯摩화상이 되어 보조국사의 종재일宗齋日인 3월 26일 수계법회를 하였다. 금명은 이 전말을 「전독대장경발문轉讀大藏經跋文」으로 지었다. 〈358면 참조〉

이때 회광은 율사律師로 알려져 있었다. 그리고 『동사열전東師列傳』의 맨 마지막에 회광은 뛰어난 강백講伯이라 수록되어 있다. 그러나 뒷날에는 친일 승려가 되어 지탄을 받게 된다.

6월에 고종황제가 인경하여 봉안한 팔만대장경과 기로소耆老所의 원당願堂인 성수전을 지을 때 내린 옥백玉帛, 은화銀貨 등과 봉안된 전패殿牌와 제반 집물들의 목록을 낱낱이 적어 책을 한 권 만들고, 거기에 「성수전제반집물전장서聖壽殿諸般什物傳掌序」를 썼다.

6월에 보제루에 있는 염불원念佛院에 불상을 모시기 위해 불장佛藏을 짓고 유리로 장엄하였다. 그 과정을 「만일회불장신성기萬日會佛藏新成記」로 지어 남겼다. 8월에 「봉두산동리사봉서암개와권선문鳳頭山桐裏寺鳳棲庵蓋瓦勸善文」을 지었다.

◆ **46세**(병오丙午, 1906년)

2월에 곽두환郭斗煥이 부조扶助를 받으려고 단자單子를 부탁하기에 지어주었다. 3월에 본사의 시왕계十王契에서 '예수무차회豫修無遮會'를 설립하고, 모연募緣하는 화주 소임을 맡아 시주들에게 구재鳩財하여 영가靈駕를 천도薦度하였다.

7월에 두월斗月(1744~1816) 스님 문도들이 계를 만들고 부탁을 하니 「두월화상문계서斗月和尙門契序」를 지었다.

10월에 기해己亥(1899)년에 남여혁파籃輿革罷의 큰 도움을 준 법부대신法部大臣 이하영李夏榮이 천 원圓이 넘는 돈을 시주하여 삼일암三日庵을 중창하였다. 10월 4일에 그 상량문을 지었는데, 이하영이 손수 지은 상량문을 들보에 봉안하고 금명의 상량문은 넣지 않았다. 금명이 총섭을 지낼 때 알게 된 완주에 사는 정인홍鄭寅弘이 여러 해에 걸쳐 이 일을 주선하여 짓게 되었다.

11월 3일에 「삼일암중건연기론三日庵重建緣起論」을 지었다. 11월에 젊은 시절 보조암에서 모시고 살았던 이봉선사의 문도들이 부탁하므로 「이봉선사문계서離峰禪師門契序」를 지었다.

◆ **47세**(정미丁未, 1907년)

당시에 16세이던 임석진林錫珍●에게 사집四集(『도서都序』『서장書狀』『절요節要』『선요禪要』)을 가르쳤다. 2월에 「해경선사자량단문海景禪師資粮單文」을 지었다.

● 임석진林錫珍(1892~1968)의 법호法號는 기산綺山이다. 1912년에 금명으로부터 구족계를 받고 중앙학림을 졸업한 다음 송광사 강사와 주지 등을 역임하고 총무원장과 동국대학교 이사장을 지냈다. 한글로 된 현대판의 『송광사지松廣寺誌』를 편찬하였다.

5월 8일 침연枕淵●선사가 병고 없이 84세로 입적했다.

◆ **48세**(무신戊申, 1908년)

3월 4일에 응하應夏●● 스님이 28세로 입적했다.

이해에 금명은 청진암에 조용히 은거하였다. 그때는 국운이 쇠퇴하여 관기官紀가 해이하고 일본의 간섭이 더욱 심해지며 온 나라의 민정民情이 자못 소연騷然하였다. 지방은 더욱 혼란하여 양정良丁과 부민浮民들이 서로 어울려 군단軍團을 조직하고 의병義兵을 칭하면서 반일反日의 기세를 올리고 있었다.

송광사 인근에 있던 대곡리大谷里(현재 주암호에 침수됨) 출신인 조규화趙圭和도 스스로 군졸을 모아 의병장義兵長을 자처하였다. 그런데 갈수록 그를 따르던 무리들은 점차 폭도暴徒로 전화轉化하여 대낮에는 숨었다가 밤에는 근처 양민의 재물을 빼앗으며 음주, 겁탈 등의 만행을 저질렀다.

대곡리의 조씨 가문은 이 지역에 누대를 살아온 토반土班으로, 부근의 민간인들에게 자행恣行이 심하였으나, 16국사를 배출한 송광사는 그들 마음대로 되지 않았다. 조규화의 백부伯父도 두 해전 병오丙午

● 침연장선枕淵章宣(1824~1907)선사는 주암 출신으로 14세에 송광사의 추담대사를 은사로 출가하여 침명의 문하에서 수학하였다. 효심이 깊고 자애로운 성품으로 알려졌다. 27세에 보조암에서 건당하였으며, 은적암, 광원암, 청진암 등에서도 개강하였는데 글씨가 뛰어났다. 제자로 대붕大鵬선사가 있다.

●● 응하應夏(1881~1908) 스님은 곡성군 석곡면 출신인데 13세에 송광사로 출가하여 호연선사를 은사로 금명선사에게서 수계하고 여러 종장을 참예하고 진응震應 강백에게서 그 골수를 얻고 돌아와서 26세에 광원암에서 건당하였는데 학인이 많이 모여 자리가 비좁았다. 그런데 우연히 병들어 젊은 나이로 입적하니 모두가 애석하게 여겼다.

(1906)년에 송광사를 찾아 성수전을 배관하려고 하면서 방자하게 행패를 부리다가 오히려 망신을 당한 일이 있었다. 그 일로 인하여 대곡리의 조씨들은 송광사에 대해 늘 앙심을 품고 있으면서 복수의 기회를 노리고 있었다.

이런 관계 때문에 그때 의병대장을 자처하던 조규화의 목적은 송광사를 초토화시키는 것이 목적인 듯하였다. 매일 삼삼오오 출입하면서 금품을 약탈할 뿐만 아니라 어떤 때는 많은 대군大軍을 몰고 와서 스님들을 폭행하면서 묶어놓고 매질하니, 대중들은 그 압박을 이기지 못해 피신하여 사방으로 흩어지고 절은 황폐하여 갔다.

그해 4월 17일에 조규화가 많은 군사를 거느리고 은적암隱寂庵에 둔거하고 있었는데, 대곡리의 일본 헌병 주재소에서 이 낌새를 알고 주지 설월雪月 스님을 불러 사문査問하니, 그들도 명분이 의병義兵인지라 일병日兵에게 차마 그대로 이르지 못하고 '전연 없다'고 대답하였다. 그러나 일병은 다시 정탐을 보내 그들이 둔거함을 확인하고, 주지가 거짓 대답한 것에 대해 아주 괘씸하게 여겼다.

4월 18일 밤에 대곡의 일본 헌병들과 순천에 주재駐在하던 순사巡査 안정安正의 군軍이 합세하여, 그날 저녁에 은적암을 찾아가서 발포發砲하니 모두 도망가버렸다. 일병들은 분풀이로 암자의 귀중품들을 약탈掠奪하고, 그날 밤에 은적암과 그 아래의 보조암을 불태워버렸다.

금명은 이때의 참화를 상세히 적어 「은적암보조암회록기隱寂庵普照庵回祿記」로 남겨 두었다.

도망갔던 조규화는 7월 1일에 다시 80명의 대군을 끌고와 본사의 문수전에 본영本營을 정하고 주둔하면서 승려들을 구박하고 거금巨金

을 요구하였다. 그리고 다음 날 인근 주암住岩에서 온 수비대와 서로 접전接戰하면서 다수의 사상자가 발생했다.

그리고 11월에 조규화의 무리에게 승려가 피살되는 일이 있었으며, 그런 사건 등으로 각 암자와 큰절이 텅 비게 되는 지경이 되었다. 조규화는 이듬해 곡성군 목사동 신전리에서 구례 주재 일병日兵에게 사살당하고, 순천 주재 헌병대장 안정安正은 독직죄瀆職罪로 멀리 유배되었다. 그 당시 그런 참화를 겪으면서 송광사는 4만여 냥兩이 탕진되었다.

당시에 좋은 논 1두락斗落*이 60냥이었다고 하니, 700여 두락의 재산을 소진시킨 셈이다. 이 때문에 사원의 재정은 말이 아니었다. 이런 분탕질을 하는 와중에 그 무리들이 몇 번이나 송광사를 불태우려고 하는 것을 다송자 금명은 몸으로 막아내면서 위법망구爲法忘軀의 노력을 다 하였다.

당시 나라의 정세도 불안하고 이 지역에는 명분을 의병義兵이라고 자칭藉稱하는 토비土匪들이 틈만 나면 난동을 부렸고, 이를 토벌한다는 일병日兵들의 횡포도 잦아서 이 산중에는 극심한 고초苦楚가 그칠 날이 없었다. 그때 이를 견디지 못한 승려들이 거의 다른 곳으로 가버리거나 환속하였다.

어느 날 두 벗이 찾아와 앞에서 당기고 뒤에서 밀면서 말하기를 "이런 난세亂世에 보신保身하는 것은 재야在野에 숨는 것이 좋으니 함께 세속으로 나가도록 하자"고 하자, 대꾸하기를 "두 형들은 어찌 그런 생각

---

* 두락斗落은 일두락종一斗落種의 준말이다. 볍씨 1말 또는 콩 1말을 파종할 수 있는 논과 밭으로 보통 200~300평이다. 한 두락을 '한 마지기' 또는 '한 말지기'라고 한다.

을 하는가? 나는 이미 입산하여 불자佛子가 되었으니 맹세코 산을 내려가지 않을 것이오. 차라리 저런 산적들에게 해를 당할지언정 불자의 이름을 바꾸지 않으리라. 그대들이나 바라는 대로 환속하여 스스로 도생圖生하시기 바라오" 하면서 목숨을 다해 이 송광사 도량을 끝까지 지킬 것을 다짐했다.

◆ 49세(기유己酉, 1909년)

2월에 선친先親 통정대부通政大夫 김상종金相宗 공公의 산소를 옮기고 축문을 지었다.

9월 9일에 「곡성군태안사십육존봉안연기기谷城郡泰安寺十六尊奉安緣起記」를 썼다.

12월 2일에는 본사에 사립私立 보명학교普明學校를 세우고, 학감學監의 소임을 맡아 교육 발전에 기여하게 된다. 보명학교는 일반 초등학교 수준이었다.

5) 교화 시기(50대)

1908년과 1909년 두 해 동안의 병란兵亂이 휩쓸고 지난 다음, 국권피탈로 일제강점기가 시작되니 오히려 역설적이게도 지방 치안治安은 안정이 되어갔다. 그리하여 금명은 이후부터 학림學林이나 강석講席에서 후학을 가르치거나 혹은 선원에서 안거 정진하며 수행하거나 도제 양성에만 전념 하면서 교화에 전념할 수 있었다.

◆ **50세**(경술庚戌, 1910년)

2월 20일에 종무원의 일로 서울에 갔다가 3월 21일에 송광사로 돌아왔다. 그리고 세상의 풍조風潮가 바뀌니 우리 전통을 잘 보전하면서도 신학문新學問을 비판·수용하여야 한다는 교육 이념으로 송명학교松明學校를 설립하고, 거기의 한문漢文 강사와 불교佛敎 강사가 되어 몇 년 동안 교편을 잡았다.

8월 29일 일제에 의해 강제로 한일합병조약韓日合倂條約이 발표되었다. 가을에 그동안 송명학교를 개설하는 데 많은 조언을 해주었던 일본 사람 등원삼목남藤原三木男이 본국으로 돌아간다기에 「송등원삼목남귀일본서送藤原三木男歸日本序」를 써주었다.

10월 5일 일본 조동종曹洞宗과 연합하려는 이회광李晦光이 중심이 된 원종圓宗을 저지하기 위해 광주 증심사證心寺에서 회의를 열기로 했으나 사람이 적어 유회流會되었다.

11월 21일에 금월찬진錦月粲軫(1880~1910) 스님이 31세로 입적하였다. 그는 여수 출신으로 15세에 송광사의 용선龍船 스님을 은사로 출가하여 금명에게 수학하였다. 그러다가 화엄사에 가서 진응震應 강백의 진수를 모두 얻어 보조암에서 건당하였다. 화엄사에서 강의를 하다가 젊은 나이에 우연히 병을 얻어 송광사로 돌아와 요양하다가 입적했다.

◆ **51세**(신해辛亥, 1911년)

1월 6일 광주 증심사에서 박한영, 김학산, 김율암, 이희성, 조신봉, 김청호, 장기림, 진진응, 신경허, 송정헌, 김종래, 김석연, 송학봉, 도진호 등과 모여 교학을 쇄신할 것을 결의하였다.

1월 15일에 영남과 호남의 승려를 모아 순천 송광사에서 임제종臨濟宗을 발기하고, 송광사에 임시 종무원宗務院을 설치하여 선암사의 경운원기擎雲元奇 스님을 관장館長으로, 한용운韓龍雲 스님을 관장대리로 선출하였다.

금명은 예전에 서로 교유했던 이회광이 김현암金玄庵과 국권피탈 후에 친일의 앞잡이가 되어 조선의 불교를 일본 조동종에 부속시키려는 것을 알고는 그것을 통렬히 비판하고 반대하면서 「문종무원부속조동종자제반대설聞宗務院付屬曹洞宗自題反對說」을 지었다.

3월 9일에 주지 설월雪月 스님이 화사畵師인 남곡南谷 스님을 초빙하여 35축軸의 조사祖師 영정影幀을 새로 조성하여 3월 15일에 진영당眞影堂에 모시고 다례茶禮를 올렸다.

7월에는 응암應庵 선조사先祖師의 영정을 새로 조성하여 금명이 영찬影讚을 써넣고 영당影堂에 모셨다. 그리고 회계會溪선사와 우담優曇선사의 영찬도 지었다. 침명枕溟선사와 이봉離峰선사는 자찬自讚을 써 두었던 것을 쓰고, 벽담碧潭선사의 영찬은 면암勉庵 최익현崔益鉉●이 지었다. 구연九淵선사 영찬은 경재褧齋 서정순徐正淳이 짓고, 침룡枕龍선사 영찬은 금부도사를 지낸 화순의 아사雅士 조성희趙性熹가 지었다.

7월 15일에 14세의 완섭完燮●● 사미가 득도得度하였다.

● 최익현崔益鉉(1833~1906)은 호조·공조판서를 지냈고, 국권피탈 이후 항일운동을 했다. 대마도에서 단식하여 순절하였다.

●● 완섭完燮(1899~?) 스님은 완산完山 출신으로 법호는 용은龍隱이다. 11세에 어머니를 잃고 12세에 아버지를 따라 곡성 태안사의 영월映月대사를 찾았다. 14세 되던 여름에 송광사의 금명대사를 의지하여 출가하였다. 7월 15일 영월 스님으로부터 계를 받았다. 일본에 유학하여 종교학과를 졸업했다. 그는 달필達筆로 이름났으며 금명이 편집한 『범해문집梵海文集』이나 『송광사사고松廣寺

또 이해에 김잉석金芿石•이 12세로 송광사의 해은海隱 스님을 은사로 출가했다.

◆ **52세**(임자壬子, 1912년)

2월 27일에 자당慈堂인 숙부인淑夫人 전주全州 이씨李氏의 산소를 옮기고 축문을 지었다.

4월 8일에 송광사 장경전藏經殿(지금의 설법전)에 금강계단金剛戒壇을 설립하여 전계화상傳戒和尙이 되니 승려로 계를 받은 이가 백여 명이나 되었다. 퇴경退耕이 쓴 금명의 비음기碑陰記에 천여 명의 불자들이 수계했다고 한다. 「수보살계첩受菩薩戒牒」을 지었다.

10월 그믐에 사찰의 경제문제를 해결하기 위해서 청년 승려들이 조합組合을 만드니 「갑신조합취지서甲申組合趣旨序」를 지었다.

◆ **53세**(계축癸丑, 1913년)

3월 7일에는 우담홍기優曇洪基선사가 송광사 광원암에서 저술했던 『선문증정록禪門證正錄』을 창문사昌文社에서 인간印刊하였는데, 「선문증정록인쇄차서사발문禪門證正錄印刷次書寫跋文」을 지었다. 그때 추강秋江 스님을 보내 서울에 머물면서 그 일을 돕게 했는데, 경월擎月 거사의 청으로 발문跋文을 지어 보내면서, 「답경월거사증정록서술서答擎月居士

史庫」4권 등이 모두 그의 글씨이다.

• 김잉석金芿石(1900~1965)의 호는 현곡玄谷이다. 그는 뒤에 일본의 고마자와(駒澤)대학 예과를 수료하고, 교토 료오코쿠(龍谷)대학 문학부를 졸업하였으며 한국 화엄학의 초석을 놓은 대학자가 되었다. 동국대학교 불교대학장을 지내기도 했다.

證正錄序述書」도 보냈다.

　백파긍선白波亘璇(1767~1852) 스님이 1826년에 선학禪學의 지침서로서 『선문수경禪門手鏡』을 저술하여 세상에 퍼지게 되니, 초의는 『사변만어四辨漫語』를 지어 백파의 선론禪論을 반박하였다. 그리고 추사秋史도 이에 가세하면서 논쟁이 시끄러웠다.

　송광사의 우담홍기優曇洪基도 1876년 백파의 『선문수경』이 옛 선사들의 종지에 그르치니, 그것을 고쳐 바르게 한다는 뜻으로 『선문증정록禪門證正錄』을 지어 백파 스님 선론의 잘못된 바를 변증하였는데, 그래서 다시 첨예한 토론이 일게 되었다.

　금명은 이 『선문증정록禪門證正錄』을 널리 펴기 위해 범해梵海의 교정을 받아두었던 것을 인간印刊한 것이다. 그리고 그때 화엄사의 진응震應 스님에게 달마와 임제의 바른 종지를 함께 펼쳐주기를 바라는 「청화엄사진응화상서請華嚴寺震應和尚書」를 지어 보냈다.

　7월 6일에 새로 인쇄된 『선문증정록禪門證正錄』이 송광사에 도착하니 그 감회를 읊었다. (인쇄는 양력 7월 20일에 했다.)

感優曇老禪門新刊　우담 노사의 『선문증정록』 신간을 보고

曹溪禪句早參堂	조계의 선구를 일찍이 참구하여
印刊今朝播遠方	오늘 아침 책이 되어 멀리까지 퍼지구나.
佛祖家風如指掌	불조의 가풍을 손바닥 가리키듯
優曇千載遺眞香	우담 스님 천년토록 참 향기를 남기셨네

그해 장경각藏經閣의 창문을 모두 신문물新文物인 유리로 고쳤다. 7월 15일에 그 내용을 담은 「장경전유리창문신조기藏經殿琉璃窓門新造記」를 썼다.

10월 2일에 순천 환선정喚仙亭에 불상을 봉안하고 순천에 포교를 시작하면서 「환선정불봉안식취지서喚仙亭佛奉安式趣旨序」를 썼다.

◆ **54세**(갑인甲寅, 1914년)

2월에는 보명학교 교장을 겸임하면서 보제당普濟堂에 강원講院을 개설하여 강주講主에 부임하니 뛰어난 학인들이 많이 모여들었다. 금용일섭金蓉日燮• 스님이 입학했다.

4월 28일에 선암사의 화산華山•• 스님이 92세로 입적했다.

◆ **55세**(을묘乙卯, 1915년)

3월에는 방장산 천은사泉隱寺에 나아가서 강석에 1년 동안 지냈다. 이때 29세인 송광사의 석호형순錫虎炯珣이 강석에 참예하여 대교과大

• 금용일섭金蓉日燮(1900~1975) 스님은 1913년 11월 2일 청오靑悟 스님을 은사로 출가 득도하였다. 송광사 강원을 졸업하였고, 보응문성普應文性(1867~1954) 스님 문하에서 화업畵業을 익혀 독보적인 금어金魚가 되어 활발한 불교예술운동을 하였다. 그의 문하에 불화, 단청, 탱화, 불상 조성, 개금 등의 분야에 많은 무형문화재들을 배출하였다.

•• 화산선오華山善旿(1823~1914) 스님은 주암 운곡리 출신으로 조실부모하고 동생과 함께 17세에 송광사 은적암에 주석하던 침명枕溟 스님을 찾아가서 출가하였다. 동생은 침명의 상족上足인 함명涵溟의 제자가 되었으니, 바로 경붕익운景鵬益雲이다. 형인 화산은 스승인 침명 스님을 극진히 모셔 효행으로 이름났고, 동생 경붕은 재덕才德으로 알려졌다. 평생 근검하게 수행하며 본분납자의 궤범이 되었다. 입적한 다음 다비하고 나서 3년 뒤에 사리 23매를 수습하였다. 금명은 이를 배관하고 찬송讚頌을 지었다. 화산대사의 사리는 지금도 선암사 입구의 부도전 가운데 사사자상탑四獅子像塔에 모셔져 있다.

敎科와 수의과隨意科를 수료하고, 속전俗典들도 익혔다. 석호는 2년 후에 송광사 학감을 지내고 백양사 등에서도 이름난 강사가 되었으며, 뒷날 송광사의 강석을 물려받았다.

금명은 겨울에 그때 강원의 생도들이 출품한 존안存案에 대해 서문을 지었다. 그리고 금강산 유점사의 출품에 답하는 서문도 지었다.

천은사에 있을 때, 영남嶺南 곤양군昆陽郡(지금 泗川市에 속함) 다솔사多率寺 주지 진안월초震顏月蕉 스님이 지난해 큰 화재로 소실된 대웅전과 선승당禪僧堂을 중건하고 나서 상량문을 요청하니「다솔사대웅전상량문」을 지었다.〈364면 참조〉

그리고 예전에 화엄사에서 가르침을 받았던 원화圓華대선사의 행장行狀을 정리하였다.

◆ **56세**(병진丙辰, 1916년)

1월 15일에 해남 대흥사 강원의 요청으로 그곳에서 강석을 열었다. 12종사宗師들이 교화하던 곳이라 절의 분위기가 융화融和하고 대중들이 번창하였다. 그곳은 30년 전 범해 스님에게서『고문진보古文眞寶』『동래박의東萊博義』『사산비명四山碑銘』등을 배우고, 구족계具足戒를 받고『범망경梵網經』과『사분율의四分律儀』등을 공부하던 곳이다. 또 15년 전에 복구 불사의 증명법사가 되었던 도량이라 감회가 새로웠다.

보련각寶蓮閣에 모신 범해선사의 영정에 참배하고, 그 문손인 인월印月과 완월玩月에게서 범해선사가 남긴 시축詩軸을 받고 그 편집을 부탁받았다. 대흥사에 머무는 동안 송광사 우담優曇선사의 행장도『동사열전』가운데서 간단히 추려 정리했다.

겨울에 조계산에서 두륜산으로 찾아온 제자 오천悟泉(海隱)에게 증별서贈別序를 써주었다. 그리고 여럿이 모여 시회詩會를 열어 그것을 모아 책을 만들고 거기에 「송귀집단인서送歸集短引序」를 지어 붙였다.

송광사에서는 봄에 보조암에 있던 풍암楓巖조사 탑을 비전碑殿으로 옮겼다. 이해에 취봉翠峰• 스님이 송광사로 와서 남호南湖 스님을 은사로 사미계를 받았다.

◆ **57세**(정사丁巳, 1917년)

정월에 대흥사의 「청신암중수기淸神庵重修記」를 썼다.

그리고 정월 13일에 본사의 요청을 받아 송광사로 돌아오니, '청춘에 고향으로 돌아온 것 같다'고 했다.

당시에 승려 교육기관인 전통 강원이 그 편제가 달라지면서 그해는 전국 본사에 중등과정인 지방학림地方學林이 설립되었다. 윤閏 2월 21일에 송광사에도 지방학림을 설립하였는데, 강원과 지방학림 강사를 겸임하였다.

지난해 범해선사의 문손인 인월과 완월이 범해선사의 문집을 편집

• 취봉창섭翠峰昌燮(1898~1983) 스님은 경남 하동 출신으로 1912년에 쌍계사로 출가하였다가 1916년에 송광사로 왔다. 송광사 강원을 마친 다음 1923년부터 보명학교와 금명 스님이 세운 벌교의 송명학교에서 10년간 교편을 잡다가, 보월寶月선사를 찾아 회상에서 참선하였다. 일본 임제대학을 졸업한 후 송광사에서 강사를 지내고 주지도 세 번이나 역임하였다. 송광사가 6.25동란 때 큰 화재를 입었을 때 제7차 중창불사를 한 대공덕주이다.

•• 염재念齋 송태회宋泰會(1872~1940)는 전라남도 화순和順 출생. 1888년 17세에 동몽진사童蒙進士가 되어 1900년 최언소로 박사시博士試를 거쳐 성균관에서 수업. 시작詩作 경연이 있을 때는 늘 장원을 하였고, 임금께 상소문을 올릴 때나 글을 짓고 쓰는 것은 늘 염재의 몫이었다고 한다. 1901년 이홍장의 주선으로 중국에 가서 학문을 연구하고 1907년 귀국하였다. 금명은 염재를 아주 아꼈으며 염재는 송광사에서 세운 송명학교 교사로 근무하기도 했다.

해주기를 간청하기에, 그 유고를 가져와 염재念齋 송태회宋泰會와 함께 편집하였다. 조계산방曹溪山房에서 범해선사의 행장을 쓰고 나서, 「범해선사시집후발梵海禪師詩集後跋」도 지었다.

봄에 선조先祖 응암應庵선사의 행장을 썼다. 그리고 선암사의 화산華山선사가 주최한 시회詩會에 「기화산선회품시서寄華山禪會品詩書」를 지었으며, 박상전朴祥銓을 서울의 중앙학림으로 유학 보내면서 서문을 지었다.

송광사 입구의 계곡은 협소하여 진입하는 도로가 늘 불편하였는데, 한붕漢鵬 스님이 사재私財를 기울여 석조石造의 홍교虹橋를 만들어 극락교極樂橋●라 이름하고 7월 7일(七夕)에 개통하였다. 이에 「승평군조계산극락교기昇平郡曹溪山極樂橋記」를 지었다. 〈370면 참조〉

8월 25일에 백양사 강원에서 초빙했으나 사양하였다.

8월 28일에 환경喚鯨●● 스님이 28세의 나이로 입적하였다. 금명은 아끼던 젊은 인재를 잃은 그 비통함을 만사輓詞와 함께 「환경영가추도식축문喚鯨靈駕追悼式祝文」으로 남겼다.

지난해 풍암楓巖조사 부도를 비전에 옮겼는데, 이해 가을에 그 기

● 송광사 극락교極樂橋(中虹橋) 청량각淸凉閣의 연혁沿革은 다음과 같다.
　1730(경술) 봄 : 극락교(石虹橋) 신성新城-화주化主 탁륵卓勒, 별좌別座 요안了眼, 석공石工 이방오李邦五
　1854(갑인) 윤7월 5일 밤 : 극락교(中虹橋) 3間 홍수로 인해 붕괴
　1854(갑인) : 토판교土板橋 공사, 통행通行 불안不安
　1886(병술) : 사자항로獅子項路 통행通行
　1892(임진) 5월 5일 : 사자항북안獅子項北岸 고로古路 개작改作 통행通行.

●● 환경대현喚鯨大鉉(1890~1917) 스님은 순천 별량면 출신으로 11살에 송광사의 영운 스님을 은사로 출가하여 본사의 사립학교를 졸업하였다. 상주 남장사의 용성龍城 스님에게서 시서와 『남화경』을 배우고 다시 호붕과 금명에게서 수학하였다. 금명의 강석講席을 물려받았는데, 우연히 병들어 무성無聲삼매에 들었다.

문기文記을 지었다.

이해 겨울 퇴경退耕 권상로權相老(1879~1965)가 지은 『조선불교약사朝鮮佛敎略史』를 본 후, 진각국사의 『선문염송禪門拈頌』과 그 제자 구곡각운龜谷覺雲이 지은 『염송설화拈頌說話』를 자세히 밝히지 않은 것에 대해 「독불교약사감상론讀佛敎略史感想論」을 적어 보냈다.

학도들에게 자기의 노력 여하에 따라 자기 운명이 달라진다는 것을 강조하는 「시학도작지지설示學徒作之之說」을 지었다.

이해에 「수선지서修禪誌序」를 지었다. 금명이 1891년 보조암에서 고려 때 보조국사께서 표구해 놓았던 윤음綸音을 발견하였는데, 그것은 보조 스님이 조계산에 정혜결사 도량을 개창하였을 때 임금이 절 이름을 '수선사'로 하라고 내린 것이었다. 금명이 이를 후대에 오래 전하려고 그것을 선사繕寫하여 일축一軸을 만들고 그 경위를 적어둔 것이 「수선지서」이다.

그리고 1895년(乙未)에 대강 정리해두었던 대공덕주 용운龍雲대사의 행장도 찾아서 마무리 지었다.

◆ **58세**(무오戊午, 1918년)

3월에 제자 해은당海隱堂에게 전강傳講하였으니, 이것이 제이처전심第二處傳心이다. 강원의 강의는 해은海隱에게 맡기고 지방학림의 강의만을 하였다.

4월 17일에 임경당臨鏡堂에 새로 석정石井을 만들고, 그 명銘을 지었다. 4월 24일에 보조암에 있던 벽담碧潭선사와 회계會溪선사의 탑을 비전碑殿으로 이안移安하며 그 축문을 지었다. 보조암에는 원래 풍암, 벽

송광사 국사전國師殿

담, 회계 세분의 탑이 있었는데, 풍암선사의 탑은 2년 전에 옮겼다.

이해 송광사에서는 부휴浮休선사의 석비石碑를 비롯한 비석과 석정을 조성하는 석조石造 불사를 하였고 석탑들을 이안하였으며 영정影幀들을 많이 조성하였는데, 그런 불사의 연기론緣起論을 지었다.

7월에 보조국사를 비롯한 16국사와 풍암선사 운손雲孫들의 영정들을 처음 조성하였던 내력과 그동안 변천하는 역사 속에 새로 조성하였던 내용들을 정리하여 「조계산진영당이건급신조영연기론曹溪山眞影堂移建及新造影緣起論」을 지었다. 〈374면 참조〉

송광사에 영정을 모신 효시嚆矢는 보조국사께서 열반하신 후에 진영을 그려 대상臺上의 설법전 옆 선방과 보조암에 모셨다. 그 후로 15국사의 영정을 차례로 모셨으니, 이것이 자음당慈蔭堂(국사전)과 보조암

송광사 풍암영각楓巖影閣

에 영정을 걸게 된 시초였다.

  1745년(乙丑, 건륭 10)에 화주化主 지변指卞 스님이 16조사의 영정을 다시 그렸고, 35년이 지난 1780년(庚子, 건륭 45)에 화주 수징水澄 스님이 다시 조성하였다. 1807년(丁卯, 가경 12)에 화봉華峰 스님이 화주가 되어 옛 영당影堂 즉 지금의 국사전을 중수하였다.

  그 옆의 남쪽에 있는 풍암영각楓巖影閣은 건륭 연간에 세운 것으로 묵암默庵선사가 지은 상량문上樑文이 남아있다. 이 영당을 1864년에 중수하였는데, 1885년 2월 2일 밤에 화재로 소실되었다. 이를 1886년에 용운龍雲 스님이 주관하여 지금의 도성당道成堂자리에 옮겨 지었는데, 1903년에 주지 취암翠庵 스님이 주간主幹하여 다시 본래 풍암영각의 자리에다 옮겨 지었다.

1908년 무신병란戊申兵難으로 산내 암자인 동암東庵(隱寂庵)과 보조암이 불탔을 때, 동암에 모셨던 불상은 큰절 문수당文殊堂으로 옮기고, 보조암의 불상은 자음당에 이안하였다. 그러나 보조암에 모셨던 선조의 영정들은 구해내지 못한 것을 후손들이 안타까워했는데, 1911년에 35축軸의 조사祖師 영정을 새로 조성하였다. 이 조사 영정들은 진영당에다 모셨는데, 그 후로 지금의 풍암영각에서 해마다 음 3월 3일과 9월 9일에 다례를 올리는 행사가 계속되고 있다.

8월에 송광사 도량 상단上段에 있는 일곱 전각의 이름이 달라진 것을 설명하는 「칠전동방장고금명이변七殿東方丈古今名異卞」을 지었다. 〈378면 참조〉 그리고 10월 송광사 입구 사자목에 있는 옛길과 새 길의 변천을 말한 「송광사사자항신구로연기변松廣寺獅子項新舊路緣起卞」을 지었다. 〈384면 참조〉

10월 하순에 제자 해은海隱이 우여곡절 끝에 구해온 조계산 6세 원감국사圓鑑國師의 『가송록歌頌錄』을 보고는 기뻐하며 「원감국사소저가송록인사발문圓鑑國師所著歌頌錄印寫跋文」을 지었다. 그리고 순천 동화사桐華寺의 중수기를 지었다.

이해에 비원碑院을 만들기 위해 조계문曹溪門(一柱門) 앞에 터를 다듬었다. 11월에● 두월斗月대사의 비를 세웠는데, 비문은 윤희구尹喜求●●가 지었고, 음기陰記는 정호鼎鎬 박한영朴漢永 스님이 지었다. 전액篆額은 송

● 『다송문고』에는 기미己未년 8월 9일이라 하였다.
●● 윤희구尹喜求(1867~1926)는 한문학자로, 자는 주현周玄, 호는 우당于堂이다.
●●● 정대유丁大有(1852~1927)는 서예가이며 매화 그림에 능했다. 호는 우향又香이다.

태회가 썼으며, 글씨는 정대유丁大有●●●가 썼다. 석공은 황대인黃大仁이며 각공刻工은 이최려였다.

◆ **59세**(기미己未, 1919년)

1월 21일(음력 12월 20일)에 고종高宗이 승하昇遐하였다. 고종은 1889년에 팔만대장경을 인출하여 송광사에 봉안하게 하였고, 1903년에 51세가 되어 기로사耆老社에 들어갈 때 '국태민안國泰民安'과 '성수만세聖壽萬歲'를 축원하기 위해 송광사에 성수전聖壽殿을 짓도록 주선하였다. 그러한 인연이 있었기에 승하하신 날로부터 100일간 천혼기도를 하고 4월 30일(음력 4월 1일) 송광사에서 백재百齋도 정성껏 모시게 되었다. 이 때 천혼기도의 축문을 지었고, 「이태왕백재연기서李太王百齋緣起序」를 지어 남겼다.

국사전 내부(1930년대)

4월 10일에 국사전을 중창할 때 「조계산국사전중창상량명병서曹溪山國師殿重創上樑銘幷序」를 지었다. 〈391면 참조〉

송광사 국사전은 보통 전각이 아니기 때문에 1917년 총독부에 보고했더니, 공학박사 율산목자栗山木子를 파견하여 조사하였다. 그 결과 국사전은 고려시대 미술의 중요한 고적古跡임을 파악하고 함부로 하지 못하도록 하였다. 그리고 이듬해 1918년 벌목하여 보수작업을 할 때는 총독부에서 일본인 기술자 코다(古田)를 보내 감독하게 하면서, 1919년 오월午月(음력 5월)에 준공하게 되었다. 그 전말을 「조계산송광사국사전중수기曹溪山松廣寺國師殿重修記」로 상세히 적어서 남겼다. 〈398면 참조〉

이해에 기봉奇峰, 제운霽雲, 벽담碧潭, 이봉離峰, 두월斗月선사 등의 비

송광사 보조국사비普照國師碑(1930년대)

석을 만드는 불사와 국사전國師殿 중수와 청진암淸眞庵 중창불사를 진행하였다.

송광사가 위치한 조계산 일대에는 좋은 석재石材가 없어서 예전부터 석조물石造物이 많지 않았으며, 특히 석비石碑가 많지 않았다. 지금까지 남아있는 석비 가운데 가장 오래된 것은 '송광사사적비松廣寺事蹟碑'와 '보조국사비普照國師碑'인데, 1678년(숙종 4)에 경상도 곤양昆陽의 바닷가에서 생산된 해석海石을 가져와서 세웠으며, 1701년(숙종 27)에 감로암 앞에 '원감국사비'를 본산本山의 화강석으로 만들어 세웠다.

그리고 백암栢巖선사 비는 1748년(영조 24) 강원도 이천석伊川石으로 세웠으니, 당시에 운송 수단으로는 어려움이 아주 많은 불사였다. 1895년(고종 32) 고흥에서 가져온 용운龍雲선사 비는 석질이 좋지 못해 전액篆額만 쓰고 비문은 적지 못했고, 1898년에 본산의 화강석으로 세운 묵암선사의 비도 석질이 좋지 못했다.

그러다가 1914년 1월 11일에 호남선湖南線 철도가 개통되니, 비석의 재질이 뛰어난 충청도 보령保寧의 남포석南浦石이나 강화江華의 오석烏石을 수송해올 수 있었다.

그러나 그때도 송광사에서 광주까지 오가는 신작로新作路가 아직 없었기에 보령에서 목포까지 기차로 싣고 간 다음, 목포에서 다시 화륜선火輪船으로 벌교筏橋까지 옮겼다. 또 거기에서 쇠로 만든 수레에 옮겨 싣고 소 몇 마리가 끌어오는데, 연도沿道의 마을에서 부역하는 도움을 받으며 석거리재를 넘어 70리 길을 실어오는 어려운 공사였다. 그렇게라도 해서 질이 좋은 빗돌을 구할 수 있었기에 예전에 못한 선사들의 비석을 세우는 불사를 하게 되었다. 당시는 중국 청淸나라 말기라서 세계 각지로 중국인들이 흩어졌는데, 우리나라에도 석물石物을 잘 다루는 지나인支那人(華僑)들이 많이 들어와 있었다.

그래서 송광사에서 1919년부터 그들의 기술과 노동력으로 석비石碑와 석계石階, 석정石井, 석축石築 등을 만드는 석조石造 공사가 활기를 띠었다. 화교 출신 석공石工인 이종원李宗元, 강일통江日通, 추업풍鄒業豊, 왕유은王有恩, 동성덕董成德, 총학주叢學珠 등이 그들이다.

그때 금명은 선조들의 비석 불사에 서문序文이나 축문祝文, 기문記文 등을 많이 지었다. 「제운화상입비축霽雲和商立碑祝」「벽담화상입비축碧潭和尙立碑祝」「벽담선사입비연기서碧潭禪師立碑緣起序」「이봉대선사입비축문離峰大禪師立碑祝文」「기봉대선사입비축문奇峰大禪師立碑祝文」「두월대사입비제문斗月大師立碑祭文」 등을 지었다.

제운霽雲선사 비문은 정만조鄭萬朝*가 비문을 짓고, 음기陰記는 금명이 지었으며, 김돈희金敦熙**가 전액과 글씨를 썼다. 석공은 중국 화교들이었고, 각공刻工은 이최려李最呂였다.

벽담碧潭선사 비문은 윤희구尹喜求가 짓고 음기는 송태회가 지었으며 김돈희가 전액과 글씨를 썼다. 석공은 황대인이며 각공은 신동우申東禹, 신동춘申東春이었다.

이봉離峰선사 비석은 강화에서 나온 쑥돌(江華艾石)에 비문은 이건창李建昌***이 짓고 음기는 문인門人 예운혜근猊雲惠勤이 지었으며 송태

---

* 정만조鄭萬朝(1858~1936)는 규장각 부제학으로 호는 무정茂亭이다.
** 김돈희金敦熙(1871~1936)는 검사, 서예가였으며, 호는 성당惺堂이다.
*** 이건창李建昌(1852~1898)은 문장가이며, 암행어사, 해주 감찰사 등을 역임했다. 호는 영재寧齋이다.

해강이 쓴 송광사 현판. 우화각에 걸려있다.

회가 전액과 글씨를 썼다. 석공은 황대인, 각공은 이최려였다.

기봉奇峰대사 비문은 여규형*이 짓고 음기는 송태회가 지었으며, 김돈희가 전액과 글씨를 썼다.

3월 3일에 유마사 봉향각奉香閣을 창건하고 그 상량문을 지었다.

6월 10일에 「조계산송광사청진암제사창건기曹溪山松廣寺淸眞庵第四創建記」를 지었다.

7월 3일에 나한상羅漢像은 고쳐서는 안 된다는 전설은 미혹된 것임을 증명하는 「송광사나한전설변松廣寺羅漢傳說卞」도 지었다.

10월 15일 「수선사계의서修禪社契誼序」를 지었다.

10월에 중앙종무원에서 선의禪議로 청첩했으나 사양하였다.

초겨울에 허정환이 법을 구하기에 답하는 「답허정환구법서答許正煥求法書」를 지어 보냈다.

11월 11일에 화순 동복同福에 있는 옹성산甕城山 몽성암夢聖庵의 창건기를 짓고 「몽성암칠성계안서夢聖庵七星契案序」도 지었다. 몽성암夢聖庵은 동복에 사는 오완기吳完基 씨가 1918년에 현몽現夢한 곳에다 터를

● 여규형呂圭亨(1848~1922)은 중추원 의관으로 호는 하정荷亭이다.

잡고 득남得男하니 신심이 나서, 송광사 혼명混溟 스님의 상족上足인 태영泰英 스님을 초청하여 월봉月峰의 높은 곳에 창건한 절이다.

12월 12일에 해강海岡 김규진金圭鎭*이 글씨를 쓰고, 죽농竹農 안순환安淳煥**이 난죽蘭竹을 그려넣은 송광사 액호額號를 보내왔기에 현판의 뒤에다 소인小引(짧은 서문)을 적어넣었다.

6) 저술 시기(60대)

국권피탈 후 10년이 지나는 동안 개화開化되어 신문물이 들어오면서 산중의 여러 불사들도 많이 진행되었다. 금명은 그동안 수집했던 자료를 바탕으로 그의 나이 60대에는 주로 저술에 몰입하면서, 틈틈이 여러 기문記文을 짓기도 하였다.

그리고 30여 년을 모았던 송광사의 사료史料를 그의 문하생인 기산 스님이 편집하고 용은 스님이 정서하여 『송광사 사고』를 편찬하게 하였으며 그것을 감수하였다.

- 김규진金圭鎭(1868~1933)의 호는 해강海岡이다. 8세 때부터 외삼촌인 서화가 이희수에게 글씨를 배웠고, 18세 때 중국에서 8년간 서화를 공부. 귀국 후 왕세자인 영친왕의 사부가 되어 글씨를 가르쳤다. 1903년 소공동 대한문 앞에 '천연당'이라는 사진관을 열었고, 1913년 그 사진관 안에 '고금서화관'이라는 최초의 근대적 화랑을 개설하였다. 활달한 대필서로 이름을 날렸고, 전국의 사찰에 많은 글씨를 남겼다.
- 안순환安淳煥(1871~1942)의 호는 죽농竹農이다. 대한제국의 궁중잔치 음식을 도맡았던 전선사典膳司의 책임자였으며, 근대 요릿집인 명월관明月館과 식도원食道園을 설립한 조선음식 전문가이다. 시흥에 안향安珦을 봉향하는 녹동서원鹿洞書院을 만들고 명교학원을 연 뒤 조선유교회를 설립하였다.

◆ **60세**(경신庚申, 1920년)

1월에 그동안 열람했던 저술이나 번역본의 목록을 정리한 『저역총보著譯叢譜』의 편찬을 끝내고, 그 서序를 썼다. 1월에 복천福川에 살고 있는 청주淸州 한韓씨들의 청으로 「한씨문계안서韓氏門契案序」를 지어주었다.

2월 17일에 제자 완섭完燮을 일본 동경으로 유학 보내면서 「송완섭사미동경유학送完燮沙彌東京留學」이라는 글을 지어주었다.

그리고 3월 3일에 『조계고승전曹溪高僧傳』의 서序를 짓고 그 저술을 시작하였다. 또한 화엄사에 있을 때(1896년) 어느 학인이 가져온 진각국사 가송歌頌 14수와 『염송설화拈頌說話』 가운데 있는 무의자無衣子(眞覺國師) 송頌 24수를 합하여 책을 만들고, 거기에다 「진각국사법어송초집서眞覺國師法語頌抄集序」를 지었다.

송광사 부도전浮屠殿 입구의 부도군浮屠群(일제강점기)

송광사는 임란壬亂 이후에 부휴선수浮休善修선사의 문손들이 오랫동안 주석하여 왔다. 근래에 여러 선사들의 비석이 세워졌으나, 부휴선사의 비석은 없었다. 이를 안타까워하던 주지 설월雪月 스님이 주관하여 두 해 전에 천안天安에서 강화의 오석烏石을 구하였다. 이해 초여름에 비석을 세웠는데, 금명은 4월 8일에 「부휴선조입비역사서浮休先祖立碑歷史序」를 짓고, 4월 20일에 비석을 세울 때 「부휴조사입석제문浮休祖師立石祭文」을 지었다.

부휴대사의 비문은 속리산 법주사에서 발견된 백곡처능白谷處能(1617~1680)이 지은 비문을 그대로 옮겨 싣고, 동몽진사童蒙進士 염재念齋 송태회宋泰會가 전액篆額을 쓰고, 김가진金嘉鎭(1846~1922)이 글씨를 썼다. 금명이 음기陰記를 지었지만, 송태회가 지은 것을 비석에 올렸다. 석공은 화교인 이종원李宗元이며 각공은 황대인黃大仁과 정봉상鄭鳳祥이었다.

4월에 친가親家의 오대五代와 육대六代 조비祖妣들 묘소에 석물石物을 봉안하고 축문을 지었다.

4월에 곡성 태안사로 옮겨 선원에서 여름 안거安居를 하였고, 겨울은 봉서암鳳瑞庵의 염불당에서 결제結制하였다.

5월에 환해幻海선사의 비석을 세우면서 제문祭文을 지었다. 비문은 송태회가 짓고, 음기는 환해의 문인門人 호붕진홍浩鵬振弘이 지었으며, 석공은 황대인이었다.

7월에 태안사 주지 영월映月선사의 청으로 「태안사봉서암중창기泰安寺鳳瑞庵重創記」를 지었다.

전강傳講하였던 문제門弟인 눌봉정기訥峰正基 스님이 8월 15일에 곡성 도림사道林寺에서 10년에 걸쳐 『화엄경華嚴經』 사경寫經을 회향하니, 이를 찬탄한 「사화엄경발寫華嚴經跋」을 지었다.

8월 20일에 눌봉이 지난해부터 도림사의 주지를 맡아 이해에 대법당을 새로 지으니 상량문과 중창기重創記를 지었다. 도림사 길상암吉祥庵에 주석하던 취암翠庵선사의 청으로 「길상암중수기吉祥庵重修記」를 지었다.

9월 9일 감로암 동쪽에 별당別堂을 세우니, 「감로암별당신건기甘露庵別堂新建記」를 지었다.

◆ **61세**(신유辛酉, 1921년)

1월 19일은 회갑이 되는 날이었다. 태안사의 봉서암에서 도제徒弟들이 다회茶會를 마련하여 수연壽宴을 베풀었다. 그때 금명은 영靈, 성惺, 경經, 청靑, 정亭을 원운原韻으로 내어 수시壽詩를 지었다.

回甲自懷	회갑을 맞아 느낌
	靈惺經靑亭〈原韻〉

金鷄唱曉借天靈	금 닭 우는 새벽에 하늘 영기 빌렸는데
六一今朝未慧惺	환갑 맞은 오늘 아침 지혜가 흐릿하네
去益昏迷難點石	갈수록 혼미하여 불붙이기 어렵지만
疲能隨喜但飜經	피로해도 경전을 읽는 것이 기쁘구나
堪嗟鬢髮無爲白	하릴없이 귀밑머리 희어짐을 탄식해도
可愛庭蘭漸自靑	푸르게 자라나는 뜰의 난초 사랑하며

幾訪曹溪多少路　　조계의 그 길들을 몇 번이나 찾았던가
謾觀水月坐松亭　　송정에서 부질없이 수월水月만 바라보네.

이에 석전石顚 박한영朴漢永, 만암曼庵 송종헌宋宗憲, 백학명白鶴鳴 스님과 염재念齋 송태회宋泰會, 소파小波 송명회宋明會 등 일당一堂에 모인 90여 명이 화운和韻하여 지은 수시壽詩를 모았다. 거기에다 석전 스님의 서문敍文을 붙여 『금명대사수시錦溟大師壽詩』 한 권을 만들어 기념으로 남겨 두었다.

봄에 태안사의 16나한을 옮기고 나서, 「태안사십육성이안연기泰安寺十六聖移安緣起」를 지었다.

함호菡湖 스님과 상의하여 응암應庵선사의 진영을 새로 조성하고, 「응암선사진영신조기應庵禪師眞影新造記」를 지었다.

그해 5월 15일에 송광사에서 대중들이 세 번이나 찾아와서 주지 소임을 맡아달라고 청하자 말하기를, "내가 이미 두 번이나 인수印綬를 잡고 수토水土의 은혜를 갚았는데, 지금 다시 그 일을 맡게 된다면 남들이 비방하는 말을 어찌 감당할 수 있겠는가?"라고 하면서 고사固辭하였다.

낙안군 동화사桐華寺 승당僧堂의 불상을 개금하고 탱화幀畵를 새로 조성하자, 그 기문記文을 지었다.

9월 9일에 『불조록찬송佛祖錄讚頌』을 찬撰하고 그 서序를 지었다.

그동안 강의하면서 참고하며 기록했던 모든 법의 명수名數를 모아 『삼장법수집三藏法數集』을 만들고 그 서문을 썼다.

이달에 우연히 각기병脚氣病이 생겨 열 달이나 고생하였다.

자정국사묘광탑慈靜國師妙光塔(1930년대)과 자정국사사리함慈精國師舍利函

◆ **62세** (임술壬戌, 1922년)

부처님 열반재일涅槃齋日(음 2월 15일)에 제자 기산綺山 스님을 통해 오래전에 알게 되었던 보조국사 찬술로 알려진 『염불요문念佛要門』을 열람하고는, 그 문장을 구분하여 해석한 『염불요문과해念佛要門科解』를 마무리하고 발문跋文을 썼다.

5월 5일에 송광사 산내 암자인 자정암慈靜庵에 있던 자정국사慈靜國師 사리舍利를 모신 부도탑을 도굴한 도적을 잡아 사리함舍利函을 되찾고 나서, 그 「훼탑연기毁塔緣起」를 상세히 썼다.

이해 7월에 본사 강원에서 요청하니 송광사 보제당普濟堂으로 자리를 옮겨 주석하면서 강의를 하였다. 그 후 몇 번이나 물러나고자 해도 뜻대로 되지 않아 7년이나 계속 강의하며 살게 되었다.

◆ **63세**(계해癸亥, 1923년)

4월에 해남군 북평면 천태산에 있는 칠성암七星庵의 중창상량문을 지었다.

4월 11일에 태안사에서 함께 지내던 수경袖鯨(1855~1923)선사가 입적하였다. 그의 전기는 『조계고승전』에 실려 있다.

5월 2일에 보성군 벌교筏橋에 송명학교松明學校를 짓고, 상량문을 지었다. 5월 18일에 곡성군 태안사의 능파각을 중수하니 「능파각중수상량문凌波閣重修上樑文」을 지었으며, 6월 22일에 태안사 대지전大智殿을 새로 지으니 그 상량문도 지었다.

7월 9일에 대붕大鵬(1841~1923)선사가 83세로 입적하였다. 대붕은 주암면 출신으로 13세에 송광사의 침연선사를 은사로 출가하였고, 그의 은사처럼 효심이 깊었다. 글씨를 잘 썼고 범서梵書에도 능하였으며 누구든지 주련柱聯이나 다라니陀羅尼 글씨를 청하면 기꺼이 써주었다.

8월 20일 순천의 유지인 김학모金學模 씨가 시주하여, 송광사 화엄전 옆에 칠성각七星閣을 짓기 위해 터를 닦고, 10월 5일에 상량하면서 그 상량문을 지었다.

11월에 송광사 심검당尋劍堂의 변혁기變革記를 지었다. 11월 3일 천자암天子庵의 중수기를 지었다. 12월 8일 부처님 성도재일成道齋日에 용화당龍華堂 중수상량문을 지었다.

◆ **64세**(갑자甲子, 1924년)

부도전浮屠殿의 묵암默庵선사 비석은 본산에서 채석한 화강석이라서 석질이 좋지 않아 문손門孫들이 보령保寧 남포藍浦의 오석烏石을 구

송광사 입구의 극락교極樂橋와 그 위의 청량각淸凉閣

하여 봄에 비석을 다시 세웠는데, 3월 15일에 그 제문을 지었다. 이용원李容元의 글과 정기회鄭基會의 글씨는 예전의 것을 그대로 쓰고, 음기는 율암찬의栗庵贊儀가 짓고, 서의순徐誼淳이 전액을 썼다. 석공은 화교 강일통江日通이며, 각공은 황대인, 김형근이었다.

4월 8일에 곡성 도림사의 「시왕나한전중수기十王羅漢殿重修記」를 지었다. 그리고 같은 날 「조계산 화엄오십나한삼전불상중수기華嚴五十羅漢三殿佛像重修記」를 지었다.

4월 17일 송광사 입구의 극락교 위에 날아갈 듯한 청량각淸凉閣을 지으면서 「조계산송광사극락교청량각상량문曹溪山松廣寺極樂橋淸凉閣上樑文」을 지었다. 〈401면 참조〉

9월 29일에 송광사 대공덕주인 용운龍雲선사의 비석을 세우고 제문祭文을 지었다. 용운선사의 비석은 1895년(乙未)에 부도전에 세웠다. 하지만 석질石質이 견고하지 못해서 문손門孫들이 다시 주선하여 남포藍浦의 오석烏石을 구하였다.

조성희趙性憙●가 글을 짓고, 율암이 음기를 썼다. 금명은 글씨를 쓰고, 서정순徐正淳●●이 전篆을 썼다. 석공은 화교 강일통이며, 각공은 황대인과 김형근이었다. 일주문 앞 비림碑林에 세웠다.

11월 16일에 순천 별량면 동화사 주지 우송友松(1889~1936) 스님이 선당禪堂을 중창하자 그 중창상량문을 지었으며, 「동화사중수기桐華寺重修記」도 함께 썼다.

12월 21일에 용화당龍華堂 중수를 마치고 「용화당중수기龍華堂重修記」를 지었다. 송광사의 섭리(1902년)를 지낸 화성주흔華性湊炘●●● 스님이 이해에 여수 돌산면突山面 향일암向日庵으로 가서 주석하며 수륙재水陸齋를 지내려고 모연문을 청하였다. 이에 금명은 「여수향일암수륙대회모연문麗水向日庵水陸大會募緣文」을 지어주었다.

◆ **65세**(을축乙丑, 1925년)

지난해 섣달그믐께 중수 불사를 완공한 용화당龍華堂 중수기를 지었다. 3월에 석전石顚 박한영朴漢永과 육당六堂 최남선崔南善(1890~1957)

● 조성희趙性憙는 금부도사禁府都事, 화순 군수郡守를 지냈다. 호는 소아小雅, 서화書畵에 능하였다.

●● 서정순徐正淳(1835~1908)은 1871년에 정시문과 급제한 후 대사간, 순천부사, 이조참판, 도승지, 대사성大司成, 형조판서, 예조판서, 규장각제학 등 내외직을 두루 역임하였다. 시호는 효문孝文이다.

●●● 화성주흔華性湊炘(1856~1927) 스님은 순천 송광면 삼청리에서 태어났다. 12세에 송광사 은적암으로 출가하여 침연, 경붕, 원화, 혼해, 범해 등의 대강백에게 수학하고 30세에 광원암에서 개당하였으며, 1902년에 송광사 섭리를 지냈다.

송광사 화엄전華嚴殿(1930년대)

이 송광사를 방문하였다.

주지 율암栗庵 스님이 주선하여 월조각月照閣을 헐어서 북쪽으로 물려지어 칠성전의 향각으로 삼았다. 그리고 명성각明星閣을 헐어 앞으로 물려짓고 화엄전과 불조전의 향사香社로 만들었다. 화장루華藏樓를 헐어 가운데다 세워 삼전三殿의 정문을 만들고, 밖으로 석축을 빙둘러 쌓았다. 그런 다음 용암龍岩 스님의 시주로 화엄전과 불조전의 석축을 새로 쌓았다. 이런 내용을 「화엄불조양전석축노전중창기華嚴佛祖兩殿石築爐殿重創記」로 남겼다.

태안사에서 허물없이 지내던 하담향섭荷潭向燮(1850~1925) 스님이 9월 29일에 76세로 입적하였다. 『조계고승전』에 그 행장이 실려 있다.

◆ **66세**(병인丙寅, 1926년)

서방정토를 기리는 일백 수의 시집인 『정토찬백영淨土讚百詠』을 찬撰하고, 욕불일浴佛日(부처님오신날)에 그 발문跋文을 지었다.

1월 20일에 해청당 중수불사를 시작하여 봄에 준공하였다. 감실龕室에 보조암에 모셨던 불상을 봉안하고서 「해청당중건기海淸堂重建記」를 지었다. 그 불상의 복장腹藏 기록에 의하면 1624년(인조 2)에 조성하여 광원암에 모셨던 것을 보조암으로 옮겨 모셨다가, 보조암이 1908년 병란을 만나 불타버렸을 때, 큰절 자음당慈蔭堂으로 옮겨 모셨던 것이라 했다. 현재는 감로암 무량수전無量壽殿의 주불主佛로 모셔져 있다.

금명의 비음기碑陰記에 의하면 이해에도 금강계단을 설치하였는데 수계자가 1,000여 명이나 되었다고 한다.

송광사 보조국사사리탑(왼쪽)과 참배로〈30계단〉

백은종택栢隱鍾宅(1907~1986)이 득도하여 상좌로 입적했다.

9월 9일에 송광사 사천왕 「제오창수기第五創修記」를 지었다. 이 사천왕문은 1628년에 초창初創하였던 것이다.

여름에 율암栗庵 주지스님이 자기의 회갑을 맞아 보조국사의 사리탑을 개축改築할 것을 발원하여, 5월 15일에 동역董役을 시작하였다. 8월 27일에 금명이 「사리탑축대괴성축舍利塔築臺壞成祝」을 지어 고축告祝한 다음에 개탑開塔하여, 9월 3일에 그 탑 아래의 바닥을 깊이 파니 보조국사의 성골聖骨 사리를 모신 자기磁器가 나왔다. 그 자기는 높이가 한 자 남짓한 길쭉한 항아리였다.

그 안에 백편百片의 성골聖骨이 가득한데 맑은 옥소리가 나고 밝은 금빛이 영롱하였다. 이에 자기를 설법전說法殿 사자좌獅子座에 모시고 향을 사루고 대중들이 배관拜觀하며 모두가 경축慶祝하였다. 사리가 본래 30과顆였다는데 한 과顆가 보이지 않았다고 한다.

사리를 모시고 21일간 향을 공양하며 수도邃道의 작업이 이루어지기를 기다리면서 엄호하다가, 9월 18일에 본래 자리에 봉안하면서 백회白灰를 두껍게 바르고 덮었다. 그 위에 더 높게 보이려고 새로 두 층을 더 포개고서 그 위에 본래의 탑을 모셨는데, 인좌신향寅坐申向(서향)이었다. 그리고 참배로에 30계단을 만들었는데, 그것은 사리가 30과顆임을 상징하는 것이다. 탑은 9월 20일에 봉안식을 하고, 10월 6일에 준공하였다. 그때 보조국사의 영골靈骨을 참배한 감동을 시로 남겼다.

拜普照國師塔靈骨有感
보조국사 탑에 모신 영골을 참배하고서

七百年前國師塔	칠백 년 전 국사의 탑 속을 열어보니
壙中紫氣眼中新	자줏빛 서기에 눈 속마저 새롭구나
黃金骨像瓏朝日	황금 같은 골상이 아침 해에 영롱하여
方信千秋不滅身	천추에 불멸하는 법신임을 알겠네

감로탑을 개축할 때의 전말顚末을 상세히 적어「불일보조국사감로탑개축기佛日普照國師甘露塔改築記」로 남겼다. 〈406면 참조〉

그리고 옛 기록들을 살펴, 그동안 감로탑을 몇 번이나 어디 어디에다 옮겼는지 그 사실을 기록하여「감로탑이안연기평甘露塔移安緣起評」을 지었다. 〈410면 참조〉

1920년대는 청나라 말기에 중국으로부터 밀려온 화교의 경제활동이 가장 왕성했던 시기였다. 전국 석공들의 3분의 1이 화교 출신이었다고 한다. 보조국사 감로탑을 개축할 때에도 강일통江日通을 비롯한 화교 출신 석공들이 동참하여 완공하였다.

송광사의 염불당을 없애는 것을 보고「본사혁파염불당감상설本寺革罷念佛堂感想說」을 지었다.

◆ **67세**(정묘丁卯, 1927년)

4월 8일에 송광사의 섭리(주지)를 지냈던 화성주흔華性湊炘 선사가 74세로 입적하였다.

송광사 강원講院인 법성료法性寮의 정당正堂 중수불사를 8월에 시작하여 12월 20일에 마치고 나서, 「법성료정당중수기法性寮正堂重修記」를 지었다.

10월에 보조국사 감로탑 옆에 감로탑비甘露塔碑를 세웠다. 금명이 「감로탑개수기甘露塔改修記」를 짓고, 전액篆額은 위창葦滄 오세창吳世昌이 쓰고, 글씨는 춘곡春谷 스님이 썼다. 석공은 강일통이며, 각공은 장응렬張應烈이었다.

◆ **68세**(무진戊辰, 1928년)

2월에 강원을 법성료法性寮로 옮기니 그곳으로 이사하였다. 2월 3일에 경해鏡海●선사가 86세로 입적하였다.

3월에 해은당海隱堂에게 다시 전강傳講하였으니, 이것이 즉 제삼처전심第三處傳心인 셈이다.

이해에 해은의 제자 현곡玄谷 김잉석金芿石이 일본 도쿄의 고마자와(駒澤)대학 예과를 수료하였다. 현곡은 그 뒤 1931년 교토(京都)의 료오코쿠(龍谷)대학 문학부를 졸업했다. 그는 1934년부터 중앙불교전문학교 교수로 시작하여, 혜화전문학교를 거쳐 동국대가 종합대학으로 승격할 때까지 30여 년을 도서관장, 불교대학장 등을 역임하였다. 현곡은 근대 한국 화엄사상의 학문적 기초를 닦은 대학자가 되었다.

● 경해관일鏡海觀一(1843~1928)선사는 주암면 갈마리 출신으로 20세에 송광사의 경잠敬岑대사를 은사로 우담 스님에게 수계하였다. 함명涵溟, 청공靑空, 경붕景鵬, 보명普明 등에게 경을 배우고, 관음기도를 간절히 하여 가피를 입었다. 35세에 응허應虛대사의 법을 잇고, 자정암과 광원암에 머물며 재물을 모아 인연 따라 자제慈濟사업을 많이 하였다. 그의 제자로 석호형순錫虎炯珣이 있다.

금명은 다시 보제당의 염불원에 머물며 정토淨土 업을 닦았다. 3월 18일은 평생을 교유하며 존경하던 선암사 경운擎雲선사가 출가한 지 60년이 되는 출가회갑이었다. 칠언율시를 지어 축하드렸다.

3월에 주암의 조도수趙道洙 씨가 아미산峨眉山에 있는 천태암에 논을 시주하여, 「천태암불답기天台庵佛畓記」를 지었다.

4월 8일에 부처님 탄신을 기념하면서 보은報恩의 결사를 발원하며 「석존탄신결사문釋尊誕辰結社文」을 지었다.

6월에 『화엄대경華嚴大經』의 글자 수에 대하여 『치문緇門』에 나오는 대홍산大洪山 수수守遂선사와 송광사 묵암默庵 스님의 설을 대변하는 「대경자수변결의변大經字數卞決疑辨」을 지었다.

송광사 함호菡湖 스님이 돌아가기 전에 그 유촉문遺囑文을 지었으며, 함호 스님이 관음전 운영에 소요되는 양식을 충당하기 위해서 헌답獻畓한 것에 대해 「관음전불량답원입기觀音殿佛糧畓願入記」를 지었다. 함호 스님은 관음전 벽에 구품도九品圖를 그려 사람들이 아미타불의 인연을 맺게 하였다. 또한 영산회상靈山會上을 그렸다. 보제당 삼존불三尊佛 개금改金을 발원하여, 8월 9일에 개금을 시작하여 8월 15일에 마치고 봉안하였다. 다음 날인 8월 16일에 함호 스님이 입적하였다.

금명은 8월 17일에 「함호화상영찬菡湖和尙影贊」「송광사보제당삼불개금점안소松廣寺普濟堂三佛改金點眼疏」「영산회화별靈山會畵別」을 지었고, 「명왕야별소冥王夜別疏」도 지었다. 그리고 함호 스님의 원력으로 이룬 만일당萬日堂의 삼존불 개금불사와 시주한 불량답佛糧畓에 대한 기문을 지었다.

9월에 전강傳講 제자인 해은이 범어사 강사로 부임하러 떠났다.

송광사의 자민慈敏 스님이 곡성군 옥과면 설산雪山에 1926년부터 시작한 수도암 창건을 끝내니, 그 창건기를 지었다.
　유마사에 호연혜전浩然惠典(1874~1947) 주지스님이 염불당을 새로 짓고 천일기도를 할 때에 그 결사문結社文을 지었다.

◆ 69세(기사己巳, 1929년)

　3월 1일에 태안사의 영월축문映月竺文(1861~1929) 스님이 69세로 입적하였다. 영월은 금명과 동갑으로 평생지기였다. 그의 전기가 『조계고승전』에 실려 있다. 봄에 벌교 사람 박춘정朴春庭이 우연히 놀러왔다가 돌로 우물(石井)을 만들어 보제당普濟堂에 시주하니,「보제당석정기普濟堂石井記」를 지었다.
　4월 29일 송광사의 율암栗岩 스님이 63세로 입적하였다.
　5월에 고흥 팔영산 능가사의 원화성진圓華性眞 대사의 회갑을 맞아 수시壽詩와 서문을 짓다. 눌산訥山이라는 승려가 찾아와서 도움을 구하는 글을 원하자,「눌산수좌구혜문訥山首座求惠文」을 지어주었다.
　선암사 경운擎雲 스님이 강원생들 편으로 보낸 편지를 받고,「답경운화상찬문答擎雲和尙贊文」을 지어 보냈다.

7) 회향回向

다송자 금명선사는 자신의 입적入寂을 예감하였다. 그래서 평생의 원을 세워 10년 동안 저술하던 『조계고승전』 등도 입적하기 한 달 전에 마무리하고, 자기의 행장도 정리하여 손수「행록초行錄草」를 작성하였다. 그리고 도제徒弟들에게 부촉하는 「촉루도제문초囑累徒弟文抄」를 손수 적어 뒷일을 부촉하고, 남긴 유산의 분배문제도 상세히 기술하여 일생을 마무리하였다.

금명은 입적하는 순간까지 흐트러짐 없이 성성惺惺하게 깨어있으면서 대종사大宗師답게 회향하였다.

◆ **70세**(경오庚午, 1930년)

1월 2일에 용암진수龍岩振秀(1868~1930)선사가 63세로 입적하였다. 그는 송광사로 출가하여 금명이 보조암에서 건당할 때 경전을 배운 첫 제자이기도 하다. 일제강점기에 어려웠던 1910년 송광사의 판사判事(주지)를 지냈다. 그의 제자인 해은海隱은 금명의 전법제자이기도 하다.

1월에 고흥군 금산면에 있는 송광암이 지난해에 중수를 하고 정월에 개금불사를 하니 그 시말을 적어 「풍악산송광암중수급개금기楓嶽山松廣庵重修及改金記」를 지었다. 그것은 그가 지은 마지막 기문이다.〈414면 참조〉

1월에 10년 동안 집필한 『조계고승전曹溪高僧傳』을 마무리 하였다. 그 말미에는 금명 자신의 문하에서 수학修學 수법受法한 스님들까지 모두 망라하여 그 행장을 적어 실었다. 그리고 손수 「행록초」를 작성하여 평생 살아온 자기의 행장을 소소히 기록해 남기었다. 이렇게 하여 일생의 마무리 작업을 거의 끝내셨다.

2월에 임종臨終이 가까워진 줄을 미리 알고, 도제徒弟들에게 부촉하는 「촉루도제문초」를 손수 적었는데 '안빈낙도安貧樂道하며 분외分外의 일을 구하지 말고 서로 화목和睦하기'를 부촉하였다. 그리고 선조사

先祖師와 조상들의 제위답祭位畓과 도제들에게 나누어 줄 재산의 목록들을 낱낱이 상세히 밝혀두었다.

2월 10일에는 입적 후에 영정을 만들기 위해 사진사를 불러 마지막 사진을 찍어 두었다. 그리고 음력 2월 13일, 송광사 보제당普濟堂에서 입적하였다.

이상으로 그분의 행장을 대충 정리해보았다. 「행록초」를 바탕으로 『다송문고茶松文稿』에 실린 많은 글들도 연대별로 정리한 것이다. 그러나 문고에 있는 많은 글들이 작성 연대를 정확하게 기록하지 않아서, 연대가 정확하지 않은 저술 제목들은 빼고 정리하였다. 그의 저술은 일일이 거론하기 어려울 정도로 많았다.

금명은 일생을 육영育英을 자기 임무로 삼았으며, 근대의 송광사에서 일어난 많은 사건과 사적事蹟들을 정리하고 기록하였다. 근세 송광사의 역사는 금명의 필적筆跡이 아니면 추고推考할 수가 없을 정도다.

◆ **다송자의 자평自評**

다송자茶松子 금명보정錦溟寶鼎 스님은 자신의 법호法號와 법명法名과 자호自號를 마음에 되새기는 명銘을 다음과 같이 지었다. 이는 스스로를 어떻게 평하였는지 가늠해볼 수 있다.

錦溟銘	**금명이란 이름을 새김**
天織孃生十樣錦	하늘의 직녀가 수를 놓은 고운 비단
西川未到濯東溟	서천西川을 못 건너고 동해에 씻었구나

| 舌耕難得心田闢 | 말로써는 마음을 깨칠 수가 어려운데 |
| 自恨窓蜂鑽古經 | 창봉*처럼 묵은 경전 찾은 것을 한탄하네 |

寶鼎銘   보정이란 이름을 새김

衣中自昧家珍寶	옷 속에 들어있는 보배를 모르고
門外妄求夏九鼎	문밖에서 하夏나라의 구정**을 찾는구나
如何浩劫走長途	어떻게 긴 세월을 머나먼 길 내달리며
忘却廻頭來捷徑	머리 돌려 지름길로 오는 것을 잊었던가

茶松銘   다송자라는 자호를 새김

一囊松葉一甁茶	한 주머니 솔잎에 한 병의 차 마시고
不動諸緣臥此家	모든 인연 상관 않고 이 집에 누웠으니
堪笑昔人修結社	옛사람들 수행하며 결사한 일 우스워라!
何妨聽鳥又看花	새나 꽃을 즐기는 데 무엇이 방해던가?

◆ **입비立碑 및 영정影幀 봉안**

다송자 금명보정선사가 입적入寂한 지 12년이 지난 1942년에 송광사, 태안사, 관음사, 대흥사, 백양사, 화엄사, 천은사 등에 있는 문하생

---

* 창봉窓蜂 : 열린 문으로 나가지 않고 막힌 창호지를 뚫고 나가려고 계속 비비대는 벌을 말함. 근본 뜻을 모르고 말이나 글에 헤매고 있는 어리석음을 비유하는 말이다.
** 구정九鼎 : 하夏나라 우왕禹王이 구주九州에서 조공으로 받은 쇠를 녹여서 만든 솥. 하夏·은殷·주周의 천자는 이를 보배로 삼았다.

들이 찬조하여 보령의 남포에서 나온 오석烏石으로 비석를 만들었다. 비는 송광사 일주문 앞의 비림碑林 가운데 세워져 있다.

비명碑銘은 염재念齋 송태회宋泰會가 찬撰하고, 비의 음기陰記는 운양사문雲陽沙門 퇴경상로退耕相老가 썼다.

그의 제자 백은종택栢隱鍾宅(1907~1989) 스님이 전남 고흥군 봉래면 나로도羅老島 봉래사蓬萊寺에 주석했던 인연으로 해마다 거기에서 추모재追慕齋를 모셔왔다. 나로도는 금명 스님이 젊은 시절 관음기도를 하였던 서불암의 정면에 보이는 섬이다.

1995년 7월 16일 고경古鏡 스님과 자공慈空 스님이 도서관에서 범상치 않은 세로 21.7×가로 16.9cm 크기의 오래된 인물 사진을 발견했는데, 그분을 아는 이가 없었다. 마침 계룡鷄龍 노스님(이해 1995년 11월 8일 83세로 입적)께 여쭈니, 자기에게 계戒를 설해주셨던 금명보정錦溟寶鼎 스님이신데 입적하시기 3일 전에 영정을 만들기 위해 찍어 둔 것이라고 생생하게 증언하셨다. 그 사진 속에 염재 송태회 선생이 쓴 영찬影讚이 함께 들어있었다.

영찬影讚

빛나는 눈동자여!
헌걸찬 모습이여!
다가서면 다정하게 손을 내밀 듯
바라보면 엄연히도 공경스럽네
빛나는 문장은 오색무늬 비단이요
넓은 가슴은 만리의 바다로다
아~!

지금 만약 총림에서 구하려 한다면
어느 누가 그 도풍을 따르지 않으리오

有爛其眼 有顒其容
卽之嫣然可掬 望之儼然可敬
詞華則五色紋錦 胸海則萬里滄溟
噫 今若求諸叢林 孰不趨諸下風

1998년 송광사에서는 김용대 화백에게 의뢰하여 사진대로 영정을 그렸다. 그리고 염재 선생이 써두었던 영찬을 그대로 영정의 상단에 붙여 1999년 5월 9일에 부휴浮休선사 후예인 풍암선사 문손들의 영당影堂인 풍암영각楓巖影閣에 봉안하였다.

◆ 부도 건립

2020년 금명 스님 입적 90주기를 맞아 송광사의 범종·현묵·대경 스님 등과 부도 건립을 발원하였다. 6월에 순천 대승사 주지 보리 스님이 주선하여, 경주 순금사 주지 초안 스님이 경주 원석을 기증하였다. 화순의 이재홍 석공에게 부도 조성을 의뢰하면서 기존 부휴문중浮休門中 조사들의 부도원浮屠園 안에 있는 탑들을 참고하여 조화를 이룰 수 있게 설계하면서, 기단基壇, 탑신塔身, 옥개屋蓋, 상륜부相輪部 등의 이음 부분은 요철凹凸 방식으로 맞물리게 하여 지진이나 빙결氷結로 인한 어긋남이 생기지 않도록 했다.

탑 속에 내장할 사리나 유물이 없어 기단의 철凸 상부에는 사각의 홈을 파고 크리스털판 속에 금명선사의 영정 사진과 염재 송태회 선생이 지은 금명선사 영찬影讚과 『조계산송광사사고曹溪山松廣寺史庫』의 서문 말미에 있는 금명 스님의 친서親書인 '다송자茶松子 금명錦溟'을 축소하여 새겨 넣었다. 그리고 탑신의 철凸 상부에 둥근 홈을 파고 정육면체 크리스털에 앞면은 검은색 영정을, 뒷면에는 염재 선생이 지은 영찬을 옆면에는 금명 스님의 친서 '다송자茶松子 금명錦溟'을 축소하여 음각하여 넣었다.

2020년 12월 26일에 부휴문중 부도원 가운데 보정탑寶鼎塔을 봉안하였다. 부도 건립 불사에 김혜경·박금란 불자들이 동참하였다.

2. 금명의 교유 관계

1) 금명보정의 스승

위에서 살펴본 바와 같이 금명은 당대의 종장宗匠인 경파景坡, 경붕景鵬, 혼해混海, 원화圓華, 구연九淵(九蓮), 원해圓海, 함명涵溟, 범해梵海 등 대선지식들을 찾아 학문을 연찬研鑽하였다. 스님은 단지 불교의 교학뿐만 아니라 유교, 도교 등 제자백가의 전적典籍도 두루 섭렵하였다.

이처럼 제방諸方의 대종장들에게서 수학한 금명에게 은사인 경원 스님은 돌아가시기 얼마 전에 자신보다 더 나은 훌륭한 다른 스님을 찾아 건당建幢하라고 권하였다. 그러나 금명은 "오직 마음을 전하는 법이 우리의 가풍일 뿐이오. 다른 것은 도를 만족시키지 못합니다" 하며, 은사스님 입적한 이듬해에 보조암普照庵에서 전등식傳燈式을 하고 은사스님 아래로 건당을 하였다.

이는 보통 명성名聲을 좇고, 세력勢力을 따라 건당을 하고 이합집산離合集散하면서, 계보系譜를 바꾸는 나부랭이 같은 부유배浮游輩들과 처세를 위해 파맥派脈을 조작하는 교사자巧詐者들이 명심해야 할 것이다.

2) 도제道弟

스님은 평생 동안에 송광사의 보제당普濟堂, 보조암普照庵, 청진암清眞, 광원암廣遠庵, 구례 화엄사華嚴寺, 천은사泉隱寺, 해남 대흥사大興寺 등 8처處에서 10회의 강연講筵을 열었다.

평생 후진 양성을 위해 힘썼던 그의 문하에 많은 준재俊才들이 배출되었다. 대표적으로 조계종曹溪宗 종정宗正을 지낸 만암종헌曼庵宗憲, 총무원장을 지낸 기산석진綺山錫珍, 대강백인 해은재선海恩裁善, 석호형순石虎炯珣, 용은완섭龍隱完燮 등이 그들이다.

3) 도우道友

금명과 함께 당대 남방불교의 쌍벽을 이루던 선암사의 경운원기擎雲元奇 스님을 선배로 편안하면서도 깍듯이 모셨다.

원응圓應, 취은翠隱 등은 법형제法兄弟로, 금봉錦峰, 석전石顚, 진응震應, 용성龍城, 학명鶴鳴, 율암栗庵 스님 등은 마음을 터놓고 지내던 후배들이었다.

4) 재가자在家者

당시에 서울이나 인근 지역의 명사들과도 많은 교유를 했으니, 윤웅렬尹雄烈, 김성근金聲根, 이범진李範晉, 황현黃玹, 김학모金學模, 송태회宋泰會, 송명회宋明會 등 헤아릴 수 없이 많다. 금명은 승속을 막론하고 추종하는 이들이 많았지만 세상의 명예나 이익을 구하지 않고, 평생 조용히 수행하면서 후학들을 가르치는 일로 본업을 삼았다.

일반 재가 불자들을 위해서 시대의 흐름을 따라, 순천과 벌교에 포교당을 열어 불교의 대중화에도 앞장섰다. 그리고 송광사에는 사립 보명학교普明學校를, 벌교에는 송명학교松明學校를 설립하여 전통적인 교육과 새로운 시대의 흐름 따라 신학문을 가르치며 후진양성을 위해 힘썼다.

5) 계정혜戒定慧 삼학三學의 권면勸勉

금명은 근세에 드물게 송광사에 금강계단金剛戒壇을 설치하고, 전계화상傳戒和尙이 되어 출가자들에게 구족계具足戒를 전하니, 승보僧寶의 비니毘尼가 엄정嚴正해지고 위의가 청정淸淨해졌다. 또한 재가 불자들에게 『범망경梵網經』을 널리 설하고 대승계大乘戒를 전하여 일상의 생활 속에서도 심신心身을 절제節制할 줄 아는 재계齋戒를 권하였다. 그런 수계 의식을 할 때는 언제나 천여 명의 대중이 운집하였다고 한다.

그리고 틈만 나면 선원禪院에서 조사祖師의 선리를 참구하며 안거 정진하였고, 염불원念佛院을 개설하여 많은 대중들에게 근기 따라 정업淨業을 닦아 정토淨土의 연緣을 맺을 것을 권하기도 하였다.

금명은 이처럼 삼장三藏에 박통博通하고, 선禪·교敎·율律·정淨을 겸전兼全하며, 계정혜戒定慧의 삼학三學을 원수圓修하여, 이리와 사사에 원융무애圓融無碍한 대종사大宗師였다.

제2장

금명보정의 업적

1.
송광사
수호守護 및
외호外護

선사는 이理와 사事에 두루 원만圓滿하였다. 평소에는 자비롭고 유순한 모습이었으나, 일을 할 때에 굳은 의지로 과감히 진행하였으며, 처음이 있으면 반드시 끝을 완벽히 처리하는 성품이었다.

특히 송광사를 외호하며 지켜내기 위한 위법망구爲法忘軀의 원력이 대단하였다. 송광사 각 전당殿堂의 외호를 위해 많은 계契를 조직하였고, 사중의 경제를 위해 조합組合을 만들기도 하였다. 그리고 송광사가 위기에 처하면 언제라도 나서서 해결사 역할을 했다.

1) 갑오년(1894)의 수호

1894년(甲午)에 동학東學운동에 가담하였다가, 관군에 패배 당한 후 일부는 비적匪賊으로 변하였다. 소위 동비東匪가 되었다. 그들은 산중으로 숨어들어 각 처의 사찰들에게 많은 폐해를 끼치는데 송광사도 예외가 아니었다. 그 가운데 일부는 조계산으로 숨어들어 산적山賊으로 변해 송광사에 온갖 횡포를 부리며 무법천지를 만들었다. 금명은 대중과 함께 온몸으로 이들의 행패를 막아냈다.

그리고 동학군들을 토벌한다는 명분으로 서울에서 내려온 관군들의 약탈도 극심하였다. 그렇지만 이들을 잘 회유하여 그들로부터 송광사 대중들을 안전하게 보호하였다.

2) 남여籃輿 부역 혁파革罷

1899년(己亥)에는 그동안 지방 관청의 관리들이 저지르던 고질적인 폐단 가운데 남여籃輿의 부역이 막심했는데, 이를 혁파革罷하였다.

당시 순천 관아官衙에 있던 관리들과 지역의 세도가들은 풍광이 뛰어난 명승지였던 조계산을 유람하는 것이 관례였다. 그리고 송광사에서 선암사로 갈 때에는 높은 굴목재를 넘어가는 길이 힘드니까 송광사의 승려들에게 남여 부역을 강요하였다.

남여 부역은 두 사람이 앞뒤로 메는 '들것'과 같은 가마이다. 지금도 중국 관광지에 가면, 높은 산에 오를 때 노약자들을 위해 두 사람이 메고 가는 남여를 볼 수가 있다. 날씨가 무더운 여름에는 남여를 메고 가는 것이 보통 고역이 아닌데, 더군다나 거기에 올라탄 관리들이 거드름을 피며 온갖 모욕과 구박을 심하게 주는 것이 다반사였다. 그 시기에는 하루에도 이런 부역을 몇 번씩 해야 했다.

1899년 어느 날도 관리들에게 승려들이 차출되어 마지못해 조계산 너머 선암사까지 남여를 메고 가게 되었다. 비룡폭포를 지나 홈골의 입구를 지날 때는 그곳이 아슬아슬한 벼랑길이라 더 힘들었다. 마침 그때 가마에 올라앉은 관리가 담배를 피우던 뜨거운 곰방대로 가마를 멘 승려의 민머리를 때리며 호통을 쳐대니, 안 그래도 부아가 치밀었던 승려들이 메고 있던 남여를 그냥 벼랑 아래로 던져버렸다. 남여를 타고 있던 관리는 절벽 아래로 처박혀 그 자리에서 즉사卽死하였고, 가마를 메고 가던 승려들은 도망을 가버렸다.

그런데 이 사고를 조사하러 나온 관리들의 횡포가 또한 극심하였다. 금명은 곧 서울에 올라가 이런 상황을 상부에 보고하였다. 이를 알게 된 고종은 곧바로 전국 사찰에서 자행되고 있는 남여를 메는 부역을 칙령勅令으로 없애게 하였다.

전남관찰사 민영철과 순천군수 윤성구와 무감武監 김영택은 칙령을 받들어 10여 개의 남여를 모두 거두어 순천 관아에 모아 놓고 모두 태워버렸다. 그리고 그 후로는 전국 사찰에 남여 부역의 병폐가 사라졌다. 이런 사실을 금명은 「남여혁파연기기籃轝革罷緣起記」로 써서 남겼다.

그때 남여혁파籃輿革罷의 칙령을 내리도록 도움준 이들이 의정부의정부議政府 찬정贊政 이하영李夏榮과 내시內侍 강석호姜錫鎬였다. 지금도 그분들의 공덕을 기리는 이름이 송광사 입구 하마비 부근의 바위에 새겨져 있다.

3) 총섭總攝과 섭리攝理의 소임

금명은 본사 송광사가 어려움에 처했을 때는 총섭總攝과 섭리攝理의 소임을 맡았다. 총섭이나 섭리는 요즈음의 주지住持 소임이다. 1902년

이전에는 총섭이라 하다가 그 이후는 섭리, 일제 강점이 시작된 다음 해인 1911년부터 오늘날까지 주지住持라고 하였다.

금명은 39세인 기해년(1899)에, 해인사에 가서 고종황제의 칙령으로 인출印出하는 대장경인경불사大藏經印經佛事에 동참하여 교정較正과 편집編集의 소임을 맡아 수행하였다. 대장경은 모두 4질秩을 인경印經하여, 그 가운데 한 질을 송광사로 모셔와 설법전說法殿의 가상架上에 봉안하였다. 그리고 곧 서울에 올라가 그동안 관리들의 고폐痼弊가 심했던 남여의 부역을 혁파하게 하였다.

금명은 그런 어려운 고비를 헤쳐나가면서 대중의 신망을 받아 1900년에는 총섭을 맡게 되었다. 그리고 1903년 12월에 그가 주관하여 건립한 성수전聖壽殿에 전패殿牌를 봉안하는 일을 계속 주선하고자 했다. 그래서 송광사의 섭리攝理 소임을 맡아, 이듬해 1904년 9월에 이를 성취시켰다.

총섭이나 섭리는 사판事判의 소임으로 행정적인 업무를 맡았는데, 당시 소임 기간은 6개월로 대중들이 선출하여 추대하는 제도였다. 일년에 두 번으로 나누는데 바뀌는 시기는 봄과 가을이다. 금명은 1900년에 총섭을 두 번을 지냈고, 1903년 겨울부터 1904년 가을까지 섭리 소임을 두 번 맡아보았다. 모두 네 번에 걸쳐 2년간 소임을 맡아보았던 것이다. 그래서 송태회는 금명의 비문을 쓰면서 '네 번이나 도총섭都摠攝이 되었다'고 하였다.

그 뒤에 금명이 회갑이 되던 해인 1921년에, 당시 송광사 말사인 곡성 태안사로 물러나 주석하고 있을 때에도 송광사 대중들이 세 번이나 찾아가서 주지 소임을 맡아주기를 간청했다. 그러나 그때는 이미 송광사가 안정을 되찾은 때라 후배들에게 맡기도록 하면서 "내가 이미 인수印綬를 두 번이나 차고서 수토水土의 은혜를 갚았는데, 지금 다시 그 일을 맡게 된다면 남들이 나를 어찌 볼 것인가?" 하면서 굳이 사양하였다. 국권피탈 후에 서울의 중앙종무원에서 추천하여 청첩請牒한 선의禪議의 소임도 굳이 사양하며 나아가지 않았다.

금명은 이처럼 송광사에 어려운 일이 닥쳤을 때는 소임을 맡아서 혼신의 힘을 다해 모든 일을 잘 처리하였다. 하지만 어려운 일들을 마치면 소임에 연연하지 않고 물러나 수행정진과 도제양성에 힘썼다.

4) 향탄봉산香炭封山 제정制定

조선시대에는 성리학性理學을 통치이념으로 삼았으니, 유교를 받드는 선비라고 하는 이들 가운데 가끔 정신이 썩어빠진 못된 부유배腐儒輩들이 더러 있었다. 그들의 뇌리에는 늘 불교를 배척하고 비방하는 척불훼석斥佛毁釋의 용렬한 정신이 들어있었다.

그들은 승려들의 인권을 유린하고 불교를 탄압하며, 사원의 탑이나 불상佛像을 헐고 부수거나 자기 선조들의 묘墓를 쓰기 위해 명당明堂으로 알려진 절에다 불을 질러 폐사廢寺를 시키기도 하였다. 그런 전례가 전국 도처에 부지기수였다.

그리고 관청官廳에서도 탐관오리貪官汚吏들이 진상進上이나 관용官用을 칭탁하면서 사찰에다 온갖 주구誅求를 자행하였다. 그런 횡포와 늑징勒徵으로 사원의 재산이 탕진되거나 그것을 지켜낼 힘이 없게 되면 승도들은 사원과 불탑 등을 빈 골짜기에 남겨두고, 다른 절로 가거나 환속還俗하는 그런 참상慘狀이 곳곳에서 이루어졌다. 특히 숙종 이후부터 200여 년 동안에 아주 극심하였는데, 갑오경장甲午更張(1894) 이후부터는 조금씩 덜해졌다.

그런 역사 속에 송광사는 관청이나 부패한 세도가와 못된 유생의 횡포로부터 사운寺運을 유지하기 위해 1829년(순조 29)에 혜준惠俊대사의 알선으로 조계산을 율목봉산栗木封山으로 칙정勅定하게 되었다.

율목봉산은 종묘宗廟나 왕릉王陵에 모시는 위패位牌를 만드는 밤나무를 보호하기 위해서 칙령으로 그 경계 안에 일반인들의 난행亂行을 금하고 출입을 통제하는 것이다. 그리하여 관청이나 유생들의 주구誅求나 횡포를 조금이나마 벗어날 수 있었다.

금명이 1899년(광무 3) 해인사에서 인출印出한 팔만대장경을 송광사로 이운移運하여 봉안할 때, 이를 호위했던 별검別檢인 김영택金永澤이 말하기를 "이제 율목봉산도 칙정勅定된 지가 70년이 지나 그 위광威光이 실추되었으니, 송광사를 홍릉洪陵(명성황후의 능. 그때는 청량리에 있었음)에 부속시켜 거기에 쓰일 숯을 공급하는 향탄봉산香炭封山으로 주선함이 어떻겠는가?" 하였다. 향탄봉산으로 정해지면 이 경계 안에서는 지켜야 할 금폐禁弊의 절목節目이 14조條나 되니 사중을 지키는 데 많은 도움이 될 수 있었다. 그래서 산중의 율암栗庵, 취암翠巖 등 대덕들과 노력하여 송광사 일대가 향탄봉산으로 칙정되게 하였다.

그런데도 순천 관아의 통인通引들이 이 절에 와서 심하게 작난作亂질을 하므로, 금명이 이 금폐 절목을 적용하여 이를 중앙에 보고하니, 경무청警務廳에서 내려와 두 통인을 서울로 잡아다가 엄형으로 다스리게 되었다.

그리고 칙지勅旨를 받아 그 절목들을 간판에 적어 널리 보게 하니, 그 이후로 관청에서 부과하던 갖가지 잡역을 줄이게 되었고, 관청이나 인근 지역 못된 유생들의 만행을 막을 수 있어 대중 승려들은 조금이나마 안심하게 되었다.

5) 성수전聖壽殿 건립

1902년(壬寅)은 고종황제가 성수망육聖壽望六(나이가 60을 바라보게 되는 51세)이 되던 해였다. 고종은 기로사耆老社에 입참入參하여 크게 예연禮宴을 베풀고, 명산의 사찰에 원당願堂을 세우려고 하였다. 그전에 이범진 李範晉의 주선으로 축성전祝聖殿이 있었던 송광사가 가장 적합하다고 물망에 올랐었다.

그해 10월에는 서울 동대문 밖의 원흥사元興寺에서 국재國齋를 봉행하며 화엄대회華嚴大會를 열었는데, 금명은 거기에 참석하여 「현요玄要」를 담설談說하였다.

금명은 이때 이 기로소耆老所 원당을 건립하는 일을 교섭하는 임무 도맡았다. 그런데 그때는 마침 궁내宮內가 편안하지 못하여, 진행이 어려워지자 「기로소원당성수전창건사상언장耆老所願堂聖壽殿創建事上言狀」을 작성하여 서리청書吏廳에 제출해놓고, 도봉산 망월사望月寺에서 지내며 이 일을 위해 서울을 왕래하며 해를 넘겼다.

1903년 5월 27일에 내폐內幣 10,000냥兩을 하사下賜 처분을 받고, 윤潤 5월 6일 서울을 떠나 14일에 송광사에 도착하여 원당 건립을 시작하였다. 그러나 순천 관아에서 온갖 핑계로 미루어 진척이 없었다.

만세문萬歲門 편액扁額

성수전聖壽殿(지금의 관음전觀音殿)

그래서 다음 달 6월에 다시 상경하여 21일에 상서上書를 봉정奉呈하니 비제批題를 내리시고, 기로사로부터 군부대신軍部大臣 윤웅렬尹雄烈과 탁지부대신度支部大臣 김성근金聲根에게 감결甘結(오늘날 훈령과 같은 하급 관아에 보내던 공문)을 내리니 그때부터 일을 서두르게 되었다.

7월 2일에「양문액호예폐사상언장樑文額號禮幣事上言狀」을 지었다. 상량문上樑文과 액제額題와 예폐禮幣 등에 관해 상서上書하여 상량문, 예폐 200냥, 성수전聖壽殿과 만세문萬歲門의 사액寫額을 받아 9월 14일에 송광사로 돌아왔다.

9월 19일에 상량식을 하였고 이에 참석하였다. 이때「성수전시창연기발문聖壽殿始創緣起跋文」을 지었다.

그리고 철물鐵物과 채색彩色 등의 일로 다시 상경하였다가, 10월 19일 돌아와서, 단청丹靑하는 일을 서둘러 12월에 모두 완공하였다. 그때 완성된 성수전 건물이 현재 관음전이다. 지금도 관음전 내외의 단청은 궁전의 형식으로 그려져 있음을 알 수 있다.

한편 그해 12월에도 송광사 섭리攝理 소임을 맡아 성수전에 전패殿牌를 봉안하는 일을 계속 주선하였다. 드디어 1903년(癸卯) 9월 7일에 성수전에 전패를 봉안하기 위해 행차行次가 본 군郡에 도착하였다. 기로사의 명命대로 순천 군수郡守가 전패의 글씨를 받들어 쓰고, 전패를 친히 모시고 왔다. 중양절重陽節인 음력 9월 9일 사시巳時에 이를 봉안하고 축재祝齋를 봉행하였다. 이렇게 금명은 그동안 기로소 원당의 일로 세 번이나 상서를 쓰고 세 번이나 상경하면서 이 일을 주선하여 마무리했다.

이런 과정을 보면, 당시 혼란스런 조선 말기 부패한 관리들의 적폐

積弊와 난적亂賊들의 횡포 속에서 민멸泯滅해가는 송광사를 부지扶持하기 위해 노력하는 다송자의 위법망구爲法忘軀의 일면을 엿보게 된다.

그 이후는 기로소에서 논정論定하여 보낸 수호守護 세칙細則대로, 매달 초하루와 보름에 원장院長인 판사判事(주지)가 예복禮服을 입고 위의를 갖추어 성수전 마당에 나아가 조하朝賀를 하면서 위세를 떨쳤다. 이후로는 송광사의 사격寺格이 더 높아지고 관청이나 지방 부유배腐儒輩들의 폐해가 거의 없어졌다.

6) 무신병란戊申兵亂 만행 저지

1908년(戊申)에 국운이 쇠퇴하여 관청의 기강이 해이하고, 일본의 간섭이 가까워지면서 민정民情이 자못 시끄럽고, 온 나라가 물이 끓듯 소용돌이치고 있었다. 지방의 민심도 혼란해져 좋은 뜻을 가진 장정들이나 뜨내기들이 의병義兵이라는 미명 아래 서로 어울리면서 군단軍團을 조직하고 반일反日의 기세를 올리고 있었다.

송광사 인근 대곡리大谷里 출신의 조규화趙圭和라는 이도 군졸을 모아 스스로 의병장義兵長을 자처하였다. 그러나 그 무리들이 점점 폭도暴徒로 바뀌어 대낮에는 숨었다가 밤에는 근처 양민의 재물을 빼앗으며 음주나 겁탈 등의 만행을 저질렀다.

대곡리의 조씨趙氏 가문은 이 지역의 토반土班으로 부근의 민간인들에게 자행恣行이 심하였다. 그러나 16국사를 배출한 송광사는 그들의 마음대로 되지 않았다.

조규화의 백부伯父도 두 해 전인 1906년(丙午)에 친상親喪을 당했을 때, 멀리서 문상問喪을 하러 온 사돈과 함께 송광사를 찾아 고종황제의 전패를 모신 성수전聖壽殿을 배관하려고 하였다. 판사(주지)인 제봉霽峰 스님이 삼보三甫●에게 안내를 해주라고 하였다. 그런데 시간이 조금 지체되니, 조씨가 사돈 앞에 체면이 상했는지 상장喪杖으로 때리면서 방자하게 행패를 부렸다. 이에 삼보가 그 상장을 빼앗아 두 동강으로 분질러버리니, 조씨는 크게 성을 내면서 판사스님에게 그 분풀이를 청하였다. 판사스님은 그의 체면을 세워주기 위해서 그가 보는 앞에서 삼보에게 곤장을 몇 대 때려주게 하고는 화해를 시켰다.

그런데 조씨는 귀가하여 옥천玉泉 조씨 문중에 발론發論을 하여, 그 집안의 머슴들을 보내 삼보를 잡아가려 하였다. 이에 송광사 대중들이 그 머슴들을 잡아 태형笞刑을 가하여 걷기가 어려울 지경으로 만들어버렸다. 그리고 황제폐하를 위해 기도하는 도량에서 불경不敬을 저지른 이 일을 상사上司에 보고하겠다고 하니, 조씨 가문이 기겁을 하며 오히려 용서를 빌며 화해를 요청하였다.

이런 망신을 당한 일로 인하여 대곡리 조씨들은 송광사에 대해 늘 앙심을 품고 복수할 기회를 노리고 있었다. 그러므로 의병대장을 자처하던 조규화의 목적은 의병이라기보다 오히려 송광사를 초토화시키는 것이 목적인 듯하였다. 그 무리들이 매일 삼삼오오 출입하여 금품을 요구하고 귀중품을 약탈할 뿐만 아니라, 때때로 많은 대군大軍을 몰고 와서 스님들을 폭행하거나 묶어놓고 매질하였다. 그러니 그 압박을 이기지 못한 대중들이 피신하여 사방으로 흩어지고 절은 황폐해져갔다.

● 삼보三甫 : 절에서 감무監務, 감사監事, 법무法務의 소임 맡은 승려를 총칭하는 말.

1908년 4월 17일, 조규화가 많은 군사를 거느리고 은적암隱寂庵에 둔거하고 있었다. 대곡리에 있던 일본 헌병 주재소에서 이를 탐지하고는 주지 설월雪月 스님을 불러 조사하여 물으니, 그들도 명분이 일본에 항거하는 조선의 의병義兵인지라 일병日兵에게 차마 그대로 이르지 못하고 "전연 없다"고 대답하였다. 그러나 의심을 풀지 못한 일병은 다시 정탐을 보내 그들의 둔거를 확인하며, 주지스님이 거짓 대답한 것에 대해 괘씸한 생각을 가지게 되었다.

다음 날인 4월 18일 밤, 대곡의 일본 헌병들과 순천에 주재駐在하던 순사巡査 야스마사(安正)의 군軍이 합세하여 은적암을 급습하여 발포發砲하였다. 그러자 거기 둔거하고 있던 조규화의 무리들이 모두 도망가 버렸다.

일병들은 의병들을 소탕하지 못하자 그 화풀이로 암자의 귀중품들을 약탈掠奪한 다음, 그날 밤에 은적암과 그 아래에 있는 보조암普照庵마저도 불태워버렸다.

도망갔던 조규화는 7월 1일에 다시 80명의 대군을 끌고 와서 송광사의 문수전에 본영本營을 정하고 주둔하였다. 그들은 승려들을 구박하고, 거금巨金을 요구하였다. 그리고 인근 주암住岩에서 온 일본군 수비대와 서로 접전接戰하면서 다수의 사상자를 내기도 하였다. 이렇게 겨울까지 계속되는 송광사 안에서의 전투와 약탈로 각 암자들과 큰절이 텅 비게 되는 지경이 되었다. 그뿐만 아니라 11월에는 조규화의 무리에게 승려가 피살되는 일이 있기도 했다.

그 당시 치안이 부재하여 이런 무법천지가 된 상황을 견디지 못한 승려들이 거의 다른 곳으로 가버리거나 환속해버렸다. 그러던 어느 날 도반들이 찾아와서 말하기를 "이런 난세亂世에 보신保身하는 것은 재야在野에 숨는 것이 좋으니, 함께 세속으로 나가도록 하자"고 권하였다. 그러나 금명은 "두 형들은 어찌 그런 생각을 하시오? 나는 이미 입산하여 불자佛子가 되었으니, 맹세코 산을 내려가지 않을 것이오. 차라리 저런 산적들에게 해를 당할지언정 불자의 이름을 바꾸지 않으리라. 그대들이나 좋을 대로 환속하여 스스로 도생圖生하기 바라오"라고 하면서, 목숨을 다해 이 송광사 가람을 지키고자 하였다.

이렇게 분탕질을 하는 와중에 그 무리들이 몇 번이나 송광사를 불태우려고 하는 것을 다송자 금명은 온몸으로 막아내면서 위법망구爲法忘軀의 노력으로 송광사 도량을 지켜냈다.

이듬해 조규화는 곡성군 목사동 신전리에서 구례 주재 일병日兵에게 사살 당했다. 그리고 순천 주재 헌병대장 야스마사는 독직죄瀆職罪로 원배遠配되었다.

그런 참화로 인하여 송광사는 4만여 냥兩이나 탕진되었다. 당시에 좋은 논 1두락이 60냥이었다고 하니, 700여 두락의 재산을 소진시킨 것이나 마찬가지였다. 이 때문에 사원의 재정은 말이 아니었다. 금명은 이때의 참담했던 당시 역사를 상세히 적어 「은적암보조암회록기隱寂庵普照庵回祿記」로 남겨 두었다.

염재 송태회는 당시의 상황을 뒷날 금명보정의 비문에 다음과 같이 썼다.

"무신년(1908) 여름에 한 산중이 병란의 화재를 입게 되어 대중이 모두 달아나버렸는데, 홀로 위험에 당하여도 겁내지 않고 순교殉敎할 것을 맹서하였으니, 그래서 신령스런 옛 고찰의 도량이 초토焦土를 면하게 되었던 것이다. 그러니 남여籃輿의 고역苦役을 혁파한 것이나 관리들의 패습悖習을 징벌한 것들은 굳이 말하자면 그 나머지 일들이라 할 것이다."

〈戊申之夏一山酷被兵燹 衆皆犇竄而獨臨危不怖 誓以殉教 使靈場古刹 免於焦土 則若夫罷籃輿之苦役 懲吏隷之悖習 固其餘事也〉

7) 각 전당殿堂의 불량계佛糧契와 조합組合을 조직

금명은 본사 송광사의 외호를 위해 각종의 전당을 지을 때 권선문勸善文을 짓고 화주가 되었다. 또한 전당을 유지·보수하기 위해 모연募緣을 하였고, 헌공할 양식 조달을 위해 불량계佛糧契를 조직하였다. 등불을 밝히는 등유燈油 마련을 위해 등촉계燈燭契를 조직하기도 했다. 그렇게 사찰의 경제에 도움이 되도록 근대적인 조합組合을 만드는 데 선도적인 역할을 했다.

창건하고 중수하거나 개와蓋瓦하는 불사는 물론 불상을 조성하고 개금改金하거나 탱화幀畵와 영정影幀을 조성하는 등의 각종 불사를 할 때마다, 거기에 맞추어 권선문이나 모연문을 짓고 계안문契案文을 작성하여 불법의 수호와 대중의 외호에 힘썼다.

그런 일은 본사인 송광사뿐만 아니라 그가 주석했던 화엄사, 태안사, 대흥사 등 인연 있는 사찰에 대해서도 마찬가지로 힘닿는 대로 재능기부를 하면서 도와주었다.

그리고 각 문중의 문도들이 선사先師들을 추원追遠하면서 서로 탁마하고 친목할 수 있도록 선사들의 문계門契 결성을 권장하며 문계의 서문을 지어주기도 했다. 이리하여 많은 문중의 결사結社가 생겨났다.

이처럼 다송자 금명은 변혁하던 시대의 소용돌이 속에서 평생 동안 혼신渾身의 정성을 다하면서 휘청거리던 송광사를 지켜낸 외호자이다. 그러나 그런 일들이 끝나면 곧 물러나 출가인의 본분에 충실하였다.

2. 편록編錄과 저술著述

다송자는 평생 동안 수집하고 열람한 많은 자료들을 낱낱이 정리해 두었다가 그를 바탕으로 말년에 이를 편록編錄과 저술著述로 남겼다. 그의 편록과 저술들은 『한국불교전서韓國佛教全書』에 수록되어 있다. 이는 『한국불교전서』에 수록된 찬술자 가운데 『선문염송』을 편찬한 송광사 제2세世인 진각국사眞覺國師 혜심慧諶의 다음으로 방대한 분량이다. 너무나 많은 분량이어서 오류가 몇 곳에 있기도 한데, 그것은 그 때 유통되던 정보의 부정확성에 기인한 것이라 여겨진다. 당시에 그것은 일반적으로 알려진 자료였던 것이다.

그가 남긴 저술은 『불조록찬송佛祖錄讚頌』 1권, 『다송시고茶松詩稿』 3권, 『다송문고茶松文稿』 2권, 『정토찬백영淨土讚百詠』 1권이며, 편록은 『조계고승전曹溪高僧傳』 1권, 『저역총보著譯叢譜』 4권, 『염불요문과해念佛要門科解』 1권, 『대동영선大東詠選』 1권, 『질의록質疑錄』 『백열록栢悅錄』 등이 남아있다.

이상의 저술과 편록은 1996에 동국대학교 출판부에서 간행한 『한국불교전서』 제12책 「보유편補遺篇」의 316면부터 783면까지 모두 468면에 걸쳐 수록되어 있다. 먼저 『한국불교전서』에 수록된 것만 그 순서별로 간략하게 살펴본다.

◆ ─ 『불조록찬송佛祖錄贊頌』

인도의 석가모니에서 시작하여 해동의 조계종사曹溪宗師들까지 총 451조사에 대해 한 분마다 시 한편을 지어 찬송한 연작시連作詩이다. 생몰 연대나 간략한 소개가 곁들어 있다. 1921년부터 찬술하였다.

◆ ─ 『정토찬백영淨土讚百詠』

백암성총栢庵性聰(1631~1700)의 『백암정토찬栢庵淨土讚』을 본받아 그 운韻을 빌려서 지은 총 99수首의 찬송인데, 1926년에 완성하였다.

◆ ─ 『보살강생시천주호법록菩薩降生時天主護法錄』

보살강생菩薩降生은 부처님의 탄생을 뜻한다. 이때에 천주天主들이 호법하던 내용에 관한 기록으로 부처님의 일대기一代記에 관한 간략한 저술이다.

◆ ─ 『질의록質疑錄』

자연 사물의 현상에 대한 당시 사람들의 사고思考의 여러 변설辨說들을 모은 것이다.

◆ ―『조계고승전曹溪高僧傳』

『조계고승전』은 대조계종주大曹溪宗主 불일보조국사佛日普照國師로 시작하여 조계산문을 중심으로 한 조계종의 386명의 고승들을 위주로 편찬한 전록傳錄이다. 전기傳記가 있는 분이 97명이며 전기 없이 이름만 수록된 분이 289명이다.

◆ ―『염불요문과해念佛要門科解』

불일보조국사의 저술이라고 전해온 것을 기산綺山 스님에게 얻어 보고는 감격하여 거기에 대한 과목을 나누고 주해註解를 한 것이다. 1922년에 마무리했다.

◆ ―『저역총보著譯叢譜』

평생 수집한 책의 목록이며 자기 책상에 두고 강의 자료로 참고하던 것이다. 인도와 중국의 저술 목록이 1,200여 제題, 한국과 일본 저술이 1,200여 제, 비명찬술부 700여 제, 삼장역범三藏譯梵(번역된 불경)의 이름이 1,200여 제나 된다. 방대한 분량이라 내용에 약간의 착오가 있기도 하다.

◆ ―『백열록栢悅錄』

백열栢悅은 송무백열松茂栢悅의 준말로, 소나무가 무성하면 잣나무(측백)가 기뻐한다는 뜻이다. 승僧과 속俗의 좋은 글들을 모아 함께 기뻐한다는 의미이다. 추사秋史, 다산茶山, 정조대왕正祖大王의 글과 당대의 여러 고승들의 시문詩文 100여 수를 모아 정리한 것이다.

◆ ──『대동영선大東詠選』

한국, 중국, 일본 승려들의 시를 모은 것으로, 총370여 수나 된다.

◆ ──『다송시고茶松詩稿』

다송자의 시집詩集. 총 3권으로 1,100여 편의 시가 수록되어 있으며, 10수首의 연작連作도 더러 있다. 우리나라 승려들 가운데 가장 방대한 분량의 시집이라 할 것이다. 다송자가 지은 시詩, 가歌, 송頌 등은 『다송시고』의 1,100여 수, 『불조록찬송』의 450여 수, 『정토찬영』 100수나 되니, 모두 합하면 무려 1650여 수가 넘는 셈이다.

◆ ──『다송문고茶松文稿』

다송자의 문집文集이다. 246편이나 되는 방대한 분량으로 사찰의 중수문重修文, 계안문契案文, 공덕기功德記, 모연문募緣文, 서간문書簡文, 서序, 기記, 제문祭文 등 다양한 내용들이다.

그리고 『다송문고』의 끝에는 부록으로 다송자 자신의 행장을 정리한 「행록초行錄草」와 그의 회갑을 맞이하여 지인知人들이 지은 94수의 수시壽詩를 모은 「금명대사수시錦溟大師壽詩」와 「금명선사비명병서錦溟禪師碑銘并序」가 실려 있다.

◆ ──『속명수집續名數集』

범해선사가 초학자初學者들을 위해 지은 산술서인 『제서명수집諸書名數集』을 다송자가 보강하여 지은 책으로 2020년 송광사박물관에서 다시 찾아내었다.

그 외에도 『석보약록釋譜略錄』 1권, 『삼장법수三藏法數』 『십지경과十地經科』 『능엄경과도楞嚴經科圖』 『향사열전鄕師列傳』 『수미산도須彌山圖』 등이 있다고 했는데, 그 행방을 알 수가 없다. 그 저술들도 어서 다시 나타나기를 바란다.

3.
방대한 송광사 사료史料의 수집蒐集 정리整理

다송자의 위업 가운데 손꼽히는 것은 30여 년 동안에 걸쳐 개산開山 이래以來 묻히거나 산재해 있던 송광사에 대한 사료史料를 발굴하고 수집한 것이다. 사적史蹟의 크고 작은 것이나 오래되고 가까운 것들을 종합하여 대강大綱은 물론 섬세한 것도 모두 기록하고 서序 하면서 사승史乘을 정리하여 완성하였다.

그것을 기산綺山 스님이 건물建物, 인물人物, 산림山林, 잡부雜部의 네 책冊으로 일목요연하게 잘 편집하였다. 이를 제자인 용은龍隱이 달필達筆로 정서整書하여 『송광사사고松廣寺史庫』를 이룩했다. 이것은 한국 사찰의 사료史料로서는 가장 잘 정리된 본보기가 되었다.

이 『사고史庫』는 2014년 10월 29일에 등록문화재 제634호로 지정되었다.

기산 스님은 그 가운데서 다시 정사正史를 뽑아 1965년에 『대승선종조계산송광사지大乘禪宗曹溪山松廣寺誌』로 발간했는데, 그것은 제대로 된 현대판 사지寺誌의 효시가 되었다.

오늘날 송광사가 이처럼 승보종찰僧寶宗刹로서 자리매김할 수 있었던 것은 금명선사의 방대한 사료 수집과 정리의 공적에 힘입은 바가 참으로 크다고 하겠다.

송광사지松廣寺誌 표지(1965)

4. 조계종 종통宗統의 재정립

금명선사의 공적 가운데 제대로 평가받아야 할 것은 조계산문을 중심으로 한 조계종의 종통을 확립한 것이다. 오늘까지도 조계종의 종통에 대한 논쟁은 끝나지 않았지만, 금명이 근세에 한국불교가 선교禪敎를 회통한 조계종임을 가장 먼저 천명하여 되살려낸 선구자임은 분명하다.

불교가 번창하던 중국에서도 법통法統과 종조宗祖의 문제는 늘 있어왔던 것으로, 특히 남종선南宗禪은 적통임을 표방하면서 그 정체성 문제로 법통을 강조하여 왔다. 그래서 중국의 남종선 계열에서 수학하고 돌아온 구산선문九山禪門의 조사들은 전등傳燈의 연원淵源을 중요하게 생각하였다.

그러나 세월이 지나 몇 대를 내려가면 갈래지며 나누어졌던 종파들의 그런 주장은 흐지부지 용두사미가 되고, 여러 다른 수행 방법의 영향을 받아 서로 융섭하면서 통불교적通佛教的으로 변하여 특정 종파나 산문의 법통에 크게 얽매이지 않았다. 그러다가 변혁기가 되면 다시 적통嫡統임을 내세우며 자기 종파의 법통을 강조하는 것이 바로 역사였다.

조계산문이 왕성할 때, 고려 말기와 조선 초기, 임진왜란 이후, 조선이 망하고 일제강점기와 해방 이후 정화시기를 거치면서 그때마다 이 땅의 불교는 종통 문제로 많은 논란이 있었다.

금명이 살던 시대에도 마찬가지로 그런 혼돈이 있었다. 그래서 금명은 『조계고승전曹溪高僧傳』을 편찬하면서 조계산문을 중심으로 한 조계종의 종통을 정립하였다. 금명이 조계산문을 중심으로 한 조계종을 확립하게 된 과정을 살펴보고자 한다.

1) 조계산문曹溪山門 중심의 조계종曹溪宗

고려시대 보조국사 지눌知訥(1158~1210)은 조계산 수선사修禪社를 개창하여 조계산문曹溪山門의 개산조開山祖가 되었다. 특히 지눌은 대혜종고大慧宗杲(1089~1163)의 영향으로 해동에 처음으로 간화선看話禪을 제창하였다.

그 제자인 진각혜심眞覺慧諶은 역대 조사祖師들의 문답問答과 기연機緣을 모은 종문宗門 최고의 선서禪書인 『선문염송禪門拈頌』 30권을 편찬하였다. 또한 조사의 공안公案을 참구하는 간화선의 지침이 되는 「구자무불성화간병론狗子無佛性話揀病論」을 지어, 간화선의 병통病痛과 치유법을 상세히 밝히면서 그 수행의 자량資糧을 삼게 했다.

그리고 수선사 10세 혜감국사慧鑑國師 만항萬恒(1249~1319)은 중국의 몽산덕이蒙山德異(1231~1308)선사와 교류하면서 몽산으로부터 '고담古潭'이라는 아호雅號도 받았는데, 그의 「고담화상법어古潭和尙法語」에는 몽산의 간화선법을 새롭게 수용하였다. 그리하여 간화선의 수행법이 조계산문 수선사를 중심으로 당시 고려의 수행자들에게 새로운 활기를 불어 넣었다.

조계산문은 16국사를 면면히 배출하면서 산문의 종풍과 법통은 저절로 대강 정리되었다. 그리고 그 제자들이 번성하고 종풍이 전파되면서 조계산문도 조계산에만 국한되지 않고 그 외연이 확대되었다.

그 가운데 대표적인 것은 몽고蒙古가 침입했을 때는 강화도에 천도遷都하고, 선원사禪源社를 건립하여 수선사修禪社의 분원分院으로 삼았다. 그래서 수선사의 4세 사주社主인 진명국사眞明國師 혼원混元이 선원사 1세 주지가 되었으며, 이후 수선사의 승려들이 계속하여 선원사 주지를 이어갔다.

선원사의 근본도량인 수선사修禪社는 송광사松廣社 또는 동방제일대가람東方第一大伽藍 송광사松廣寺로 불리었다. 선원사는 고려 후기 무신정권 시대에 불교계를 주도하면서 전국의 본산 역할을 하였다.

보조국사로부터 15세인 홍진국사弘眞國師 이후에는 사굴산문闍崛山門 출신인 나옹懶翁, 무학無學, 환암幻庵, 상총常聰, 석굉釋宏, 고봉高峰 등이 주지를 이어갔다. 하지만 그분들은 조계산문 출신이 아니면서도 어느 특정 종파에 매이지 않는 회통불교會通佛敎의 원융무애圓融無碍한 선사들이었다. 보조국사 이전에도 몇 분이 조계종이라는 명칭을 쓰기는 했지만 조계산문 성립 이후에는 일반적으로 조계산문 출신들을 조계종이라 하였다.

2) 간화선 수행법으로 중국 임제종의 법통을 이은 선사들

당시 조계산문 수선사를 중심으로 고려의 수행자들에게 새로운 활기를 불어넣은 간화선 수행법의 영향으로 태고보우太古普愚(1301~1382) 스님도 간화선 수행법으로 확철대오廓徹大悟하여 「태고암가太古庵歌」를 지었다. 그리고 나옹혜근懶翁惠勤(1320~1376) 스님도 또한 간화선을 수행하여 깨달음을 얻었다.

구산선문의 개산조開山祖들은 거의 스승을 찾아 중국에 들어가 그 문하에서 오랫동안 수학하면서 스승의 계도啓導에 의해 깨달음을 얻고 그 법통을 이어왔다.

그러나 태고선사와 나옹선사는 보조스님과 조계산문의 후예들이 고려불교에 새롭게 제창했던 「경절문徑截門」의 활구참선법活句參禪法을 바탕으로 수행하여 석옥石屋(1272~1352)과 평산平山(1279~1361)을 친견하기 이전에 이미 대오하였다.

이렇게 태고는 석옥의 문하에서 오래 수학하며 단련하여 깨친 것이 아니라, 이미 깨달은 뒤에 자기를 점검點檢하기 위해 중국 임제종臨濟宗의 대종장大宗匠으로 알려진 호주湖州 하무산霞霧山으로 석옥청공石屋淸珙을 찾아갔던 것이다.

태고는 석옥을 만나자마자 먼저 자기가 지어온 「태고암가太古庵歌」를 내보이니, 바로 상통相通하면서 서로 인가認可를 하였던 것이다.

나옹은 임제종 19세인 평산처림平山處林의 법을 이었다. 나옹도 평산을 만나러 가기 전에 간화선을 통하여 오도悟道하였고, 평산을 만나 수작酬酢하는 과정에서는 오히려 나옹이 더 활발발活潑潑하게 웅대하였던 것이다.

그리고 백운경한白雲景閑(1299~1374)이 석옥의 문하에 머물면서 인가를 받아 임제종의 법을 이었다. 석옥은 임종臨終할 때에 백운에게 다음 게송을 보내면서 그의 법을 백운에게 부촉했다.

  白雲買了賣淸風   흰 구름 사들여서 맑은 바람 팔았더니
  散盡家私徹骨窮   집안 살림 흩어져 뼛속까지 가난하네
  留得一間茅草屋   한 칸의 초가집이 남았을 뿐인데
  臨行付與丙丁童   떠나면서 그마저 불 속에 던지노라

3) 삼국(인도 중국 고려)의 불교 회통

고려 말엽에 인도에서 중국을 거쳐 고려를 방문한 지공指空화상은 고려불교에 지대한 영향을 미쳤다. 지공화상의 이름은 제납박타提納薄陀로 선현禪賢이라는 뜻이다. 인도의 갠지스강 유역에 위치했던 마갈타국摩羯陀國의 왕자로 태어나 8세 때 인도 나란다(Nalanda)로 출가하여, 스승 율현律賢에게서 수학하였다.

당시 인도 대륙은 이슬람의 침공으로 불교가 점차 쇠퇴하고 있던 시기였으므로 보명존자普明尊者를 찾아가보라는 명을 받았다. 지공은 인도 남쪽에 있는 스리랑카로 건너가, 길상산吉祥山의 보명존자에게서 불법佛法을 익히고 의발衣鉢을 전해 받아 마하가섭摩訶迦葉존자로부터 제108대 조사祖師가 되었다.

그는 보명존자의 명을 따라 불법을 전파하기 위하여 먼저 해로海路를 이용하여 인도네시아, 말레이시아, 미얀마와 여러 섬나라를 여행하

고 다시 인도로 돌아갔다. 그리고 북인도와 네팔, 티베트, 중국을 거쳐 고려로 들어와 금강산, 양주 회암사, 양산 통도사 등을 순례하였던 활불活佛로 알려진 분이었다.

그는 고려에 1326년 3월부터 1328년 9월까지 머물렀는데, 비록 오랜 기간이 아니지만 금강산과 통도사에서 설법을 하며 많은 사람들에게 감화를 주면서 고려 불교계에 많은 영향을 미쳤다. 인도에서 전해 오던 정통의 불법을 이은 그는 원元나라 말엽의 중국과 고려의 불교에 새로운 활기를 불어 넣었다. 특히 명나라를 세운 주원장朱元璋은 승려생활을 한 적이 있었는데, 지공을 직접 친견하지는 못했지만 그의 사상을 흠모하였다고 전해온다.

나옹은 원나라 유학을 하다가, 1348년 연경燕京(지금의 베이징)의 고려 사찰인 법원사法源寺에서 지공의 가르침을 받아 인도불교를 고려불교와 서로 접합시킬 수 있었다.

나옹은 임제종의 평산平山을 찾아 그의 법통도 이었다고도 하지만, 그보다는 중국 연도燕都에서 만난 인도의 나란다 출신인 지공화상을 더 존경하는 스승으로 모시면서 그의 법통을 이었던 것이다.

석옥청공에게서 인가를 받아 법을 이은 백운경한白雲景閑도 지공선사에 대하여 "제자는 향을 사르고 백 번 절하옵니다. 제자는 숙세에 훌륭한 종자를 심어 스승님께서 나오신 때를 만나 이렇게 뵈올 수 있었습니다. 스승님께서는 어느 한 종宗의 이념을 뛰어넘고 격식을 벗어나 활구活句를 온통 드러내셨습니다" 하면서 스승의 예로 모셨다.

이처럼 고려 말에는 대표적인 고승들이 임제종의 법맥과 인도에서 온 지공의 영향을 많이 받아 인도와 중국 그리고 고려의 불교를 회통하여 승화시키면서 활기를 띠었던 것이다.

4) 조선 초기의 조계종

조선이 건국된 뒤 1396년(태조 6) 정월에 태조의 제 2왕비인 신덕왕후 神德王后 강씨康氏의 능인 정릉貞陵 동쪽에 새로 흥천사興天寺를 지었다. 이 사찰은 수선본사修禪本社 및 조계종曹溪宗의 본사本寺로 칙정勅定하였는데, 1376년경 송광사 주지를 지낸 혜암상총慧庵尙聰선사가 그곳의 제 1세 주지가 되었다.

조선 『태조실록太祖實錄』 14권에 따르면, 1398년(戊寅, 태조 7) 5월 13일에 흥천사 상총은 새로운 왕조王朝의 비호庇護 아래 선·교 양종兩宗의 영수領袖를 뽑아 만반萬般을 경장更張하려고 다음과 같이 상소上疏하였다.

"선禪은 부처의 마음이요, 교敎는 부처의 말씀입니다. 그것은 임금을 장수長壽하게 하며 나라를 복되게 하고, 백성을 편안하게 하는 점에서는 같습니다. 넓게 생각하건대, 전하殿下께서는 전생前生의 원력願力을 받들어 땅을 보아 도읍을 세워, 모든 관사官司가 이미 정돈되고 여러 직무가 이미 화합和合해졌습니다. 다음에 도성都城 안에 절을 처음 세워 흥천興天이란 칭호를 내리시고 본사本社에서 선禪을 닦게 하시니, 그 불조佛祖를 공경하고 믿어서 용천龍天에게 보답이 있기를 바라는 뜻은 지극히 깊고 간절하셨습니다.

이에 산야승山野僧인 상총尙聰에게 명하여 주석主席으로 삼게 하시니,

신臣은 이 마음을 아주 결백하게 하여 정법正法을 널리 드날려 복을 축원하는 직책을 다하도록 하겠습니다. 대저 불사佛寺의 문중門中에서는 참선參禪이 제일이오니, 상성上性의 사람이라면 몇 날 걸리지 않아서 성공하여 투철한 지혜를 발명할 수 있고, 혹 그렇지 못하더라도 바르게 화두를 낼 즈음에 불조佛祖가 환희歡喜하고 용천龍天이 공경하여 믿게 되는 것입니다.

고려 왕조의 말기에는 선종禪宗과 교종敎宗이 이익과 명예만을 탐내어 유명한 사찰寺刹을 다투어 차지하여 그 선禪을 닦고 교敎를 넓히는 곳은 겨우 한두 개만이 남아 있었습니다. 이것이 어찌 국가에서 비보사찰裨補寺刹을 창건한 본뜻이었겠습니까? 조사祖師 진각眞覺이 말씀하시기를, '선도禪道는 국운國運을 연장시키고, 지론智論은 이웃나라의 병란兵亂을 진압한다' 하였는데, 그 말이 어찌 증거가 없이 우리를 속이는 것이겠습니까?

원컨대, 전하께서는 지금부터 선종과 교종 중에서 도덕과 재행才行이 영수領袖가 될 만한 사람을 가려서 서울과 지방의 유명한 사찰寺刹을 주관하게 하되, 선禪을 맡은 사람에게는 선禪을 설명하면서 불자拂子를 잡게 하고, 교敎를 주관한 사람에게는 경經을 강講하고 율律을 설명하게 하여주시옵소서. 그 후진後進들로 하여금 선종禪宗은 『전등록傳燈錄』과 『염송拈頌』을, 교종敎宗은 경율經律의 논소論疏를 절차대로 강습시키어 세월이 오래가면 뛰어난 인물과 덕망이 높은 인물이 어느 절에나 있게 될 것입니다.

비록 그러하지만 이미 본사本社라 일컬었으니 그 서울과 지방의 유명한 사찰도 마땅히 송광사松廣寺의 제도를 모방하여 모두 본사本社의 소속으로 삼아서 서로 규찰糾察하게 한다면, 그 작법하고 축원하는 일은 쇠퇴衰頹하지 않을 것입니다. 근래에 법을 만드는 규정이 모두 중국의 승려들을 받들어 본받다가 그 전문專門을 얻지 못하게 되니, 소위 '범을 그리려다가 되지 못하고 도리어 강아지를 그리게 되었다'고 하겠습니다.

신이 삼가 살펴보건대, 송광사의 조사祖師인 보조국사普照國師께서 남긴 제도를 강講하여 이를 시행하고 기록하여 일상의 법으로 삼고, 또한 승려들로 하여금 조석으로 익히고 수행하게 한다면, 위로는 전하께서 불도佛道를 세상에 널리 펴게 한 은혜를 보답할 것입니다. 삼가 바라옵건대, 중앙과 지방에 반포頒布하여 영구히 대대로 전하게 한다면 어찌 대단히 국가에 이롭지 않겠습니까?"

이 상소를 보고 임금이 그대로 따르라고 하였다.

―

太祖實錄 14卷, 7年(戊寅) 5月 13日(己未)
興天寺監主尙聰上書曰:

禪是佛心 教是佛語 其所以壽君福國安民則一. 洪惟殿下承宿願力 相地建都 百司旣修 庶職已和. 次於都城之內 創立佛寺 賜號興天 修禪本社 其敬信佛祖 望報龍天之意 至深切矣. 爰命山野僧尙聰主席 臣敢不精白此心 弘揚正法 以盡祝釐之職哉! 夫佛寺門中 參禪爲最. 若上根之人 不日成功 發明大智. 其或未然 正擧話頭之際 佛祖歡喜 龍天敬信. 前朝之季 禪與教 利名是饕 爭占名刹 其修禪衍教處 僅存一二. 豈國家創立裨補之本意乎 祖師眞覺有言曰:"禪道延國祚, 智論鎭隣兵" 夫豈無徵而欺我哉? 願殿下繼今 於禪教之中 擇有道德才行可爲領袖者 主諸中外名刹 而使宗禪者說禪秉拂 主教者講經談律 令其後進 禪則《傳燈》《拈頌》教

則經律論疏 追節講習 積以年月 宏才碩德 無寺無之. 雖然旣稱本社 則其中外名刹 宜倣松廣之制 皆爲本社之屬 互相糾察 則其於作法祝釐 雖欲陵夷 不可得已. 比來作法之規 皆慕華僧而不得其專 所謂畫虎不成 反類狗者也. 臣謹按松廣祖師普照遺制 講而行之 著爲常法 且使僧徒熏修朝夕 庶幾上報殿下弘道之恩. 伏望頒布中外 垂於不朽 則豈不萬萬利於國家也哉! 上從之.

상총尙聰 스님은 조선을 개국하고 비보사찰裨補寺刹로 흥천사를 창건한 본뜻도 송광사 진각혜심眞覺慧諶국사의 말씀인 "선도禪道는 국운國運을 연장시키고, 지론智論은 이웃 나라의 병란兵亂을 진압한다" 하는 것에 근거를 두었다. 그래서 전국의 선종과 교종 중에서 도덕과 재행才行이 뛰어나 영수領袖가 될 만한 사람을 가려서, 서울과 지방의 유명한 사찰을 주관하게 하자고 하였다.

해동의 불교는 보조국사 지눌이 정혜결사로 수행의 삼종문三種門을 세운 이래로 고려 말이나 조선 초기의 불교 수행법은 지눌의 영향을 가장 많이 받고 있었다. 그럼에도 불구하고 중국에 가서 이어온 임제종 법통을 강조하거나 중국풍의 청규淸規들을 모방하려는 당시의 풍조를 비판하고, 조선불교의 승단에서는 보조국사의 가르침을 훈수薰修하여 해동 불교에 걸맞은 수행 가풍을 수립하여야 함을 강조한 것이다.

이는 바로 조선불교의 정체성正體性은 보조국사를 종조宗祖로 모시는 해동의 조계종曹溪宗임을 중외中外에 천명闡明한 것이라 할 수 있다.

그 뒤 1424년(세종 6) 예조禮曹의 계啓에 따라 7종파宗派를 선종禪宗

과 교종敎宗의 두 종파로 통폐합할 때 조계종曹溪宗, 천태종天台宗, 총남종摠南宗 등 세 종파를 선종으로 단일화하고, 흥천사는 그 도회소都會所(總本寺)가 되어 모든 종무宗務를 집행하였다.

5) 조선불교의 소중화小中華 사관史觀

조선은 건국 때부터 성리학性理學을 통치 이념으로 삼으면서 소중화小中華라는 사고에 깊이 젖어 있었다. 문물의 제도를 새로이 정비할 때에도 한족漢族인 주자朱子의 성리학 이론에 매달려 중국의 법식을 본받고, 행정제도나 관혼상제冠婚喪祭의 예법도 그것을 본받아 거기에 맞게 만들었다.

이런 현상은 임진왜란 이후에 한족이 세운 명明나라가 망하고 만주족滿洲族이 세운 청淸나라가 중국을 지배할 때에도 명나라를 잊지 못한 고루固陋한 성리학을 추종하는 유학자儒學者들은 만주족이 세운 청나라를 오랑캐 취급하였다. 그래서 연대年代를 표시할 때 명말明末의 의종毅宗 때 연호年號인 숭정崇禎을 기원紀元으로 삼아 계속하여 숭정崇禎 기원후紀元後 몇 번째 갑자甲子니, 몇 번째 을축乙丑이니 하는 식으로 썼다.

그것은 한족인 주자의 이념을 추종하는 사대事大의 소중화적인 발상으로 같은 맥락이다.

임진왜란 때 일선에서 몸소 승병僧兵의 활동을 목격한 광해군光海君은 호불護佛 정책을 쓰면서, 명明과 청淸의 교체기에 실리외교를 추구하여 국가의 재난을 막으려 하였다. 그러나 국제 정세의 흐름을 읽지도 못하고 사대의 소중화 사상에 얽매어 있던 주자학파인 배청론자排淸論者들은 청나라와 가까운 광해군을 군신君臣의 의리를 저버리는 처사를 하였다 하여 맹렬히 비난하였다. 그리하여 광해군을 반정反正으로 몰아내고 인조仁祖를 옹립한 노론老論의 세력들에게서는 청나라를 부정하고 이미 사라진 명나라를 오래도록 사모하는 그런 기현상이 나타난 것이다.

조선 말기까지 이 땅에 만연했던 사대모화事大慕華의 연장선 위에서 형성되었던 그런 소중화 사고의 흐름을 따라 임진왜란 이후의 조선 불교는 그 정체성을 중국 임제종 법통에 부회附會하려는 그런 사대주의적 사고가 자연히 주류를 형성하게 되었다.

이런 흐름은 주자를 추종하는 그 아류亞流들인 조선의 성리학자들이 어느 누구도 주자가 살던 중국 복건성福建省의 건양建陽이나 무이산武夷山을 가본 일이 없으면서도 주자와 연관된 그곳의 지명을 따르거나 주자의 「무이구곡가武夷九曲歌」를 본떠 그런 가곡歌曲들을 모창模唱하던 것과 같은 것이다.

조선시대의 폐쇄된 사회 분위기와 억불정책 속에서 해동 불교의 선사들은 직접 인도나 중국의 불교 성지를 찾아 인도나 중국의 불교를 익혀보지도 못했고, 조선시대에 임제臨濟선사의 사상이 담긴 『임제록臨濟錄』을 한 번도 간행한 일이 없으면서도 이념과 명분을 위해 중화中華의 임제종臨濟宗 법맥法脈을 이었다고 주장하면서 그 법통의 틀에 스스로를 가두게 되었다.

이런 사고는 바로 조선 승려들이 지정학적地政學的 상황 속에서 시대적 흐름에 따라 형성된 소중화小中華 사관史觀이라 할 것이다.

◆ 억불정책 속에 전전하는 법맥法脈

조선 초기에 개국공신들이 성리학을 통치 이념으로 삼으면서 억불抑佛의 정책이 펼쳐지고 곧 불법사태가 일어나게 되어 법통이 거의 인멸湮滅되었다. 명종 때 문정왕후文定王后의 후원으로 승과僧科를 부활하여 불교가 잠시 중흥하다가, 집권 실세인 유생들의 모함으로 다시 수포로 돌아갔다.

그 후 임진壬辰과 정유丁酉의 왜란倭亂 때 승군僧軍의 활약으로 다시 그 위상이 조금 높아지니, 정체성에 대한 의식이 생겨났다. 그래서 한때는 그 법통을 고려 광종光宗 때에 크게 영향을 끼쳤던 법안종法眼宗에 연계하면서 보조普照, 나옹懶翁의 계통으로 전전轉轉하기도 하였다.

서산대사西山大師 청허휴정淸虛休靜(1520~1604)이 입적入寂한 뒤 그의 문집인 『청허당집淸虛堂集』을 만들 때, 청허의 제자인 사명유정四溟惟政(1544~1610)은 청허선사 문집의 서문을 허균許筠(1569~1618)에게 부탁하라고 제자들에게 일렀다. 허균은 1612년에 그의 문도들이 제공한 자료를 토대로 『청허당집』 「서문」에 '휴정은 고려 말 나옹혜근懶翁慧勤의 법통을 잇는 덕 높은 선사'라고 썼다. 사명당四溟堂의 비명碑銘에도 또 그렇게 하였다.

청허선사는 그의 저술인 『선가귀감禪家龜鑑』에 중국 선종의 다섯 종파 가운데 하나인 임제종을 언급하면서 "본사本師 석가모니 부처님으로부터 33세 되는 육조혜능六祖慧能대사 아래의 직전直傳이며, 남악회양南嶽懷讓·마조도일馬祖道一·백장회해百丈懷海·황벽희운黃檗希運·임제의현臨濟義玄·흥화존장興化存獎·남원도옹南院道顒·풍혈연소風穴延沼·수산성념首山省念·분양선소汾陽善昭·자명초원慈明楚圓·양기방회楊岐方會

·백운수단白雲守端·오조법연五祖法演·원오극근圜悟克勤·경산종고徑山宗杲 등이다"라고 하였다.

또 "공부하는 이는 먼저 종파의 갈래부터 자세히 가려야 한다. 옛 날에 마조 스님이 한번 할喝 하는데 백장 스님은 귀가 먹고, 황벽 스님 은 혀가 빠졌다. 이 한 번의 할이야말로 곧 부처님께서 꽃을 드신 소 식이며, 또한 달마대사께서 처음 전해오신 면목이다. 아, 이것이 임제 종의 연원이로다"라고 하였다. (大抵學者 先須詳辨宗途 昔馬祖一喝也 百丈耳聾 黃檗吐舌 這一喝便是拈花消息 亦是達摩初來底面目 此臨濟宗之淵源)

청허清虛가 쓴「벽송당대사행적碧松堂大師行蹟」에는 "정덕正德 무진戊 辰(1520)년 가을에 금강산 묘길상妙吉祥에 들어가 『대혜어록大慧語錄』을 보다가 '개에게는 불성이 없다(狗子無佛性)'는 화두에 의심을 품어 오래 지 않아 칠통을 깨뜨렸다. 또한 『고봉어록高峰語錄』을 보다가 '다른 세 상으로 날려버려야 한다(颺在他方始得)'는 말에 이르러 이전의 견해를 한꺼번에 떨어버렸다. 그러므로 대사께서 평생 발휘한 것은 대혜大慧 (1089~1163)와 고봉高峰(1238~1295)의 선풍이다. 대혜선사는 육조혜능의 17대 적손嫡係이고, 고봉선사는 임제의현臨濟義玄(?~867)선사의 18대 적 손이다. 아아, 대사께서는 (중국의) 바다 밖에 있는 사람으로서 은밀하 게 오백 년 전의 종파를 이어받았으니, 마치 정자程子나 주자朱子가 천 년의 뒤에 태어나 멀리 공자孔子와 맹자孟子의 실마리를 이어받은 것과 같으니, 유교나 불교나 도를 전하는 것은 다 같다"라고 하였다.

그리고「경성당행적敬聖堂行蹟」의 발문跋文에는 "법法으로써 파派 를 논하자면 벽송선사는 나(청허)의 할아버지이고 부용선사는 아버 지이며, 경성선사는 삼촌이다. 그러니 내가 어찌 소홀히 할 수 있겠는가?(況以 法論派則 碧松 祖也 芙蓉 父也 敬聖 叔也 靜亦其可忽哉)"라고 하였다.

청허선사는 그의 법계法系가 벽송지엄碧松智嚴(1464~1534)의 법손이며 부용영관芙蓉靈觀(1485~1571)의 제자임을 밝혔을 뿐이었다. 청허선사는 그의 법계에 대해 그 이상은 어디에도 언급한 바가 없었다.

◆ 임제종臨濟宗 법통法統으로 의정議定

임진왜란 이후에 승군의 활약으로 크게 공을 세운 청허淸虛는 조선 불교의 중흥조와 같은 위상이 되었으며, 그 법손들이 크게 번성하여 불교 중흥의 기틀이 마련되니 그 정체성의 확립이 절실하였다.

청허 스님은 『선가귀감』에서 오종五宗의 가풍家風을 말하면서 "임제종臨濟宗이 육조혜능六祖慧能대사의 직전直傳이라"고 하였는데, 그 구절이 바로 뒤에 임제 법맥으로 의정하는 실마리가 된 것이다.

그리하여 휴정의 마지막 제자인 편양언기鞭羊彦機(581~1644)는 휴정을 중국의 임제종 법맥을 이어온 태고보우太古普愚의 법통으로 보아야 한다고 정정했다. 중관해안中觀海眼(1567~ ?)도 편양의 의견이 옳다고 거들며 이에 동의했다.

태고太古는 중국 남종선의 가풍을 따라 개당開堂할 때에 염향拈香하면서 임제종의 석옥石屋선사로부터 전등傳燈하였음을 밝혔으니, 태고의 법맥에 줄을 대는 것이 바로 중국의 임제종 법맥을 잇는 좋은 모양새를 갖추는 것이 되기 때문이었을 것이다.

위와 같이 청허 스님의 후손들이 해동의 법맥을 의정議定하면서, 청허의 본뜻보다 나아가, 중국 임제종의 법통을 이은 태고를 해동 임제종의 종조宗祖로 부회附會하였던 것이다.

그리하여 그 문도들에 의해 부용영관芙蓉靈觀과 조선불교의 중흥조라 할 수 있는 벽송지엄碧松智嚴의 법계를 태고보우太古普雨의 법통으로 꿰어 맞추면서, 『불조원류佛祖源流』에 벽송의 법계를 벽계정심碧溪淨心(또는 正心)에다 꿰어 맞추게 된다.

그 『불조원류』의 「벽계정심」조條에 '공양왕恭讓王 때 명明나라에 가서 임제종의 총통화상摠統和尙에게서 인가認可를 받고 고려로 돌아왔다'고 하였다. 벽계정심은 생몰연대生沒年代도 미상未詳일 뿐만 아니라, 행장行狀 자체도 애매하다. 고려의 마지막 왕인 공양왕(재위 1389~1392) 때 명나라에 갔다 왔다면, 벽송지엄碧松智嚴 스님과는 그 연대가 너무나 동떨어진다. 그러니 두찬杜撰의 기형적인 법통 구조가 되고 말았다.

『불조원류』에서 말하는 정심正心에 대한 믿을 만한 자료는 찾을 수 없었다. 그런데 1986년 봄에 필자가 우연히 경북 김천시 대덕면에 있는 비봉산飛鳳山 봉곡사鳳谷寺를 방문하였는데, 그곳의 사적기事蹟記에서 정심正心조사에 대한 기록을 찾을 수 있었다. 옹정雍正 9년(辛亥, 1731) 6월 하순에 산인山人 세백世伯이 지은 것인데, 드문 사료라서 그 가운데 일부를 좀 길게 발췌해본다.

경상우도지례현비봉산봉곡사사적

이 절은 구성현의 남쪽으로 30리 거리인 비봉산 남쪽 기슭에 있는데 그 이름이 봉곡사다. 봉곡이라는 이름이 어느 시대부터 시작되었는지는 알 수가 없다.

세상에 전해오기로는 고려 초에 신라의 스님 도선국사께서 시창始創하였다고 하지만 절에 기록된 사적이 없으니, 그렇게 믿을 수밖에 없지 않겠는가.

지난 강희康熙 정유丁酉(1717)년 봄에 본사의 동상실이 크게 불탔을 때에 그 상량문을 얻게 되었는데, 그것은 등계조사께서 중건하신 상량문이었다. 그 끝부분에 다음처럼 적혀 있었다. '고려 태조 천수 5년 임오壬午 (922)년에 도선국사께서 이 절을 점지하여 세웠는데, 북봉의 길조를 봉하였기 때문이었다. 그 후에 강종대왕을 이곳에 장사지내면서 그로 인해 봉릉이라 하였으며, 산 이름을 비봉이라고 고치고 절 이름은 봉곡이라고 하였다'고 하였다. 이는 국사께서 그 산 형세를 따라 말한 것이리라. 내가 다시 그 상량문과 석교산 은조암隱祖庵의 사적과 예전의 승통인 가선대부 현유장로가 냇가에서 주어온 깨어진 비석 몇 조각에 쓰여 있던 것을 자세히 살펴보니, '국사는 고려 조정에서 우대하여 토지 전답과 사노들을 하사한 은택을 입어 이 절을 세웠다'고 하였으며, 다른 연대들은 더욱 멀리 오래되어 공경히 믿기에는 좀 어려운 것이다.

우리 조선의 태종 때에 불교를 폐지하려고 스님들을 탄압하고 경전과 논서들을 태워버렸는데, 신승이신 등계정심登階正心조사께서는 석교산 은조암에 두타의 모습으로 자취를 감추시었다. 이때 해와 달은 빛을 잃고, 오곡은 피어나지 않으므로 왕이 크게 이상하게 여겨 바로 도력이 있는 스님들을 초청하여 불교를 받들게 되었다. 이에 등계조사께서 나아가『전등록』과『원각경』등을 설하시고는 본암으로 돌아오시었는데, 이 절은 새로이 겁화가 지나간 나머지 황폐해진 지가 오래되었다. 중첩한 산봉우리들은 연기와 노을에 잠긴 채 오래도록 적막하였고, 지혜의 달과 금모래는 가시덤불에 파묻히어 흔적도 없었다. 오직 옛 금당과 동서의 양실兩室만 우뚝이 홀로 남아 있었으며, 등라넝쿨은 얽히어 가려져 있고, 도량은 잡초만 무성하였으니, 이런 일이 어찌 도가 있는 이들이 한탄하고 애석해 할 바가 아니었겠는가? 그때가 곧 영락 원년 을유乙酉 봄이었다.

조사께서는 이에 힘을 다해 중수를 하였으며, 2년이 지난 병술년(1406)에 또 대웅전과 선승당을 창건하였다.

慶尙右道知禮縣飛鳳山鳳谷寺事蹟

寺在龜城縣南走三十里 飛鳳山之南麓號鳳谷 鳳谷之名不知權輿於何代也. 世傳高麗初新羅道詵國師始創云云 而寺無事蹟 烏信其必然也. 往在康熙丁酉春 本寺東上室大燒時 得其上樑文乃登階祖師重建上樑文也. 其末曰高麗太祖天授五年壬午道詵國師占建此寺 因封北峰之吉兆. 厥後康宗大王葬于此 因名鳳陵 改山名飛鳳 寺號鳳谷. 乃國師從其山形而云爾. 余又詳察 其上樑文與石橋山隱祖菴〈登階祖師所隱故名隱祖菴也〉事蹟 及前僧統嘉善大夫玄胤長老所得澗中破碑數片說 則國師蒙麗祖〈朝?〉土田寺奴優賜之澤 建是寺. 不與他等年彌往代愈邈而崇信之 尤至□□. 我太宗朝欲廢佛教扶僧人 燒其經書故. 神僧登階正心祖師作頭陀形遯跡於石橋山隱祖菴. 是時日月無光五穀不登. 王大异之 卽招有道沙門而奉佛焉. 於是登階進說傳燈圓覺等經而還于本菴. 而此寺新經 劫火之餘荒廢已久. 重巒疊嶂鎖煙霞而長寂慧月金沙被莉棘而無痕. 惟舊金堂與東西兩室 歸然而獨存而亦藤蘿掩翳 道場蓁蕪 斯豈非有道者之所歎惜哉. 時則實永樂元年乙酉春也. 祖師於是焉極力重修. 越二年丙戌 又創建大雄殿與禪僧堂.

이상의 기록은 '조선 태종 때 불교를 극심하게 탄압하니 정심선사가 환속還俗하여 머리 기르고 황악산黃岳山 물한리物罕里에 들어가 숨어 살았다'는 전설이 있는 황악산의 줄기에 있는 비봉산 봉곡사의 정심선사에 대한 것이라 신빙성이 있어 보였다. 고려 말기와 조선 초기에 생존하였는데, 태종 때 불법사태를 만나 황악산에 은둔하여 살았다는 것과도 서로 통하기 때문이다.

그런데 선종의 법통은 입실入室 면수面授의 인가認可를 생명으로 여기는데, 1405년 무렵에 생존했던 정심正心과 60년이 지난 1464년에 태어나 28세인 1491년에 출가한 지엄智嚴이 서로 만나 수작酬酌하는 것은 불가능하다.

그런데 그 후대의 청허 문손門孫들이 『불조원류』라는 법보法譜를 만들 때 전주全州 송광사에 모여 의정議定하면서, 중국 절강성 호주湖州 하무산霞霧山의 임제종 18세 석옥청공石屋淸珙에게서 수법受法한 태고보우太古普雨의 법맥으로 잇는 과정에 이런 문제가 생긴 것이다. 의정議定이란 의논하여 정하는 것으로 불확실할 때에 의결하여 선택하는 것을 말한다.

그런데 왜 조선불교를 태고의 법통이라고 새롭게 주장하였을까? 아마도 고려 말에 나옹懶翁선사가 회암사에서 크게 불교를 일으킬 때 유생들이 그를 미워하여 신륵사에서 입적入寂하게 하였고, 조선 태조의 왕사가 된 무학無學대사에 대한 성리학자들의 시기와 훼불毁佛 때 함허득통涵虛得通(1376~1433)과의 논쟁, 한글 창제 때 신미信眉(1403~1480)대사에 대한 견제, 그리고 성종成宗 때 신미信眉, 학열學悅, 정심正心, 설준雪俊, 학조學祖대사 등 나옹의 법손들을 끝없이 모함하고 부정적인 비판을 하던 성리학자들과의 뿌리 깊은 충돌을 기피하기 위하여 그렇게 했을 수도 있다. 그리고 명종 때 문정왕후의 후원으로, 승과僧科를 부활시키고 불교를 중흥시키려던 보우普雨 스님에 대한 유생들의 배불排佛 정서를 생각하여, 새로운 법통을 모색하고 의논하여 정립한 것이 아니었을까 추측한다.

그리고 태고의 법통을 이었다고 하는 환암혼수幻庵混修(1320~1392)와 구곡각운龜谷覺雲과의 법맥에 대한 부분은 아직도 정확한 고증이 없어 미결인 채로 갑론을박을 계속하고 있으며, 더군다나 벽계정심碧溪正心이라는 인물의 정체도 모호한 상태이다.

이처럼 일방적으로 중국의 임제종에 법맥을 꿰어 맞추면서 정체성을 정립하려는 현상은 바로 그 시대의 고민이었음을 엿볼 수 있다. 하지만 그것은 바로 조선불교의 정체성을 살려야 한다고 주장했던 상총常聰선사의 소문疏文에서 '호랑이를 그리려다가 강아지를 그리고 말게 된다'는 바와 같은 모화승慕華僧들의 작태作態가 되어버린 것이라 할 것이다.

◆ 서천西天 108대 지공화상指空和尙의 법맥

최근 오대산 월정사에서 발굴된 「해동조선국海東朝鮮國 강원도江原道 강릉대도호부지江陵大都護府地 오대산내五臺山內 진여원眞如院 삼중창대동참三重創大同參 발원문發願文」에는 서천西天 108대 조사로 알려진 지공指空선사의 법손임을 자처하는 내용이 나왔다. 진여원眞如院은 오대산 상원사上院寺의 옛 이름이다. 환적幻寂 스님이 쓴 것인데 그 발원문의 말미末尾를 인용해본다.

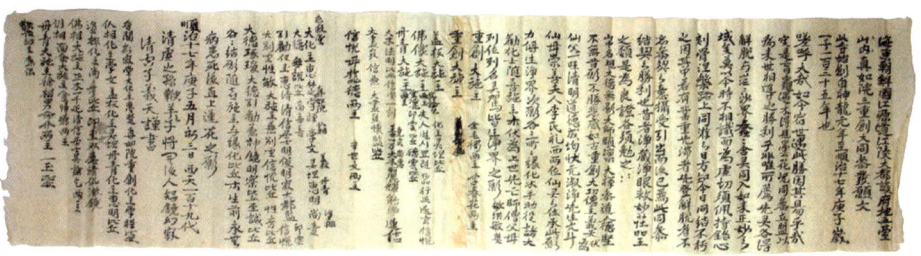

오대산 진여 삼중창 발원문

"대공덕주 의천義天은 엎드려 바라오니, 선부仙父는 일국의 청명한 도덕으로 성균관에서 장원을 하셨던 숙정선생 문두文斗이시며, 선모仙母는 숭선부인 이씨 예서禮西이신데, 두 분 선영께서는 이 원력에 의하여 모두 정토에 왕생하시기를 기원하옵니다.

각각 원을 맺어 기쁘게 시주한 자와 인연 화주인 비구들이 모두 생전에 병이 없고, 사후에 곧바로 연화세계에 오르기를 기원합니다.

순치 17년 경자庚子(1660) 5월 초사흘, 서천 제119대이며 청허의 문손이요, 편양의 제자인 장개후인將開後人 지경, 환적, 청공자, 의천은 삼가 쓰다."

―

大功德主義天伏爲 仙父 一國淸明道德 成均狀元 淑淨先生文斗 仙母 崇善夫人李氏禮西 兩位仙靈之位 承此願力 俱生淨界. 各各結願 隨喜施主 與緣化比丘等 生前永無病患 死後直上蓮花之願. 順治十七年庚子 五月初三日 西天一百十九代 淸虛之孫 鞭羊之子 將開後 人 智鏡 幻寂 淸空子 義天謹書.

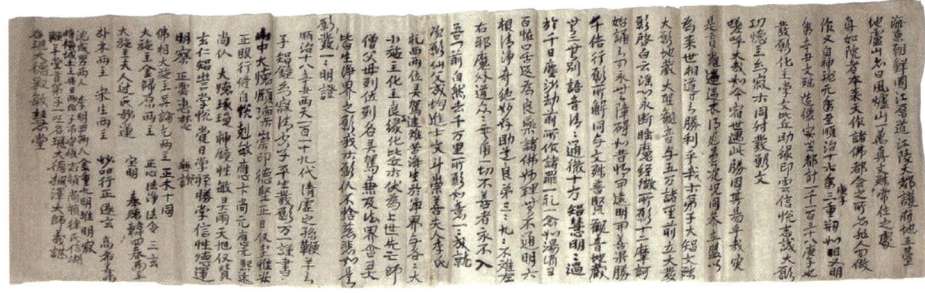

진여원 문수보살상 조성 발원문

그리고 또 이듬해 신축辛丑년(1661)에 문수보살상을 조성하여 봉안하였는데, 그 복장의 발원문 말미에도 비슷한 내용이 있었다.

"다음으로 원하옵나니, 선부 성균진사 문두와 숭선부인 이씨 예서 두 분의 영가께서는 속히 고해를 벗어나 정토에 왕생하옵소서.
더불어 각각 대소 시주, 화주, 양공良工과 연화緣化 비구 등이 엎드려 바라오니, 선대에 먼저 돌아가신 스승과 부모의 열위列位, 열명列名 영가들과 법계의 모든 영혼들이 모두 정토에 왕생하시기를 기원하옵니다.
우리들이 원하는 것은 부처님께서 자비심을 버리지 마시고, 이와 같이 발원을 하나하나 분명히 증명하옵소서.
순치 18년 신축 서천 119대이며 청허의 문손이요, 편양의 제자인 지경, 환적, 청공자의 평생 발원을 만일이 삼가 쓰다."

次願 仙父 成均進士文斗 崇善夫人 李氏禮西 兩位靈駕 速離苦海 生於淨界 與各ᄉ大小施主化主良工緣化比丘等伏爲 上世先亡師僧父母 列

位列名靈駕 兼及法界含靈 皆生淨界之願. 我等願佛不捨慈悲 如是發願
一ㄣ明證. 順治十八辛丑 西天一百一十九代 淸虛之孫 鞭羊之子 智鏡 幻
寂 淸空子 平生發願 万一謹書.

위의 두 발원문에 실린 비슷한 내용을 보면, 환적의 법통은 조선 중기 이후에 기존의 중국 선종을 원류로 삼아 중국의 임제종에다 부회하여왔던 법통이 아니라, 서천(인도)의 법맥을 바로 잇게 되는 것이라 주목된다.

환적 스님은 부친 성균진사 문두文斗와 모친 숭선부인 이예서李禮西 사이에 태어난 사대부 집안 출신이다. 스님은 1603년에 태어나 1690년에 입적하였다. 그는 스스로 편양의 제자이며 청허의 법손이요, 서천의 119대라고 하였음을 알 수 있다.

환적은 해인사 백련암에도 주석하였던 인연으로 백련암 주변에 환적대라는 지명이 남아 있으며, 또한 문경 희양산 봉암사에도 주석했던 인연으로 환적대幻寂臺라고 부르는 암자가 봉암사 산내에 지금도 있다. 그리고 환적당幻寂堂 지경智鏡선사의 탑은 봉암사에 있는데, 그 바로 안쪽의 등성이에 유명한 『금강경오가해金剛經五家解』를 지은 함허득통涵虛得通선사의 부도가 있다. 그것은 아마도 환적당이 함허의 후손이었기 때문이라고 유추할 수 있다.

함허는 무학無學의 제자이며, 조선 초에 그가 지었다는 「의식문儀式文」의 증명단證明壇에는 '증명법사 지공指空, 나옹懶翁, 무학無學 삼대화상三大和尙'으로 수록되어 있다. 조선 초에는 법통이 서천西天의 108대 조사祖師인 지공의 뒤를 이어 나옹혜근懶翁慧勤, 무학자초無學自超로 전

함허당 득통 부도(봉암사)

환적당 지경 부도(봉암사)

해오는 법맥이 주류를 이루었기 때문이다.

나옹 스님은 오대산과 인연이 많았고, 그의 법손인 함허는 오대산 영감암靈鑑庵에서 꿈에 신승이 나타나 이름은 기화己和로 호號는 득통得通이라고 지어주었는데, 그 후로는 이 명호名號를 썼던 것이다.

함허의 제자인 신미信眉는 한글 창제의 숨은 주역이었다. 1464년(세조 10)에 제자인 학열學悅(?~1482)과 학조學祖(1432~1514) 등과 상원사 중창불사를 시작하여 1466년(세조 12)에 낙성식을 가졌다. 학열은 그 뒤

금강산 유점사, 양양 낙산사, 포항 보경사 등의 중창불사를 하면서 활동하였다. 학조는 뒤에 해인사 팔만대장경을 보존하는 판전版殿 30칸과 전각, 요사채 등 160여 칸을 지었다. 그는 해인사를 대대적으로 중창하여 1490년에 공사를 마쳐 해인사의 면모를 일신하였으니, 오늘날 우리가 보는 해인사 도량의 틀이 그때 잡혀졌다.

나옹선사 법손들은 조선 초기에 주로 해인사와 오대산에서 활약했으니, 해인사와 오대산에 주석했던 환적(일명 義天)이 서천의 지공선사 법통을 이은 나옹의 법손임을 자처함은 자연스러운 것이다.

그러면 환적이 주장한 지공의 법맥으로 정리해보면 다음과 같다.

이렇게 보았을 때 벽송지엄碧松智儼의 법사인 정심正心이 어떤 인물인지 미상이다. 정심正心에 대한 믿을 만한 기록은 1433년에 간행된 『고금운회거요古今韻會擧要』의 간기刊記에 각수刻手로 정심正心이 실려

있으며, 1440년 간행된 『함허당화상어록涵虛堂和尙語錄』의 간기에도 각수로 실려 있는데, 승계僧階는 선사禪師이다. 그러나 이 정심은 벽송의 법사이기에는 연대 차이가 많아서, 1464년에 태어나 28세인 1491년에 출가한 벽송의 스승으로 상정想定하기가 어렵다.

『성종실록成宗實錄』 권35 성종 4년(1473) 10월 2일(庚申)에 사간원司諫院에서 신미信眉, 학열學悅, 정심正心, 설준雪俊 등을 모함하는 기록이 나오는데, 당시에 이름이 널리 알려진 이 정심대사를 벽송의 스승으로 상정한다면 연대가 거의 맞아 떨어진다. 이것도 추측일 뿐이다. 『성종실록』 권35 성종 4년 10월 2일에 사간원의 대사간大司諫 정괄鄭佸 등이 상소하였는데, 이를 『조선실록』에서 발췌해본다.

> "…승도僧徒들이 점점 성하여지면서 횡포함이 더욱 심하여, 부력富力은 경상卿相(삼정승과 육조 판서)과 비등하고 세력은 능히 사람을 움직이는 자가 있으며, 저의 세력이 강함을 믿고 남의 제방(堤堰)을 빼앗는 자가 있으며, 민간에 드나들면서 풍속을 어지럽게 하는 자가 있으며, 어물魚物과 소금을 팔아 이익을 취하는 자가 있으며, 남의 아내나 첩을 빼앗는 자가 있으며, 남의 소송(詞訟)을 대신 맡아서 반드시 이긴다고 스스로 기약하는 자가 있다…"고 하니,

임금이 명하여 사간원에 묻기를, "부富가 경상卿相과 같으면서 남의 제방을 빼앗은 자가 누구이며, 여염閭閻에 드나들면서 음탕하고 방자한 자가 누구이며, 남의 아내와 첩을 빼앗고 물고기와 소금을 파는 자가 누구이며, 서울 안 여러 절 가운데 문을 파수把守하는 것이 어느 절이며, 이른바 역마를 탄다는 자가 누구이며, 아우나 조카가 관직에 벌여 있다

는 자가 누구인가? 그것을 말하라" 하니, 정언正言 이계통李季通이 대답하기를, "문을 파수하는 절은 원각사圓覺寺 내불당內佛堂이고, 역마를 타고 다니는 자는 신미信眉와 학열學悅이며, 중외中外에 벌여 있다는 것은 김수경金守經, 김수화金守和, 김민金旼, 김영추金永錘의 무리입니다. 그밖에 부富가 재상과 같다는 등의 일은 모두 이미 지나간 일인데, 다만 옛 폐단을 일일이 들어서 말한 것입니다" 하였다.

전교하기를, "절의 문을 파수하는 것은 선왕조先王朝 때부터 이미 그러하였던 것이고 이제 시작된 것이 아니며, 만일 맡겨서 부릴 일이 있으면 비록 승도僧徒일지라도 역마를 타는 것이 무엇이 해롭겠는가? 아우나 조카가 어질다면 어찌 중의 친족이라고 쓰지 아니할 것인가? 부富가 재상과 같다는 등의 일은 비록 이왕에 있었던 일이라 할지라도 임금 앞에서 말하지 않는 것이 옳은가? 일일이 써가지고 오도록 하라" 하니 이계통이 대답하기를, "학열學悅이 지난날에 강릉江陵의 제방을 점령하여 고을 백성들의 소송을 일으켰으니, 이것은 남의 제방을 빼앗은 것입니다. 신미信眉, 학열學悅, 정심正心, 설준雪俊의 무리가 거만巨萬의 재물을 축적하였고, 여러 큰 절의 호승豪僧이 대개 이와 같으니, 이는 부유함이 재상과 같은 것입니다. 음탕하고, 물고기와 소금을 판매하는 중은 예전에 많이 있었는데 이제 낱낱이 들기가 어렵습니다" 하니 전교하기를, "예전에 있었던 것이라서 지금은 낱낱이 들 수 없단 말인가? 말하지 아니함은 잘못이다. 제방은 세조께서 하사한 것이고 학열이 스스로 점령한 것이 아니다" 하시면서, 명하여 그에게 술을 먹여서 보내게 하였다.

편양선사는 1581년(선조 14) 현재의 경기도 안성 죽산竹山(竹州縣)에서 태어났으며, 속성은 장張씨이다. 임진왜란이 일어난 1592년 금강산 유점사에서 현빈인영玄賓印英대사 문하에서 출가하였다가, 후에 서산대사 문하에서 정진하였다. 현빈대사가 서산대사의 제자이므로 처음에는 서산대사의 손상좌孫上佐였으나, 뒤에 서산대사의 적자嫡子로 기록되고 있다. 편양鞭羊은 서산의 법맥을 임제종이라고 내세우며 태고의 법손이라고 주장한 장본인인데, 왜 그의 제자인 환적은 서천의 지공화상 법맥을 이었다고 하는지도 의문이다.

나옹은 중국 임제종의 평산처림平山處林선사에게서 인가를 받기도 했지만, 그보다는 지공을 법사法師로 모셨으며, 조선 초의 불교계를 주도했던 나옹의 후손들도 그것을 자랑스럽게 여긴 것은 잘 알려진 사실이다.

환적은 그의 스승인 편양鞭羊이나 중관中觀 등이 주장한 중국의 임제종 법통설에 승복하지 않았다. 오히려 중국 임제종의 법통에 연연하던 모화慕華의 사대事大에서 벗어나, 멀리 인도에서 고려까지 방문하기도 했으며 나옹에게 법을 전하였던 서천의 108대 조사 지공의 법통을 이어왔다고 자부하였다. 또 자신은 서천의 119대임을 떳떳이 밝히고 있다. 그러니 환적이 주장하는 이 지공의 법맥도 상당한 설득력이 있다. 어쨌거나 이념과 명분을 위해 선택하여 내세웠던 법통은 그 시비가 그치지 않았고 앞으로도 더 연구와 고증이 필요하다.

◆ 의정議定된 『불조원류佛祖源流』와 그 소각燒却

1764년 봄에 사암채영獅巖采永 등이 전주全州의 송광사(순천 송광사와는 별개)에서 여러 대덕들이 모여 법맥法脈을 의정議定하면서 중국 임제종의 법을 이어온 태고 법통으로 정립하고 『서역중화해동불조원류西域中華海東佛祖源流』를 간행하였다.

거기에는 중국 선종의 일파一派인 임제종으로 다음과 같이 법맥을 정립하였다.

그러나 이는 앞에서 살펴본 것처럼 누가 보아도 연대의 아귀가 맞지 않는 조작된 두찬杜撰임을 알 수 있다. 의정議定한다는 것은 불확실할 때에 서로 상의하여 결정한다는 것이다. 그것은 할아버지가 확실하지 않을 때 집안에서 상의하여 명문가의 누구를 할아버지로 정하는 것과 같은 것이다. 그 시대에는 그런 현상이 예사로운 것이기도 했으니, 그 무렵에 연암 박지원이 지은 소설 『양반전兩班傳』은 그것을 잘 풍자하였다.

그렇게 의정하여 만든 『불조원류』에는 거기 실린 법통이 청허淸虛 문하의 중심으로 치우쳐 만들어졌고, 부휴파浮休派는 소홀히 다룬 것이어서 문제점이 많았다.

그래서 『불조원류』를 만들었던 그해 가을에 순천順天 송광사松廣寺의 벽담행인碧潭幸仁(1721~1798)이 전주 송광사를 찾아가서 그 판본을 불태워버렸다고 『불교사전』에도 기록되어 있다.

송광사 취봉翠峰(1899~1983) 스님의 전언傳言에 의하면 "그때 벽담 스님이 『불조원류』를 불태워 없애려고 전주의 송광사에 갔더니, 거기에 마침 벽담의 수계受戒 제자가 있었다. 그는 이 기미를 알고는 벽담 스님을 잠시 기다리게 한 다음, 거사擧事하기에 앞서 판전版殿에 모셨던 전패殿牌들은 모두 밖으로 들어내었다. 전패는 국왕인 주상主上과 국모인 대비大妃와 동궁東宮인 세자世子의 만수무강과 국태민안을 기원하며 전각에 써서 모신 위패이다. 판전에서 전패를 밖으로 모셔낸 다음, 벽담이 그『불조원류』의 판본들을 불태워버렸다. 뒤에 채영采永 등이 벽담을 대역죄大逆罪로 고변하여 문초問招를 당하였다.

이에 벽담은 '『불조원류』는 수천 년을 면면히 이어온 불법佛法의 법통처럼 선원璿源이 장류長流하기를 바라며 나라의 내탕금內帑金으로 만든 것이기는 합니다. 그러나 이는 허위 날조된 것입니다. 한 번 거짓이 잘못 전해지면 그것이 뒷날 천하에 진실로 전해지게 되는 것이니, 이를 불태운 것은 뒷날에 이런 거짓이 진실로 전해지는 폐단을 막고 정법을 바로 세우기 위함입니다. 대역의 마음이 있었다면 어찌 전패殿牌들을 밖으로 모셔내고 불을 질렀겠습니까?' 하고 변명하니, 곧 방면되었다"고 한다.

그 후 벽담은 1775년에 청허 문손들의 중심 사찰인 대흥사에서 당당하게 법주法主로 추대되었으며, 부휴 문손이면서도 대흥사의 12대 강사 가운데 한 분으로 자리하여 추앙받고 있다.

6) 국권피탈과 종명宗名

1895년 조선에 진출한 일본불교계의 노력으로 조선시대 불교 탄압의 상징인 승려들의 도성출입금지가 해제되었다. 1910년 일본이 강제로 한일합병조약을 맺으면서 국권이 피탈되었다. 이에 일본의 조동종과 연합하려는 이회광李晦光이 중심이 된 원종圓宗을 저지하기 위해 동년同年 10월 5일 광주 증심사에서 회의를 열기로 했다. 그러나 모인 사람들이 적어 유회流會되었다.

이듬해인 1911년 1월 15일에 영남과 호남의 승려들을 모아 순천 송광사에서 임제종을 발기하고 송광사에 임시종무원을 설치하여 선암사의 경운원기擎雲元奇 스님을 관장으로 선출하고, 한용운韓龍雲 스님을 관장대리로 선출하였다. 이때 금명보정선사는 예전에 서로 친밀하게 교유했던 이회광과 김현암金玄庵이 앞장서서 권세에 아부하며 일본의 앞잡이가 되어 조선의 불교를 일본 조동종에 부속시키려는 것에 대해 통렬히 비판하면서 반대하는 글「문종무원부속조동종자제반대설聞宗務院付屬曹洞宗自題反對說」을 지었다.

이듬해 1912년 6월에 총독부에 의해 조선선교양종종무원朝鮮禪敎兩宗宗務院이 설립되고 총독부는 '조선불교계는 더 이상 임제종을 내걸어서는 안 된다'며 관권을 동원하여 임제종의 활동을 제지하고 원종과 임제종의 간판을 모두 내리게 하면서 종통에 대한 시비는 일단 수그러들었다.

7) 조계산문의 재조명과 조계종의 종통 정립

금명선사는 그동안 중국 임제종 법통으로 의정議定한 두찬杜撰의 『불조원류』를 송광사 벽담행인이 불살라버린 역사를 알고 있었다. 또한 일제에 의해 조동종과 연합한 원종圓宗이 만들어지면서, 이에 저항하여 임제종을 발기하여 송광사에 임제종 종무원을 설립하였던 일과 총독부에서 다시 조선선교양종을 설립하여 조선불교의 정체성이 모호해지고 있는 것을 체험하고 있었다.

금명은 1917년(丁巳) 가을에 지은 「풍암조사부도봉안비전기楓巖祖師浮屠奉安碑殿記」에 "임제 아래… 태고의 6세에 부용芙蓉이 있고, 부용의 아래에 청허淸虛와 부휴浮休로 두 갈래져서 각기 종풍을 펼쳤는데, 부휴의 적손嫡孫으로 전등이 끊어지지 않은 것은 조계산曹溪山이 가장 왕성하였다(臨濟之下… 太古六世有芙蓉 芙蓉下有淸虛浮休兩枝 各播宗風而唯浮休之下嫡孫 燈燈不絶者 獨曹溪最盛也)"고 하면서 조계산문의 자부심을 가지고 있었다.

그리고 보조국사의 비석을 모신 비전碑殿에다 부휴 이하 역대 조사의 탑비들을 모시고서 "우리 조사의 탑들은 비전을 여의지 않으면서 보조를 이어왔으니, 보조를 여의지 않고 항상 비전에 머문다(吾祖之塔 不離碑殿 已承普照不離普照 常住碑殿)"고 하였다.

보조국사는 『육조단경六祖壇經』을 스승으로 삼고 『대혜어록大慧語錄』을 벗으로 삼았으며, 그의 저술을 보면 임제臨濟의 영향도 많이 받았던 것을 알 수 있다. 보조국사는 자신이 섭렵한 경전과 선교禪敎의 조사들 어록이나 논서論書들과 자신의 수행 체험을 바탕으로 정립하여 제창한 그의 사상과 수행법은 해동불교의 정통 수행법으로 자리 잡았던 것이다.

조선불교가 임제종이라는 기치를 내걸기는 하지만 실제 수행은 보조사상의 영향을 벗어나지 않았다. 그러니 금명 자신도 당시에 유행하던대로 조선불교의 법통이 중국의 임제종이라 자부하고 있었지만,

보조국사를 산성散聖으로 치부했던 『불조원류』를 늘 계륵鷄肋처럼 여겨왔던 것이다.

그래서 구산선문을 융화하고 선교양종을 회통한 보조국사의 원융사상에 입각하여 종래의 임제종풍도 조계종으로 융합시켜 우리 불교의 본색을 찾아 정리하여야겠다고 자각하게 되었다.

◆ 『동사열전東師列傳』의 영향

해남 대흥사의 범해각안梵海覺岸은 해동 고승들의 전기傳記를 모은 『동사열전東師列傳』을 1894년에 마무리 지었다. 『동사열전』은 6권 2책으로 구성되어 있다. 해동의 고승들에 대한 전기문傳記文으로서 신라의 아도阿道화상으로부터 근세의 회광晦光 스님에 이르기까지 총 199명의 고승들 행적이 수록되어 있다.

범해는 그 자서전自敍傳에 이르기를 "불교가 전성기에는 도첩圖帖이 있고, 승과僧科와 승관僧官이 있었으며, 역사歷史와 전기傳記 등이 있었다. 그러나 병란丙亂을 거치면서 공사公私의 문서들이 참고하거나 믿을 만한 것이 없어졌다. 비록 비갈碑碣이 남아 있어도, 이끼에 침식侵蝕되어 상고上考하기 어렵다. 『불조원류佛祖源流』가 있기는 하지만, 중간에 수록하면서 명호名號를 부회附會하여 믿을 만한 것이 못되니, 내가 학인들과 문답하는 여가에 동국 선사들의 시대별로 일어난 일을 모우고 선각先覺 후각後覺들의 잠箴을 갖추면서, 또한 그 보계譜系와 파계派系를 간략하게 저술한다"고 하였다.

그리고 범해선사는 그의 『동사열전』 권4 마지막의 자서전 말미에 "만약 근거 없는 이야기나 빠뜨린 것이나 잘못된 것이 있다면, 가필하거나 삭제하여도 무방하다(若有浮談落漏註誤處 隨處筆削無妨)"고 하여, 뒷사람들이 이를 알면 첨삭添削해도 된다고 당부하기도 했다.

금명은 그동안 범해 스님이 남긴 여러 저술들을 보았는데, 그 가운데서도 『동사열전』이 오종五宗과 구산九山의 구별 없이 다루기는 했지만, 조계산문의 부휴浮休, 벽암碧巖, 취미翠微, 영해影海, 풍암楓巖, 행인幸仁 등의 고승들이 누락되고 소홀히 다루어진 것을 발견하게 된다. 청허 후손들의 본거인 대흥사에서 부휴의 법손으로 당당히 법주가 되어 12대 종사 가운데 한 분으로 추앙을 받는 벽담행인碧潭幸仁의 행장이 누락된 것은 아마도 청허 문손들이 금과옥조로 믿고 있는 『해동불조원류』를 불태워버렸던 일 때문에 누락시킨 것일까?

『동사열전』에서 이처럼 조계산문의 출신들이 많이 누락된 것은 의도적인 것이라기보다는 그 당시 범해선사 혼자 수집한 자료의 한계이기도 했으리라.

금명은 "빠뜨린 것이나 잘못된 것이 있다면, 가필하거나 삭제하여도 무방하다"고 한 범해선사의 뜻도 잘 이해하였기에 이를 보완할 필요를 느꼈을 것이다.

◆ 『조계고승전曹溪高僧傳』의 편찬

송광사는 갑오경장 이후 동학東學의 혼란과 1908년(戊申)과 1909년(己酉)의 처참했던 병선兵燹을 겪으면서 흩어졌던 산중 대중들도 돌아와 차츰 안정을 찾게 되었다. 그리하여 1912년 이후에는 풍암영각楓巖影閣에 풍암 후손들의 영정을 그려 모셨고, 부휴선사 후손들의 탑들도 차례대로 정비하였다. 또한 부휴선사의 비석과 그 문손門孫들 가운데 우뚝했던 고승들의 비석을 세우는 불사도 함께 이루어졌다.

그리고 1917년 금명이 주선하여 범해선사의 문집 편찬 작업도 마쳤으며, 범해의 『동사열전』도 잘 살펴보았으니 그동안 수집한 자료를 토대로 거기에 누락된 조계산문의 고승들을 중심으로 약전略傳을 정리해야 할 필요도 있었다.

그래서 금명은 고려 말부터 면면히 이어온 조계산문 개산조인 목우자 수행 가풍의 정체성을 되살려내고, 그동안 단절되거나 흩어져 있던 인물들의 전기를 편찬하여, 조계종이라는 끈으로 엮어서 그 역사를 정립할 사명을 절감切感하고, 『조계고승전』을 편찬하게 된다.

그동안 수집한 많은 자료와 기록들을 정리하며 1920년부터 그 저술을 시작하였다.

『조계고승전』「서문序文」에서 "조계산의 개산조인 불일보조국사는 구산九山의 장벽을 허물고 선종·교종의 여러 파류派流를 융합하여 조계종曹溪宗을 세웠으니, 구산이 일도一道가 되고 양가兩家는 일종一宗이 되었다. 조계종의 취의趣義는 넓고도 큰 것이니, 그 약록略錄이 없어서야 되겠는가? 그래서 조계종의 창주創主에서 시작하여 그 파류들까지 낱낱이 군편群篇에서 열람하여 어느 산 출신인지를 따지지 않고 이 조계종에 관계되는 분들은 모두 넣어 기록하면서 명장銘狀이 있으면 약록하고 없으면 이름만 열거하였다. 지금도 살아있는 명승名僧들은 본인들에게 물어 기록하면서 후생들을 기다린다. 그런데 이것은 당唐, 송宋, 신라新羅, 고려高麗의 문장 사업을 도모하는 것이 아니다. 바라는 것은 종주宗主께서 벽을 허물고 종宗을 세운 그 은혜에 만분지일萬分之一이라도 보답하기 위함이니, 이후에도 이 전등傳燈의 기록이 이어지기를 바란다"고 하였다.

『조계고승전』은 구산九山의 장벽을 허물고, 선교의 융합을 이루어 낸 보조국사 지눌知訥을 정점으로 한 16국사와 전대前代의 고승 몇 분과 지눌이 정립한 삼종문三種門인 『성적등지문惺寂等持門』 『원돈신해문圓頓信解門』 『간화경절문看話徑截門』의 수행법에 영향 받아 깨침을 이룬 간화선의 종장들인 나옹懶翁과 태고太古 등을 포함한 조계산문 종풍과 관계되는 고승들과 그 후예들로 구성되어 있다.

「대조계종주불일보조국사전大曹溪宗主佛日普照國師傳」을 시작으로 16국사와 보조국사 이전의 몇 분도 실려 있는데, 그분들의 호칭呼稱을 '조계종曹溪宗 모모국사전某某國師傳' '조계종 모모선사전某某禪師傳'이라 하여 조계종曹溪宗이라는 명칭을 먼저 쓰고 있다.

부용영관芙蓉靈觀선사 이후로는 '조계종사曹溪宗師 모모선사전某某禪師傳'이라 하여 조계종사曹溪宗師라는 호칭을 먼저 붙여쓰고 있다. 그리고 말미에 가서 예운禮雲선사부터 마지막 용은龍隱선사까지 14인은 조계종 모某선사라 하였는데, 이들은 금명의 제자들이거나 본인보다 10살 이하의 연하年下인 사람들이다.

여기에 수록된 인물은 총 380여 명인데, 전기가 있는 고승은 97명이다. 그런데 '조계종의 취의趣義는 넓고도 큰 것이라' 하면서도 거기 실린 전기가 부휴 이후부터는 점점 좁아지며, 풍암세찰楓巖世察의 법손들 위주로 편찬되었다. 그래서 그 서문에 "이『고승전』은 다만 조계산의 고승전이다(唯此傳者 但曹溪山之高僧傳也)"라고 하여 조계산문 출신의 고승전임을 밝혔다.

아마도 조계산문 밖의 고승들은『동사열전』에 기록되어 있으니 중복되는 일을 피하려고 한 것이거나, 아니면 말년에 혼자서는 그 방대한 분량을 다 감당하기 어려운 한계 때문이었을 것이다. 그리고 당시에 아직도 임제종의 적손嫡孫이라고 자칭하는 청허계淸虛係 사람들과의 논쟁을 피하려는 뜻이기도 했을 것이다.

금명의 『조계고승전』은 스승 범해의 『동사열전』에 영향 받아 그와 비슷한 형태로 저술되었다. 이 『조계고승전』은 금명이 60세 되던 해인 1920년 1월부터 송광사 보제당普濟堂에 머물면서 10년에 걸쳐 정리하여 입적하기 한 달 전인 1930년 1월에 마친 시대정신이 깊이 배어있는 혼신의 역작이었다.

『동사열전』이 조선 말기인 1894년에 완성되었으며, 『조계고승전』은 일제강점기인 1920년부터 편찬하여 1930년에 마무리 된 것이니, 사자師資 사이의 저술이 완성된 시기는 서로 36년 정도의 차이가 난다.

금명은 그동안 조선 말기의 사회적 혼란 속에서 동학東學 잔적殘賊들의 횡포와 관역의 폐해와 무신戊申(1908)의 병선兵燹 등으로 송광사가 존폐 위기를 몇 번이나 넘기는 것을 몸소 겪었으며, 국권피탈 후에는 일제에 의해 조선불교계의 정체성이 흔들리는 소용돌이를 그의 생애 동안에 겪은 산문山門의 지도자로서, 산문의 구종救宗을 자각하는 시대의식이 이를 저술하게 만든 것이다.

그 가운데 약동하는 편저編著의 의도意圖와 저술著述의 정신은 그의 본사인 조계산 송광사가 해동불교의 승보종찰이라는 긍지를 갖고 조계산문의 개산조인 보조국사를 정점으로 한 조계종의 정체성을 세우기 위해 그가 얼마나 노력했는지 가늠케 한다.

◆ 원융회통圓融會通의 조계종 종통宗統을 정립

금명은 『조계고승전』을 편록編錄하면서 아울러 1921년부터 『불조록찬송佛祖錄讚頌』을 지어 서로 짝이 되게 보완하였다. 『불조록찬송』은 먼저 석가모니 부처님과 서천西天의 28조祖와 동토東土(中國)의 89조사祖師, 화엄역저송제사華嚴譯著誦諸師 86분, 해동신라열조海東新羅列祖 22분, 구산조사九山祖師 9분, 해동열조海東列祖 112분에 대해 한 분 한 분마다 그분들 가풍의 특색을 살려가며 모두를 찬송讚頌하였다.

그리고 뒤에 따로 조계산문을 열어 구산九山의 장벽을 허물고, 선종禪宗·교종敎宗의 여러 파류派流를 융회融會하여 해동의 조계종을 세운 조계종주曹溪宗主 보조국사를 위시하여 조계종사曹溪宗師 105분에 대해 공경을 다해 찬송하였다.

이 『불조록찬송』은 조계산문을 중심으로 한 조계종문曹溪宗門이 인도와 중국의 선종 조사들과 화엄종의 조사들과 구산선문 이전의 해동 열조들과 구산선문의 조사들과 그 후의 해동열조들을 널리 융섭融攝한 결과로 형성된 종문임을 증명하고 찬송하면서 그 성립 배경을 장엄한 것이다.

이는 중국 남종선南宗禪의 한 갈래인 임제종에 매달린 법통주의法統主義를 지양止揚하고 선禪으로 계정혜戒定慧 삼학三學을 거두어 갖춘 원융한 종풍으로 정립하면서 선禪·교敎와 현顯·밀密을 회통한 것임을 표방하는 것이기도 하다. 이리하여 조계산문의 보조국사를 정점으로 한 조계종이 선교禪敎를 원융회통圓融會通한 것임을 천명하였다.

이 『조계고승전』과 『불조록찬송』은 다송자 한 분에 의해 이룩한 것이라 그 자료 수집의 한계와 편성에 약간의 미흡함이 있기는 하지만 조계종曹溪宗이 곧 대승선종大乘禪宗임을 표방하고, 또한 조계산 송광사의 승보종찰僧寶宗刹로서의 정체성을 새로이 확립하게 되었다.

금명이 천명한 조계종은 선교禪敎의 역대 열조列祖들을 모두 망라하여 회통會通하였으니, 『조계고승전』은 구산선문九山禪門 이전의 열조들과 중국 선종 법맥을 잇기 이전인 신라와 고려 때의 고승들인 원효元曉, 의상義湘, 자장慈藏, 구산九山의 열조列祖들을 산성散聖으로 치부하면서 임제종에 매달리는 그런 속 좁은 종사관宗史觀과 대비되는 것으로, 그 제시하는 바가 아주 큰 중요한 저술이라 할 것이다.

금명이 『조계고승전』 서문에서 밝혔듯이 보조국사가 선과 교의 양종을 통합한 조계종曹溪宗을 제창한 것은, 당시에 이회광을 비롯한 승려들이 주도하여 일본불교와 야합하려던 원종圓宗과 박한영, 한용운 등이 모여 주창하던 임제종臨濟宗이 갈등하다가 총독부에 의해 종단 명칭이 '조선불교선교양종'으로 종명宗名이 공식화 되었던 점을 고려하면, 시의적절時宜適切하면서 현실적인 면에서도 부합되는 것이다. 그리고 또한 한국불교의 기틀을 다지고 미래에 지향해야 할 방향을 제시한 것이다.

금명이 새롭게 되살려내어 제창한 조계종은 그동안 임제종이라는 좁은 종파의 틀을 벗어난 것으로, 조선불교의 정체성과 주체성을 담아낼 수 있는 역사적 근거도 갖고 있었으며, 근래에 한국불교의 정체성을 일깨우는 큰 계기가 되었다.

그리하여 금명이 입적한 다음 10년이 지난 1940년 11월에 31본산주지회의本山住持會議에서 조선불교의 종명개정宗名改正이 논의되었고, 기존의 '선교양종禪敎兩宗'에서 '조계종曹溪宗'으로 명칭을 바꾸게 된다.

그리고 1941년 선학원禪學院에서 2월 26일부터 청정 승풍僧風의 회복과 전통 법맥의 계승을 취지로 10여 일간 열린 유교법회遺敎法會에서는 의제衣制를 통일하기로 논의하면서 송광사에 전해 내려오는 보조국사의 장삼長衫을 예복으로 결의하였다.

그동안 일제 강점 후에 일본식의 복식을 따르는 승려들도 많았는데, 고려의 혼란기에 명리를 버리고 산속에 들어가 결사結社하며 청정하게 수행하며 해동불교를 중흥시킨 보조국사의 정신을 본받기 위해 보조국사의 장삼을 입으면서 그 정신을 되새기기 위한 것이다.

인도나 남방의 승려들은 가사만 걸쳐도 별 문제가 없지만 기후 풍토가 다른 중국이나 한국의 북방에서는 기후 때문에 가사 아래에다 적삼과 바지를 덧입었다. 보조 스님은 송광사에서 정혜결사를 하면서 대중들이 입기 편하게 윗옷인 편삼偏衫과 아래치마(裙子)를 합쳐 하나로 꿰매어 독특한 장삼을 만들었다. 아래치마 부분은 주름을 48모서리로 12폭으로 하였으니, 그것은 12인연因緣을 상징한 것으로 당시에는 새로운 복식服飾이었다.

그러나 1940년대에 복원된 장삼은 그보다는 조금 간편하게 주름폭의 수를 축소시켜 32모서리에 8폭으로 하였으니, 팔정도八正道를 상징하게 되었다.

그동안 한국불교의 법통만큼이나 승려 예복이나 복식의 역사도 변천이 많았으나 결국 보조 스님이 고안한 소위 '보조장삼普照長衫'으로 의제를 통일하였다. 그리하여 보조장삼이 한국 승가의 대표적인 복식이 되었다. 보조장삼을 입는 것은 말 그대로 보조普照의 가피加被 속에 싸여 있다는 것을 상징하는 것이라 할 수 있다. 이 보조장삼은 다른 나라에서 볼 수 없는 한국 승려의 특색을 나타내는 상징이 되었다.

금명은 근세에 '조계종'이라는 종명을 되살려 원융회통의 조계종 종통을 새롭게 정립하여 제창한 선구자이며, 그 영향으로 조계종이라는 이름이 오늘날 다시 쓰게 된 계기를 만들어낸 분이다. 그것은 한국불교의 역사적 흐름을 제대로 파악하는 혜안이 있어야만 가능한 것이다. 바로 다송자茶松子! 금명보정선사였기에 할 수 있었던 것이다.

제3장

금명과 범해각안
梵海覺岸

1.
범해로부터 동국계맥東國戒脈을 잇다

금명은 수행자들에게 지남指南이 되는 계정혜戒定慧 삼학의 복원에 대한 서원이 누구보다 간절하였다. 그는 출가하여 제방의 여러 종장에게서 참학하다가, 26세 되던 1886년(丙戌) 봄에 멀리 해남 대흥사로 당대의 대종사이면서 율사인 범해각안梵海覺岸(1820~1896)선사를 찾아갔다.

범해선사는 『동사열전東師列傳』을 쓰면서 그 속에 자서전自敍傳도 적어 넣었다. 그 자서전과 1917년 조계산 율암찬의栗庵贊儀가 쓴 행장에 의하면, 범해는 완도莞島의 구계九階가 고향이며, 14세에 해남군 두륜산 대둔사의 호의시오縞衣始悟 스님에게 출가하였다. 16세 때 하의정지荷衣正持에게 사미계를 받고, 초의의순艸衣意恂에게 구족계를 받았다. 출가할 때부터 당시 대흥사의 삼걸三傑이라는 삼의三衣(縞衣·荷衣·艸衣)의 영향을 모두 받은 셈이다.

그는 이후 제방의 여러 선지식을 참방하고, 아울러 유학儒學도 배웠다. 27세 때 개당開堂을 하고 진불암, 상원암, 북암, 만일암 등에서 선법을 펼쳤다. 그는 특히 『화엄경』과 『범망경』을 널리 궁구窮究하였다.

한때는 삼보종찰三寶宗刹이 있는 조계산, 가야산, 영취산 등을 두루 순례하였고, 50세가 넘어서는 제주도를 유력遊歷하였다. 이후에도 경기 일원과 함경도 안변과 금강산 등 전국을 순례하며 견문을 넓히면서 많은 시를 짓고, 좌선을 게을리 하지 않았다.

이처럼 범해는 선리禪理와 교학敎學을 비롯하여 세상 물정에 두루 밝은 안목을 구비하였다. 학인들에게는 선·교를 고루 갖출 것을 말하고, 강론을 통하여 선법을 이해하도록 접근시키는가 하면, 일반 백성들을 위하여 인과응보 사상을 강조하고 효도를 널리 선양하였던 이理와 사事를 구비하신 분이었다.

금명은 먼저 『고문진보古文眞寶』『동래박의東萊博義』『사산비명四山碑銘』『범망경梵網經』『사분율四分律』 등을 배우고, 동국의 계맥을 중흥시킨 대은율사大隱律師가 입적한 도량인 만일암挽日庵 계단에서 범해로부터 구족계具足戒와 대승계大乘戒를 받아 동국계맥東國戒脈을 이었다. 그리고 금명은 뒤에 송광사에 금강계단을 설립하여 구족계와 대승계를 널리 설하였다.

금명에게 계맥을 전해준 범해는 초의草衣선사로부터 동국의 칠불계맥七佛戒脈을 전수 받았는데, 그 칠불계맥에 대해 간단히 살펴보자.

1) 칠불사의 대은大隱과 금담金潭

조선 후기에 살았던 금담보명金潭普明(1765~1848) 스님은 화엄華嚴의 대가로 이름난 연담유일蓮潭有一의 제자인데 영암 월출산 도갑사에 살았으며, 그의 제자 가운데 대은낭오大隱朗旿(1780~1841) 스님이 있었다.

대은大隱은 당대의 선지식인 연담蓮潭, 백련白蓮, 의암義庵, 낭암朗庵, 완호玩虎, 연파蓮坡 등의 선지식을 찾아 열심히 참학하면서 올곧게 정진하였다. 그 뒤에 개당開堂하여 교화를 펼치면서, 하루에 한 끼를 먹고 두타행頭陀行을 하며 계율을 지켰다.

그 시대는 억불정책으로 승려들을 위해 제대로 수계 의식을 위한 계단戒壇을 갖추지 못하였고, 계율에 대한 인식도 희미하였다. 대은은 당시의 그런 상황을 안타까워하다가, 스승인 금담 스님과 상의하여 1826년 하안거가 끝난 다음 함께 지리산 칠불사에 가서 서상수계瑞祥受戒를 서원하며 기도하였다.

수계의 방법은 두 가지가 있다. 하나는 직접 스승을 모시고 수계하는 것이다. 다른 하나는 목욕재계沐浴齋戒하여 몸을 청정히 하여 불보살께 서원한 다음 지극한 마음으로 참회하면서 기도하여 서상瑞祥의 가피加被를 입어 스스로 계를 받는 경우이다. 이렇게 불보살 앞에 맹세하고 참회하면서 간절히 기도하여 가피를 입고 서상이 나타나 스스로 계를 받는 것을 자서수계自誓受戒 또는 서상수계瑞祥受戒라 한다.

불법이 쇠퇴하거나 계율 정신이 희박할 때 원력 깊은 율사律師들이 자서수계自誓受戒에 의한 서상수계를 했다. 예를 들면 신라의 자장율사慈藏律師는 중국 오대산에서 문수보살을 친견하는 서상瑞祥으로, 백제의 진표율사眞表律師는 지장보살을 친견하는 서상수계를 통해 한국불교의 율조律祖들이 되었다.

금담 스님과 제자 대은이 칠불사에서 간절하게 기도하던 7일째 허공에서 한 줄기 밝은 광명이 뻗어와 대은의 이마에 내리며 향이 저절로 불타는 서상瑞祥을 보게 되었다. 이를 옆에서 지켜본 금담은 서상수계가 이루어졌다고 하면서 제자인 대은에게 자기를 위해 계를 전해 주는 수계사授戒師가 되어주기를 청하였다.

이리하여 제자인 대은이 스승인 금담의 수계사가 되었으니, 스승 금담이 제자 대은의 수계제자受戒弟子가 되었다. 계법을 위해서는 기존의 관습에 얽매이지 않고 제자로부터 다시 수계하는 금담 스님의 그러한 정신이 해동의 계맥을 중흥시킨 것이다. 이렇게 칠불사에서 계율을 중흥시킨 금담과 대은은 이후에도 몇 년간 칠불사에 주석하면서 중창불사를 이루어 1830년에 회향하였다.

2) 동국계맥東國戒脈의 계승

조선은 억불정책抑佛政策으로 불법이 쇠퇴하였고, 당시의 일반 승려들은 사회로부터 천시賤視받을 때라 그 위상이 스스로 위축되어 기강紀綱이 서지 않고 승풍僧風도 해이해져 있었다.

남쪽 변방에 있는 대흥사는 임진왜란 때 승군을 일으킨 서산대사西山大師 청허휴정淸虛休靜 스님을 기리는 표충사가 있어 나라의 비호를 받는 사원이라서 형편이 좀 나은 편이었지만, 그 절의 승려들도 승풍이 여법하지 못한 점은 마찬가지였다.

◆ **경월이 초의에게 수계受戒를 권하다**

그동안 12대 종사와 12대 강사를 배출한 대흥사에는 당시에 많은 대중이 살고 있었지만, 그 가운데 뛰어난 분이 초의草衣선사였다. 그 산중에 사는 경월영오鏡月寧遨● 스님은 불법이 약해지고 승려들의 계등戒燈이 희미해지는 것을 늘 안타깝게 걱정하였는데, 1828년(戊子) 어느 날 초의 스님을 찾아가 "두 해 전에 칠불사에서 서상수계를 하였다는 대은 스님과 금담 스님을 찾아가자"고 권하였다.

그때 초의는 의지하던 스승 완호윤우玩虎倫佑(1758~1826) 스님이 입적한 뒤 산내山內에 일지암一枝庵(1826년 준공)이라는 작은 초암을 지어 거기 살고 있었다. 그는 대흥사 일대에서 승속을 막론하고 추앙 받으며 경화京華의 사대부들 사이에서도 널리 알려져 있는 선지식이었다.

그런데도 초의는 경월의 뜻을 따라 여름 안거 무렵의 장마철에 칠불의 금담金潭 노숙老宿을 찾아갔다.**

칠불사를 찾아가던 초의는 불혹不惑이 지난 43세였으며, 이미 구족계를 받았는데 칠불사의 금담 스님을 찾아 동국계맥을 새로이 잇게 된 것은 무슨 까닭일까?

불법佛法은 바로 계정혜戒定慧 삼학이며, 그 가운데서도 계율이 근본 바탕이다. 그러니 불문佛門을 일으킴도 계율의 존중에서부터 시작되는 것이다. 『초의집草衣集』의 「대둔사승보안서문大芚寺僧寶案序文」 「대승계안大乘戒案」 「대승비니계안서문大乘毘尼戒案序文」 「범해회중학계서梵海會中學契序」 「수계사제문授戒師祭文」 등에 그 절절함이 묻어있다.

● 경월영오鏡月寧迹(1775~1857) 스님은 배裵씨로 전남 무안 사람이다. 소년 시절 해남 두륜산에 출가하여 경전의 깊은 뜻을 체득한 뒤 은암정호銀岩正浩 강백의 조실에서 향을 사르고 법통을 잇는다. 팔도도총섭八道都摠攝을 역임하였다. 총섭은 승군僧軍을 통솔하는 임무를 수행하는 승직僧職이다. 스님은 원만한 성격의 소유자로서 업무 처리를 온건하게 하였고 어려움을 잘 참고 겸허한 태도로 사람들을 대하니 절 안은 언제나 편안하고 화목했다고 한다. 그의 일기日記 한 권이 전해온다. 제자로 영담지명, 혜운보정, 수성근헌, 수암석근 등이 있다.

●● 『초의집草衣集』에 '… 鏡月遼公憂戒燈之未能續焰也 以余爲先一日有聞於七佛老宿 …'라고 실려 있다.

◆ 초의와 금담

본래 금담 스님과 대은 스님은 영암 도갑사道岬寺에 살았다. 초의는 19세 때인 1804년(甲子, 순조 4)에 도갑사에 있는 연담유일蓮潭有一의 제자인 금담을 찾아가 가르침을 받으며 참선을 하였다. 그러던 어느 날 월출산에 올라 홀로 시간을 잊고 있다가 둥근달이 떠오르는 것을 보고 크게 깨달음을 이룬 뒤에 막히는 것이 없었다고 한다. 그런 인연으로 초의는 금담의 선법을 전수받았던 것이다. 그래서 『동사열전』에는 '초의 스님이 금담에게서 수선受禪하였다'고 했다. 초의는 그해 월출산 도갑사에 잠시 머물다가 해남 대흥사로 가서 완호玩虎대사에게서 구족계를 받고 초의라는 법호를 받았다.

◆ 초의가 동국계맥을 전해 받다

초의는 진작 구족계를 받았지만 다시 칠불사에 주석하던 금담에게서 수계하고 그 동국계맥을 이어온 다음, 대흥사의 상원암上院庵에서 대승비니계大乘毘尼戒를 설하기 시작하였다. 그때 용연 등이 뜻●을 함께하였다.

초의를 칠불사의 금담에게 인도하였던 경월鏡月도 화운化運, 견향見香, 무위無爲, 영호靈湖 등과 함께 초의선사에게서 다시 대승보살계와 구족계를 받았다.

그리고 뒤에 초의는 계율의 중흥조인 대은 스님을 대흥사의 만일암挽日庵으로 모셔와 주석하게 하였다. 그리하여 동국계맥이 만일계단

● 원문은 推而開說於上院蘭若 龍淵亦同志之士也.

挽日戒壇에서 설해진 것이다. 대은은 1841년 3월 25일에 설법을 마치고는 그대로 가부좌한 채 세수 62세로 입적하였다.

만약 당시에 초의가 금담에게 다시 수계하여 계맥을 잇지 않고 대은을 만일암에 모시지 않았다면 조선 말의 칠불계맥七佛戒脈은 사라졌을지도 모른다.

◆ 초의와 범해

동국의 칠불계맥은 대은大隱으로부터 금담金潭에게 전해지고, 금담은 초의草衣에게 전하고, 초의를 통해 범해梵海에게 전해졌다. 범해는 다시 송광사의 금명錦溟과 율암栗庵, 통도사의 선곡禪谷, 해인사의 제산霽山과 취은翠隱 등 여러 율사들에게 전해졌다.

그 가운데 선곡 스님을 거쳐 금강계단이 있는 통도사에서 한 갈래는 용성龍城에게 전해져 그 문하에서 계맥은 널리 퍼져 제방에 계율이 보다 엄정해지고 승풍이 되살아날 수 있었다.

◆ 금명, 동국계맥을 이어 교화하다

금명은 송광사에 계단을 설치하고 「수보살계첩受菩薩戒牒」에 '해동의 총림에서는 실낱처럼 매달린 은참隱讖을 지켜오다가, 대은율사大隱律師가 광명의 계상戒相을 간절히 구하였으며, 동방東方의 계림戒林은 초의草衣에서 분방芬芳했고, 접역鰈域의 선파禪波는 범해梵海에서 다시 맑아졌다'고 하면서 계맥戒脈의 연원을 대은 → 금담 → 초의 → 범해 → 금명으로 전해온 것임을 밝혔다.

그의 「대계첩서문大戒牒序文」에도 "…순조대왕 26년 병술丙戌(1826)년

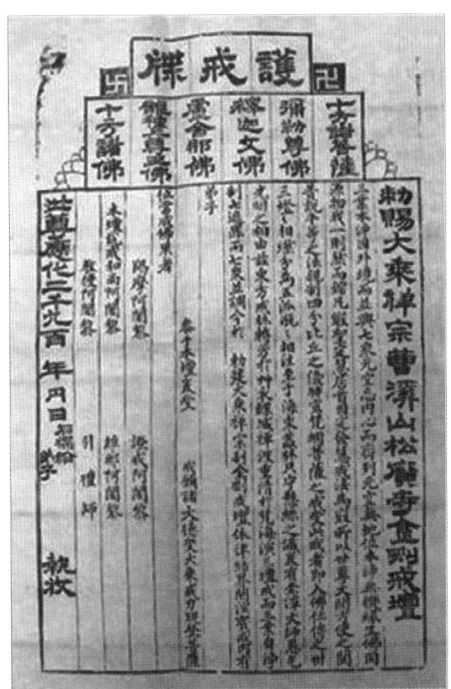
송광사 호계첩

7월 15일에 대은율사大隱律師는 칠불선원의 종주宗主가 되시어 이 계법의 기강이 무너진 것을 개탄하시고, 그 은사이신 금담율사金潭律師와 함께 서원을 세우고 법단을 설치하여 불전에 계계戒를 구하였다. 7일째가 되던 오경五更에 한 줄기 상광祥光이 아자방亞字房 전각의 문으로 뻗치며 온갖 향기와 서색瑞色이 대은의 정골頂骨에 쏟아져 내리며 무진계품無盡戒品이 우레처럼 귀에 들렸다. 이를 대은율사는 금담율사에게 전하고, 금담율사는 초의율사에게 전하고, 초의율사는 범해율사에게 전하고, 범해율사는 나(不佞)에게 전하였다. 병의 물을 병으로 쏟아 전하듯이 금구金口의 진전眞詮은 근원이 있어 마르지 않았고, 등에서 등불을 옮기듯이 목차木叉(계율)의 아름다운 가르침은 무궁히 전해왔다"고 하면서, 자신은 칠불계맥을 이었다고 하였다.

그리고 금명은 『범해선사시집』의 「후발後跋」에 스스로 '조계산계생보정근서曹溪山戒生寶鼎謹書'라 하여 범해로부터 계맥을 이어 받은 문생門生임을 자처하였다.

이처럼 칠불사에서 서상수계로 되살린 동국계맥을 중흥시켜 오늘의 한국불교가 있게 되었으니, 이것은 바로 초의 스님의 위업偉業이라 할 것이다. 그리고 범해를 거쳐 이를 이어받은 금명은 송광사에 계단을 설치하여 많은 사부대중에게 수계授戒하면서 널리 교화하였다.

◆ **서상수계의 논란**

　율장律藏에서 '여법한 수계의 요식을 갖추어야 한다'는 것을 근거로 제방에서는 조선 말엽에 생긴 칠불사의 서상수계에 대해 많은 논란이 있었다. 그리하여 1892년 만하승림萬下勝林이 중국으로 건너가 법원사法源寺 황계계단皇戒戒壇에서 고심古心율사의 율맥을 이어와서 전하게 되었다.

　그러나 알고 보면 황계계단의 계맥 역시 폐불廢佛 사건으로 인해 수백 년 동안 계맥이 끊어진 것을 명明의 만력萬曆(1573~1615) 때에 고심율사가 오대산에 들어가 문수보살께 기도하여 서상수계를 하여 계맥을 복원한 것이었다.

　신라의 자장율사나 백제의 진표율사 등이 거의 서상수계로 해동海東의 율조律祖가 되었으나, 율장에 근거해서 보면 좀 애매한 점도 있었다. 한국과 중국과 일본은 계맥보다는 어느 스승의 법을 이었다는 법맥法脈을 더 중요하게 여겨왔다. 한편 티베트불교는 그 전통이 인도 '나란다' 대학 학승들의 학통學統을 이었기 때문에 계맥이나 법맥보다는 학맥學脈을 중시하는 편이었다.

　그런데 남방 상좌부 전통에서는 율장에 근거하여 출가 수행자들은 계맥戒脈을 중시 여긴다. 부처님의 유교遺敎에도 '계를 스승으로 삼으라(以戒爲師)'고 했으니, 동남아시아의 불교계에서는 이 계맥의 전승이 핵심이 된다.

그래서 스리랑카가 한때 서구 열강의 식민지로 되어 불법이 파괴되었을 때 비구계比丘戒(즉 具足戒) 의식을 집전執典할 비구가 없어서, 태국과 버마(미얀마)에 가서 계맥戒脈을 이어올 정도로 율맥律脈을 중히 여겼다. 버마나 태국은 스리랑카에서 계맥이 전수되어 왔으며, 스리랑카에 계맥이 끊어졌을 때는 다시 태국과 버마에서 비구계의 맥을 다시 이어 주었던 것이다.

근세에도 한국에서 출가승이 받아지니는 구족계具足戒 즉 비구계比丘戒의 수계에 대한 논란은 계속 이어져 왔다. 그래서 해인사 방장方丈 성철性徹 스님의 권유로 송광사의 일각一覺 스님은 세계불교도우의회世界佛敎徒友誼會(WFB)의 초청 형식으로 불교 전통 계맥 연구차 1968년부터 1970년 8월까지 태국에 유학하여 남방의 비구계를 수계하였다.

그리고 1972년 10월 태국 고승 10인을 초청하여 통도사 금강계단에서 근본불교 전통계맥을 계승하기 위한 비구계 산림을 봉행하였다. 그리고 1973년 2월에 태국불교사절단을 초청하여 한국불교계를 순방시키면서 불교 교류를 증진시켰다.

그 당시에 남방 비구계의 수계가 많은 논란이 있기는 했으나, 남방이니 북방이니, 소승이니 대승이니 하는 틀을 벗어나 일불一佛 제자이며 '시방승가十方僧伽 세계일화世界一花'라는 입장에서 보면, 아주 의미 있는 일이었다고 할 것이다.

2.
범해의
선교禪敎마저 이은
금명

일찍이 범해梵海선사는 금명을 가르치면서 그 뛰어난 자질을 간파하고 그를 인정하며 선禪 교敎 율律을 모두 다 전하였다. 그리하여 범해는 본인이 직접 쓴 그의 「자서전」과 송광사 율암栗庵이 쓴 「범해선사 행장」에서 밝혔듯이 '교教는 원응계정圓應戒定에게 전하고, 선교禪教를 아울러 전한 것은 취운혜오翠雲慧悟, 서해묘언犀海妙彦, 금명보정錦溟寶鼎, 율암찬의栗庵贊儀 등이다'고 하였다.

그리고 『동사열전』가운데 금명의 옹사翁師인 「벽련선사전碧蓮禪師傳」을 쓰면서 "절은 십팔공十八公의 옛 가람이요, 16종사(16國師)의 대도량이다. 법은 영해影海에 드리우고, 가을은 풍암楓巖에 이른다. 묵암默庵과 응암應庵은 말없이 사자후를 삼한三韓의 옛 산천에 떨치고, 백화白花(풍암 제자 八晶禪師)와 벽담碧潭(풍암 제자 幸仁)의 향기는 장광설長廣舌로 해동의 크고 작은 사람과 신神들을 덮었으며, 성월聖月이 더욱 밝으니 지봉智峰은 그 빼어남을 다투었다. 벽련碧蓮에 이르러 실상實相의 묘법妙

法을 머금어 인과의 큰 법을 펼쳤도다. 그의 법손인 금명은 그 이름이 학계學界에 퍼졌고, 그 명성은 강당에 널리 알려졌다. 벽련 스님은 (옛 사람이 말했던 것처럼) '이제 다리를 뻗고 잘 수 있겠구나. 나의 도가 동쪽으로 갔도다!'라고 가히 말할 만하다. 나(범해)는 금명의 노스님을 뵙지 못했지만, 금명의 사람됨을 보니 그분들을 알만하도다"라며 금명을 극찬하였다.

신라 말에 도의道儀국사는 37년간 당나라에 유학하여 마조馬祖선사의 제자인 서당지장西堂智藏선사에게 인가認可를 받고, 거듭 백장百丈선사에게 가서 조사祖師의 심인心印을 확인받으니, "중국의 선법禪法이 모두 동국東國으로 가는구나" 하는 칭송을 받았던 것이다.

그리고 원나라 임제종의 석옥石屋은 고려에서 온 태고太古선사를 인가하면서 "이 노승은 오늘 3백 근의 짐을 모두 내려 그대에게 대신 짊어지우고 이제 다리를 뻗고 잘 수 있게 되었다. 불법이 동방으로 갔구나" 하면서, 태고에게 전법의 신표로 가사를 전해주었다.

두륜산 대흥사의 범해선사도 조계산 송광사의 금명에게 선禪과 교敎와 율律을 모두 전해준 것에 대한 뿌듯함과 찬사를 금명의 법계法系인 풍암·응암·성월·지봉선사들의 이름과 벽련선사의 입장을 빌려 그렇게 표현한 것이라 할 것이다.

3.
범해선사 문집을 편찬한 금명

해남 대흥사는 금명에게 감화를 준 스승 범해를 통해 인연을 맺은 아주 의미가 깊은 도량이다. 그런 인연으로 범해가 돌아간 뒤에 대흥사가 큰 화재를 당하여 많은 건물이 소실되었다가 1901년(금명 41세)에 다시 복원하는 불사佛事를 할 때 보은報恩의 마음으로 불사의 증명법사證明法師가 되었다. 그리고 56세 되던 1916년(丙辰)에는 대흥사 보련각寶蓮閣에 모신 범해선사 영정에 참배하고 그곳에서 강석을 열었다.

금명이 대흥사 장춘강원長春講院의 강주講主로 있을 때, 어느 날 범해의 문손인 인월印月과 완월玩月이 4편 2책으로 된 유고遺稿를 보이며 이를 편집해주기를 간청하였다. 범해의 문손들은 금명이 범해의 사상을 가장 잘 이해하고 있을 것이라 믿었기에 그 시문집 편찬을 의뢰하였을 것이다.

이듬해 1917년(丁巳) 봄에 범해의 유고를 송광사로 가져와 염재念齋 송태회宋泰會와 함께 편집하였는데, 먼저 『범해선사문집梵海禪師文集』을

2권으로 구성하였다. 권1은 32편이며 권2에는 42편으로 그 내용은 각종의 기記, 발문跋文, 서문序文, 찬讚, 명銘, 서장書狀 등 전반적인 분야에 걸쳐 골고루 수록되어 있다. 거기에서는 관음 사상, 천태 사상, 정토 사상, 선과 교의 원류, 나아가 유교와 불교가 근본적으로 다른 것이 아니라는 유불일치儒佛一致 사상 등을 엿볼 수 있다.

『범해선사시집梵海禪師詩集』도 2권으로 구성하였는데, 권1에는 시 102수가, 권2에는 시 68수가 수록되어 있다.

금명은 문집 2권과 시집 2권으로 편찬하고, 달필達筆로 소문난 그의 제자 용은龍隱을 시켜 이를 정서整書하게 하여 4권을 모두 합해『범해선사집梵海禪師集』을 만들었다. 범해선사의 시문집 편찬 작업은 금명이 1917년 봄에 시작하여 그해 여름에 송광사에서 완성하였다.

『범해선사집』의「서문敍文」은 염재 송태회가 쓰고,「행장行狀」은 범해에게서 수학하여 수법제자가 된 율암栗庵이 썼으며,「발문跋文」은 금명이 썼다.『범해선사집』을 편집한 다음 금명은 그 소회를 다음 시로 읊었다.

寫錄梵海老文稿成集四篇
범해선사의 문고를 베껴 쓰고 4편으로 편집하여 이루고서

梵天敎海溢吾東	범천의 교해가 해동에 넘실대니
蕩漾湖光映碧空	출렁이는 호수에 푸른 하늘 비친다

- 『범해선사문집梵海禪師文集』의 말미에 있는 정사년 3월에 율암찬의栗庵贊儀가 썼다는「범해선사행장梵海禪師行狀」은 금명의『다송문고茶松文稿』에 찬자撰者 없이 실려 있다.

跡高華岳交支鶴	화악보다 높은 자취 지둔의 학과 같고
詩若皎然*伴陸鴻**	교연같은 시구들은 육홍점의 짝이로다
詞鋒智刃毫釐析	지혜로운 글의 칼날 털끝도 쪼개내고
道岸書林宇宙洪	도의 언덕 글의 숲은 우주보다 넓구나
二十年前難忘德	이십 년 전 입은 덕화 잊을 수 없더니
編章此日報師翁	편집 마친 오늘에야 스님 은혜 보답했네

금명은 스승 범해의 행적이 화악^{華岳}보다 높으며, 동진^{東晉}의 고승 지둔도림^{支遁道林(314~366)}이 사랑하다가 날려보낸 학처럼 이 세상을 걸림 없이 사신 분이라 칭송하였다.

범해는 시문과 다도^{茶道}에 능하여 교연^{皎然}과 육우^{陸羽}를 겸전한 것 같은 분이며, 또한 교연과 육우의 관계처럼 초의와 범해의 관계가 그러했음을 연상시킨다. 범해 스님이 돌아가신 지 20년 동안 그 은덕을 잊지 못하였는데, 범해선사의 시문집을 편찬하는 일을 마치고 나니, 이제 조금이나마 그 은혜에 보답한 것 같다는 글이다.

다송자 금명은 또『범해선사집』「발문」에 "아! 나는 1886년^(丙戌) 봄에 만일암^{挽日庵} 계단^{戒壇}에서 선사에게 계를 받았고, 1916년^(丙辰) 겨울에 보련각^{寶蓮閣}에서 선사 진영에 예배하였으며, 1917년^(丁巳) 여름에 조계산방^{曹溪山房}에서 선사의 시를 편집하였다. 이는 참으로 오랜 겁^劫 동안의 기이한 인연으로 해남의 두륜산과 조계산에서 이 일을 마치

- * 교연皎然은 시승詩僧이면서도 다도대사茶道大師로 알려졌는데, 그는 다성茶聖으로 알려진 육우陸羽가 다도茶道를 완성할 때까지 물심양면으로 도와주었던 분이다.
- ** 육홍陸鴻은 육홍점陸鴻漸 즉 육우陸羽를 말한다.

게 된 것이니 특별히 한때의 감회만 있는 것이 아니다"라고 하였다.

그렇게 편집한 『범해선사집』은 4년 후 1921년 8월 5일에 『범해선사유고梵海禪師遺稿』라는 제목으로 대흥사장판大興寺藏版 연인본鉛印本으로 출판되었다. 금명은 이를 받아보고 그 감상을 다음과 같이 읊었다.

奉讀梵海禪師文集　범해선사의 문집을 읽고

범해선사는 나의 선법사이시다. 문집을 선택하며 편집한 인연이 있는데, 지금 또 절하고 읽어보니 모른 결에 감상이 있어 본문 가운데 있는 운을 써서 한 율을 읊는다.
禪師卽吾禪法師於文集亦有選擇編集之緣今又拜讀不覺感想故因用本韻一律吟也

一幅崙山萬丈坮	한 폭의 두륜산은 만 길이나 높은데
梵仙寶墨自天來	범해신선 보배 글이 하늘에서 내려오니
桐林月上祥風鼓	달이 뜨는 오동 숲에 상서로운 바람 불며
松頂雲凝瑞鶴廻	구름 서린 솔 머리에 맑은 학이 돌아오네
渾身和氣如衣錦	혼신의 화기는 비단 옷을 감쌌는가?
滿面歡情似把盃	얼굴 가득 기쁜 정은 찻잔 들고 계시는 듯
遙想禪師德音在	스승님을 생각하면 덕음德音이 들려오고
對券此日兩睛開	문집 보는 오늘은 두 눈이 열리구나

이처럼 범해와 다송자는 스승과 제자 사이로 서로 애정과 존경이 각별하였다. 다송자 금명은 범해로부터 선교율禪敎律을 모두 전해받은 사상의 적자嫡子였던 것이다.

4.
초의와 범해 사상을 대변하는 금명

1826년 백파긍선白波亘璇(1767~1852)이 선학禪學의 지침서로서 『선문수경禪門手鏡』을 저술하여 세상에 널리 회자膾炙되었다. 초의는 『사변만어四辨漫語』를 지어 백파의 선론禪論을 반박하였고, 추사秋史도 백파를 비판하면서 논쟁이 불교계를 달구었다.

그리고 1876년 송광사 광원암廣遠庵에 주석하던 우담홍기優曇洪基● 선사가 백파의 『선문수경』이 옛 선사들의 해석에 어긋나니 그것을 고쳐 바르게 한다는 뜻으로 『선문증정록禪門證正錄』을 지어 백파의 이론을 지적하며 그 잘못된 바를 변증하였다. 『선문증정록』은 백파가 지은

● 우담홍기優曇洪基(1823~1881) : 우담優曇의 처음 이름은 우행禹幸, 속성은 권權씨이다. 순흥順興의 희방사希芳寺에서 자신自信의 제자가 되었고, 스스로 보조普照의 『초심학인문初心學人文』, 원효元曉의 『발심수행장發心修行章』, 야운野雲의 『자경문自警文』을 열람하였으며, 뒤에 팔공산 혼허渾虛에게서 사교四敎를 교수받았다. 그리고 지봉智峯의 가르침에 의지하여 참구하였다. 대교大敎는 백파의 제자인 침명枕溟의 강석에서 배웠고, 인파율사仁坡律師에게서 계를 받았다. 광원암에서 연월蓮月의 법맥을 이어 건당하였고, 『화엄華嚴』과 『염송拈頌』에 밝았다.

『선문수경』에서 잘못된 것을 지적하여 선사先師의 문정門庭을 쓸어 깨끗이 한다는 뜻으로 『소쇄선정록掃灑先庭錄』이라고도 한다.

우담은 침명枕溟*에게서 수학했으며, 침명은 백파의 선참禪懺제자이기도 했다. 그래서 스승의 스승이기도 한 백파의 『선문수경』에 대해 선사先師의 문정門庭에 있는 허물들을 쓸어서 깨끗이 해야 한다(掃灑先庭)고 하면서 반박한 우담의 『선문증정록』은 제방에 새로운 파문을 일으켰다.

우담홍기의 『선문증정록』이 나오자, 백파긍선의 법손인 설두유형雪竇有炯(1824~1887)은 『선원소류禪源遡流』를 지어 초의의 『사변만어』와 우담의 『선문증정록』을 다시 반박하고, 백파의 『선문수경』을 비호했다.

그 뒤 축원진하竺源震河(1861~1926)대사는 『선문재정록禪門再正錄』을 지어 백파와 초의와 우담과 설두의 선론禪論에 대하여 논술하였다.

이런 논쟁 속에 1913년 금명은 범해각안이 교정校正한 우담의 『선문증정록』을 인행印行하여 유포하였다. 그리고 같은 해 4월 17일에 대흥사에서도 원응계정圓應戒定(1856~1927)이 초의의 『사변만어』에 「서문序文」을 지어 넣고 이를 인간印刊하였다.

금명은 또한 백파의 이론異論에 대해 초의와 우담 그리고 범해의 주장을 적극 대변代辯하며, 1918년 화엄사의 진응震應(1873~1941) 스님에게도 임제臨濟의 바른 종지를 함께 펼쳐 많은 사람들에게 알려서 조계

---

* 침명한성枕溟翰醒(1801~1876) 스님은 고흥 능가사의 권민權敏에게 삭발하여 춘파春坡대사에게서 구족계를 받았다. 백파에게 선참禪懺을 익히고, 영봉혁원影峰奕源의 법인을 전해받았으니, 부휴의 10대손이며 영해의 5대손이 된다. 여러 산문의 선지식을 참알參謁하여 내외전內外典에 박통하였다. 동리산과 조계산에서 오랫동안 강석을 열어 수많은 학인을 제접하여 남방南方의 종사로 높이 이름났다.

의 선파禪波에 젖을 수 있도록 청하기도 했다.

이처럼 조선 후기 불교계에 백파와 초의의 논쟁은 그 전법 제자들까지도 후끈하게 달아오르게 하면서 이어졌는데, 백파의 『선문수경』에 대한 비판은 초의 이후 우담과 범해를 거쳐 그 제자들인 원응과 금명이 주도하며 대변하였다.

이상과 같이 금명은 범해로부터 선禪과 교敎와 율律을 모두 전해받았으며, 그 대변자代辯者 역할도 하였다.

제4장

다송자 금명의 다풍
茶風

1.
송광사에 이어온 다풍茶風

근래에 한국 경제가 좋아져 우리 문화와 전통차에 대한 관심이 높아지면서, 왕성한 연구와 함께 차에 대해 많은 논란이 일어났다. 어쨌든 우리의 전통 차문화茶文化를 계승하고 발전시키는 일이라서 고무적인 일이 아닐 수 없다.

한국의 차문화는 불교의 승려들과 연관이 깊으니, 당시의 차문화를 이해하는 데 그분들의 문학을 통해 살피는 것이 좋을 것이다.

이 장에서는 다송자 금명이 출가하여 수학하고 전법·교화했던 송광사에 예전부터 전해오던 다풍과 그가 출가할 무렵의 송광사 다풍, 그가 출가해서 익힌 다풍, 다송자 이후에 그의 영향으로 이어진 송광사의 다풍에 대하여 차례대로 살펴보고자 한다.

송광사는 고려 때에 불일보조국사佛日普照國師 지눌知訥이 『대혜어록大慧語錄』의 영향을 받아 해동의 불교계에 간화선看話禪 수행법을 처음

진각국사 진영(133.7×76.2cm, 비단에 전채, 1780년, 송광사성보박물관)

진각국사 원조탑(1910년대)

으로 제창提唱한 도량으로 고려 때 16국사를 배출한 동방제일대가람東方第一大伽藍이었다. 조선시대에도 기라성綺羅星같은 선지식들이 출현하여, 명실공히 한국불교의 승보종찰僧寶宗刹이 된 사찰이다.

그런데다 송광사 일대의 큰절 주변과 광원암廣遠庵, 감로암甘露庵 등의 암자 부근에 차밭이 있어서 선가禪家의 음다가풍飮茶家風이 면면히 전해왔다. 그래서 고려 때부터 송광사 승려들과 교류하던 고승高僧, 거사居士, 문인文人들 사이에는 송광사의 차에 대한 시문詩文이 많이 전해온다. 특히 보조국사는 고려에 처음으로 간화선을 제창하면서 주로 조주趙州 스님의 '구자무불성狗子無佛性' '끽다거喫茶去' 등의 공안公案으로 납자들을 제접提接하였으니, 자연 조주의 선풍이 송광사에서 다시 일어나게 되었다. 보조국사 지눌이 광양 백운산의 상백운암上白雲庵에 있을 때, 제자 진각국사眞覺國師 혜심慧諶(1178~1234)이 스승을 찾아가다가 멀리서 바람 따라 실려오는 차 달이는 향기와 시자侍子 부르는 소리를 듣고 다음 게송偈頌을 지었다.

呼兒響落松蘿霧　　안개 낀 솔숲 너머 아이 찾는 소리 나고
煮茗香傳石徑風　　산길 따라 바람결에 차 향기 전해오니
纔入白雲山下路　　백운산 아래의 들어가는 길목에서
已參庵內老師翁　　암자 계신 우리 스님 벌써 뵙고 절하였네

이런 기연으로 보조국사 지눌은 제자 진각혜심眞覺慧諶을 인가認可하게 되었다.

진각국사의 시집 가운데 있는「인월대隣月臺」라는 시는 해동海東의

차시茶詩 가운데서도 절창絶唱이다.

隣月臺	인월대
巖叢屹屹知幾尋	우뚝한 바위들은 몇 길이나 높이 솟아
上有高臺接天際	그 위에 높은 누대 하늘까지 닿았는데
斗酌星河煮夜茶	북두로 은하수를 길어다가 차 달이니
茶煙冷鎖月中桂	차 연기는 달 속의 계수나무 가리구나

그리하여 진각국사 이후에도 청진국사清眞國師, 진명국사眞明國師, 원오국사圓悟國師, 원감국사圓鑑國師, 혜감국사慧鑑國師와 같은 수많은 준걸俊傑들이 그 다풍을 이어왔던 것이다. 그래서 조계산문의 송광사는 조주선사의 '끽다거喫茶去' 가풍과 '다선일여茶禪一如'의 정신이 배어있는 한국 선차禪茶의 근본 종가宗家라고 할 수 있다.

2.
용악혜견龍嶽慧堅을 통해 본 송광사 다풍茶風

다송자 금명의 다풍을 말하기에 앞서 그가 출가하기 20여 년 전(아직 태어나기 8년 전) 무렵의 송광사 다풍에 대해 산외山外 인물로 송광사에서 수행하던 용악혜견龍嶽慧堅(1830~1908) 스님을 통해서 살펴보자.

용악龍嶽 스님은 안변安邊 석왕사釋王寺 출신으로 그의 법명인 혜견慧堅의 범어梵語 발음인 '말저바라밀末底波羅蜜'로 자字를 삼았다. 평생 『금강경金剛經』을 좋아하여 10만 번이나 외웠던 분이다. 후에 해인사 팔만대장경의 인경불사를 발원하여 성취하였고, 예언대로 부처님의 열반일에 입적하였다. 그는 18세 때 꿈에 오산梧山 수암사水巖寺에서 차 세 잔을 받아 마시는 기연으로 전생에 그 절의 중창주重創主인 조실祖室스님의 후신으로 소문이 났었다.

그분의 문집 『용악집龍嶽集』에 20여 편의 주옥 같은 차시茶詩를 남겼는데, 그 가운데는 송광사의 삼일암을 비롯하여 송광사 산내암자인 보조암, 은적암, 청진암, 감로암 등에서 남긴 몇 편의 차시가 있다. 그

차시는 그분이 24세이던 1853년에 송광사 삼일암에서 조사祖師 공안
公案을 참구하며 정진할 때 지었던 것이다. 그때 남긴 차시茶詩들을 살
펴보면 당시 송광사의 다풍茶風을 짐작케 하는데, 그 차시를 소개한다.

登三日庵	삼일암°선원에서
落莫禪菴遣客興	고요한 선방에서 나그네의 흥을 풀며
出塵身勢若神仙	속진을 벗어나니 신선 같은 신세로다
靑燈自照松窓內	푸른 등불 스스로 송창을 비추며
晧月虛過竹榻邊	밝은 달은 대나무 평상가에 맴돈다
茶椀閒傾能解鬱	찻잔을 기울이니 울적함이 사라지고
詩篇倦詠更淸緣	시편을 읊조리니 맑은 인연 새롭구나
俄然遊戱仍無寐	잠깐인 듯 즐기느라 잠들지 못했는데
漏盡鐘聲雲外傳	새벽의 종소리가 구름 밖에 들려오네

淸遠樓韻	청원루°°의 운을 따라
石面皆眞佛	바위들은 부처님의 모습 닮아서
光明透白毫	광명이 백호에서 뿜어나는 듯

- 삼일암三日庵은 송광사 설법전 옆의 선원을 말한다. 예전에 선원이었으나, 지금 방장실로 쓰인다.
- 청원루淸遠樓는 송광사 보조암에 있던 누각을 말한다.

溪聲連海闊	시냇물 소리는 바다에 닿고
峯勢接天高	산마루는 하늘 높이 솟아있구나
寂寂烹茶院	적적한 집 안에 차를 달이며
潺潺汲水槽	잔잔한 수조에서 물을 긷는데
鍾鳴淸夜半	깊은 밤에 울리는 종소리 맑고
齋釋戴方袍	가사 입은 스님네는 재를 올리네

登隱寂庵 은적암에 올라서

隱寂仙庵天畔起	은적암은 신선처럼 하늘가에 솟아있고
松風蘿月遠塵埃	솔바람 밝은 달에 세상 먼지 멀어졌네
齋僧擊鐸簷前入	처마 안에 스님은 목탁 치며 재 올리고
佛鳥含花檻外來	난간 밖의 새들은 꽃을 물고 오는구나
手把竹筇登北峀	대지팡이 손에 쥐고 북쪽 산을 오르며
口吟詩句上東坮	시구를 읊으면서 동쪽 누대 오른다
禪房淸夜鍾聲早	선방에는 맑은 밤 일찍부터 종치더니
飮畢朝茶洗鉢回	아침 차를 마시고는 발우 씻고 돌아가네

登淸眞庵 청진암에 올라서

踽踽徜徉上	꾸불꾸불 산길을 어정대며 올라오니

斜陽薄暮冥	해 저물어 엷게 내린 땅거미 어둑한데
岸芝朝露郁	언덕의 지초는 아침 이슬 향기 나고
庭荔晚風靑	뜰가의 여지 끝에 저녁 바람 펄럭인다
入竈茶煙歇	부엌에 들어가니 차 연기는 사라지고
退樓酒力醒	다락으로 물러나니 흐린 기운 깨어나며
東西奔走客	동서로 헤매는 분주한 나그네가
此處又閒停	여기에 이르러 한가로이 머무네

登甘露庵   감로암에 올라

甘露庵登坐	감로암에 올라가 앉아 있으니
山中最上巓	이 산중에 가장 높은 산마루구나
兒僧移藥草	어린 사미 약초를 캐어오는데
老釋汲茶泉	노스님은 차 샘에서 물을 긷는다
月影昇沈現	달그림자 뜨고 지며 나타나면서
鍾聲斷續傳	종소리는 끊어졌다 다시 들리고
忽逢賢主宿	어진 주인 만나서 함께 묵으며
彼此許心天	서로의 마음을 허여하였네

위에서 살펴본 것처럼 그때 송광사는 큰절이나 산중 암자마다 차를 마시는 풍습이 보편화되어 있었음을 알 수 있다.

용악 스님은 송광사로 오기 전해인 1852년 23세의 젊은 선객禪客이 되어 당시 선승禪僧으로 유명한 허주선사虛舟를 찾아갔다. 허주선사는 송광사 출신으로 계룡산 사자암獅子庵에서 주석하고 있었다. 그때 허주선사와 함께 묵으면서 송차松茶(송광사에서 만든 차)를 대접받으며 선화禪話를 나누었다.

우담優曇선사의 『임하록林下錄』에는 허주선사에게 보내는 글인 「상허주사주서上虛舟師主書」가 있다. 여기에서 "방금 기봉奇峰 사주師主를 찾아뵙고 장자莊子에 대해 물었지만 평소에 품은 생각을 제대로 풀지 못해 부끄럽습니다. 『설화說話』 한 권을 찾았기에 올려보내는데 중간에 잃어버릴까 걱정되니 좌우를 잘 살피십시오. 송광사에서 만든 차 한 주머니(茶一囊)도 올려보냅니다"라고 하였다.

당시 우담은 광원암에, 기봉선사는 그 옆 자정암에 주석했다. 기봉선사는 장자『남화경』의 대가로 알려져 있었는데, 허주선사의 노스님이기도 했다. 우담은 진각국사의 제자 구곡龜谷이 쓴 『염송설화拈頌說話』 한 권을 어렵게 구하여 송광사에서 만든 차와 함께 보낸다고 하였다. 허주선사는 가끔 송광사에서 보내오는 차를 즐겼던 듯하다. 용악 스님은 그때 허주선사를 만나 다화茶話를 나누었던 감회를 시로 남겼다.

逢虛舟禪伯夜話同宿吟
허주선사를 만나 밤 이야기 나누며 함께 묵다

朝翫阿王舍利塔	아침은 아육왕 사리탑을 친견하고
暮登此界結仙緣	저녁은 이곳에서 선연을 맺으니
山中多遇聽經客	산속의 독경 소리 많이도 들었지만

庵上難逢得道禪	절에서도 선사는 만나기가 어려웠지
獅子佳名聞昔日	사자암은 이름나서 예전부터 들었는데
鷄龍勝地見今年	계룡산 명승지를 금년에야 찾았더니
主人接我松茶椀	주인은 나에게 송광차를 대접하여
遠拂風塵坐洞天	풍진을 털어내고 동천에 앉아 있네

용악 스님이 송광사에 머물 당시 송광사 산중은 보조암에 응화應和(대둔사 출신) 스님이 강설하였고, 자정암에는 허주 스님의 노사老師인 기봉선사가 주석하였다. 그리고 큰절에는 주지 계묵契默을 비롯한 침연枕淵선사와 연월淵月 스님이, 광원암에는 우담 스님 등의 선지식들이 살고 있었다. 용악 스님은 산 너머 선암사를 찾아가 침명枕溟 스님과 밤새 다화茶話를 나누기도 하였다.

금명은 33년이 지난 뒤 1886년 26세 때 은사스님의 소원으로 허주虛舟를 찾아 선호禪號를 받아왔다. 그리고 1899년에 용악 스님(당시 70세)이 평생의 원을 세워 해인사 팔만대장경을 인출할 때 금명(39세)도 인경불사에 동참하여 교정較正의 소임을 보았다.

그런 인연이 있어서 그의 『불조록찬송』에 용악龍嶽대사에 대한 약기略記와 함께 찬贊을 하였다.

金剛末底波羅蜜	금강처럼 견고한 지혜의 바라밀이여!
般若誦持十萬帙	십만 번이 넘도록 『금강경』을 외우셨고
海印刊經所願成	해인사의 인경불사 소원을 이루신 뒤
涅槃如佛言行實	말씀대로 부처님 열반일에 돌아가셨네

3.
다송자茶松子의
다풍茶風

1) 출가 수학하며 익힌 다풍

금명이 출가할 무렵의 다풍은 위에서 소개한 석왕사 용악 스님의 시를 통해 당시 송광사와 산내 암자마다 차 생활이 보편화되어 있었으며, 산중에서는 차茶를 스님들이 밥 먹듯이 하는 그야말로 다반사茶飯事였음을 알 수 있다.

송광사에서는 이처럼 보편화되고 대량으로 생산되는 차로 인해 갑오경장甲午更張 이전에는 매년마다 찻잎을 다섯 섬(五石)이나 훈조燻造하여 관용官用으로 늑징勒徵 당하였다. 이런 이유로 송광사에서는 해마다 그런 공차貢茶의 부역賦役이 보통 고역이 아니었다.

금명은 이처럼 차가 승가僧家의 범사凡事였던 송광사에 출가하여 수행하면서 어렸을 때는 누구나가 거쳐 가는 차를 달이는 시중을 드는 다각茶角 소임을 보기도 했다.

호남의 명찰은 곳곳마다 거기에 차밭이 있게 마련이다. 20세에 지리산 화엄사 원화圓華 스님 문하에서 공부할 때는 작설차의 고장이라 쉽게 차를 접하였고, 23~4세에 광원암에서 수학할 때는 주변에 차밭이 둘렸으니 차를 만드는 운력에 빠질 수 없었다. 25세 봄에 선암사 대승암에서 함명函溟 종장에게서 수학할 때는 그곳의 다풍에 젖지 않을 수 없었을 것이다.

특히 25세인 1885년 가을에 보조암에서 『통사通史』를 비롯한 제자백가의 서적을 읽을 때는 차에 조예가 깊은 이봉離峰선사를 시봉하면서 차에 대한 견문을 보다 넓게 익혔을 것이다.

금명이 편집한 『범해선사시집梵海禪師詩集』에 실린 유명한 다가茶歌에는 범해 스님 당대의 차를 즐기던 스님들 가운데 초의 스님 다음으로 이봉 스님이 등장한다. 다가茶歌의 일부를 인용해본다.

— 전략 —

德龍龍團絶交澗	덕용산의 용단다는 교제를 이어주고
月出出來阻信輕	월출산에 나는 차는 다신계 신의를 지키었네
中孚舊居已成丘	초의 스님 살던 곳은 이미 언덕 되었으나
離峰棲山方安缾	이봉선사 산에 살며 병 속에다 보관하고
調和如法無爲室	조화롭게 하는 것은 무위 스님 여법하며
穩藏依古禮庵缾	예암 스님 휘장 싸서 예전처럼 갈무리네

— 후략 —

금명의 젊은 시절에 많은 감화를 주었던 이봉선사는 금명이 보조암에서 건당하던 그 무렵인 1890년 2월 12일에 보조암에서 입적하였다. 그때 금명은 이를 애도하면서 「만이봉선사열반행輓離峰禪師涅槃行」이라는 만사輓詞 3수首를 지었다.

그리고 금명은 뒷날 이봉선사 문도들의 요청으로 「이봉선사문계서離峰禪師門契序」를 지으면서 "나는 옛날 보조암에 있을 때 선사의 도덕을 흠모하고 받들면서 법음法音을 듣고 진용眞容을 뵈오며 가르침을 받을 때마다 선열禪悅을 느끼며 좋아했다"고 하였다.

그리고 제방의 스승들을 찾아 참학하다가 구족계를 받기 위해 대흥사의 범해를 찾아가서 그로부터 많은 감화를 받았으며, 초의의 『동다송東茶頌』과 『다신전茶神傳』 등을 읽어보고 대흥사의 다풍茶風에 많은 영향을 받았다. 뒤에 범해의 차시茶詩들이 실린 시문집도 편찬하였다.

이처럼 출가하여 수학하는 동안 자연스럽게 각 사찰의 다풍을 익히게 된 금명은 평생 동안 차를 즐겨하면서 자호自號를 다송자茶松子라 하였다.

거기에는 아마도 '차茶를 즐겨하는 송광사松廣寺의 승려'라는 자긍심이 담겨 있는 것이다. 그의 시집에는 1,100여 편이 넘는 시가 있는데 그 가운데 70여 편의 차시가 실려 있으며, 문집에는 차와 관련된 몇 편의 기문記文도 실려 있다. 특히 초의의 『동다송』은 그가 애송하는 글이었다.

煎茶   **차를 달이다**

有僧來叩趙州扃   스님네가 찾아와서 조주 문을 두드리면
自愧茶名就後庭   다송자 이름 탓에 후원으로 나간다

曾觀海外草翁頌	해남의 초의선사 『동다송』을 진작 읽고
更考唐中陸子經	당나라 육우의 『다경茶經』도 다시 봤네
養精宜點驚雷笑	맑은 정신 기르는 데 경뢰소가 알맞고
待客須傾紫茸馨	손님을 맞을 때는 자용형이 제격이니
土竈銅瓶松雨寂	질화로 동병 속에 솔바람 멎고 나면
一鍾禽舌勝醍靈	한 잔의 작설차는 제호보다 신령하다

2) 초의의 다풍

다송자 금명의 다풍을 이해하기 위해서는 그에게 많은 영향을 끼친 『동다송』의 저자인 초의의 다풍에 대해 살펴보아야 한다.

◆ 차공茶貢과 그 폐단

초의가 살던 당시의 조선 사회는 무능과 부패가 만연하였고 일반 백성들의 경제는 형편없던 시절이라 좋은 차 문화가 형성될 수 없었다. 차뿐만이 아니라 그 당시 문화 현상이 전반적으로 그와 같았다고 할 것이다.

맹자에게 등나라 문공이 나라를 잘 다스리는 길이 무엇인지 물으니, 맹자는 "항산恒産이 있어야 항심恒心이 있다"고 대답했다. 그 말처럼 백성들은 안정적인 생업과 일정한 자산이 있어야 그 마음이 흔들리지 않으며, 사회 기층의 경제가 안정되어야 그것을 바탕으로 격조 높은 문화가 피어날 수 있는 것이다.

소위 경화사족京華士族임을 자처하며 지체가 높다는 이들도 청백淸

白한 사람이 참으로 드물었으며, 벼슬살이를 하는 관리들도 나라에서 지급하는 봉록俸祿은 참으로 미미하였다. 그들은 공업工業이나 상업商業을 천시하여 별로 장려하지도 않았으며, 그들의 경제 기반은 정당한 생산적인 생업에 의존하는 것이 아니라 백성을 수탈하여 치부致富하는 것이 그 바탕이었다.

일반 백성들에게 경세經世와 후생의 좋은 방향을 제시하며 실사구시實事求是하려는 선구자들이 더러 있기는 했지만 적극적인 계몽을 하는 이가 드물었다. 그리고 그들은 거의 정책을 입안立案하는 중심에서 밀려나 변방에 맴돌고 있었다.

관료들은 경세의 안목이 부족하고, 학자들은 이학理學과 예법禮法에 골몰하면서 세월을 허송하였으며, 지식인들은 당시의 세계정세에 어두워 아무런 대안도 세우지 못한 채, 국운은 서서히 내리막을 가고 있을 때였다. 당시 사원들도 성리학을 통치 이념으로 하는 억불의 정책 속에 교세가 쇠퇴하였고 경제도 형편없었다.

차는 민생의 호구지책糊口之策에 절대적으로 필요한 것이 아니라 일종의 기호식품이었다. 기호품은 경제가 넉넉하여 여유로움이 있을 때 제대로 누릴 수 있는 것이며, 차는 그만한 격조가 있어야 하는 것이니 극히 몇몇 사람이나 제대로 누릴 수 있는 것이었다.

당시 일반 백성들의 지식이나 피폐해진 경제 수준으로는 그런 기호품인 차를 좋게 만들지도 못했고, 장인匠人들을 천시賤視하는 사회 풍조 속에 좋은 다구茶具들도 생산될 수 없었을 것이다.

그런데도 관청에서는 관용官用과 약용藥用으로 해마다 많은 찻잎을 공물로 바치게 하니, 일반 백성들에게 차는 부역賦役에 시달리게 하는 애물단지가 되어 잘라 없애버리는 경우가 허다하였다.

화순 동복同福에서는 근거 없는 효용을 믿고 고을 수령이 작은 마을에서 여덟 말의 엄청난 작설을 따서 이를 달여 고약으로 만드는 그런 일이 있기도 했다.

민간에서 더위 먹거나 감기들 때에 약으로 쓰기 위해서 만들기는 했어도 그렇게 품질이 좋은 차는 생산이 되지 않았다. 그러니 관청에다 억지로 공물을 만들어 바치더라도 형편없는 모양이 되고 속된 솜씨가 되고 말았을 것이다.

초의 스님의 『동다송』에도 '정소政所(관청)에서 말하기를 천하의 좋은 차를 속된 솜씨로 망가뜨렸다'고 했는데, 왜 그렇게 되었는지 이해가 될 만하다.

◆ 초의의 다도茶道는 바로 계율 정신

평소에도 차를 즐기던 초의선사가 동국의 계맥을 잇기 위해 칠불사를 찾았다. 칠불사가 있는 지리산의 화개동천花開洞天은 우리나라에서 가장 넓은 차밭이 분포되어 있던 곳이다. 초의는 칠불사에 머물 때 그곳에서 생산되는 품질 좋은 잎차들이 형편없이 제다製茶되고 있는 것을 보고 안타까워하면서 『만보전서萬寶全書』에 실린 장원張源이 지은 「다록茶錄」에서 일부 내용을 발췌하여 『다신전茶神傳』을 등초謄抄하게 되었다고 한다.

중국 선종禪宗에서 고불古佛로 칭송되던 조주趙州선사는 누구나 찾아오면 '차나 한잔 마시게(喫茶去)'라고 했는데, 그 심오한 공안公案을 조선의 총림에서는 예사로이 쓰면서도 정작 차에 대해서는 제대로 알지 못했다. 그래서 『다신전』의 「발문跋文」에 '총림에 간혹 조주풍趙州風이 있어도 거의가 다도茶道를 알지 못하기 때문에 이를 베껴 후생들에게 보이기 위함이라' 하였다. 이는 선종의 최고 미학인 조주의 가풍을 알기 위해서는 먼저 차에 대한 바른 다법茶法을 알아야 되기 때문에 고전 속에서 이를 발췌하여 총림에서 널리 읽게 하려고 했다는 것이다.

초의 스님은 칠불사에서 동국의 칠불계맥七佛戒脈을 이으면서, 수행에 필수적인 계율戒律과 선정禪定과 지혜智慧의 삼학三學 가운데 근본이 되는 계율 정신을 다시 정립하였다.

수행의 바른 길잡이가 되는 것은 팔정도八正道이며, 육바라밀六波羅蜜이라 할 것이다. 이를 간략하게 말한 것이 삼학 즉 계율과 선정과 지혜라 할 수 있다. 이 가운데 계율은 삼학의 바탕이 된다. 마찬가지로 조주의 '끽다거喫茶去' 공안의 선풍禪風도 바른 다도에 기초해야 하는 것이며, 조주의 가풍을 알기 위해서는 다도를 제대로 알아야 한다.

초의로서는 칠불사의 인연이 승가의 기본인 계율에 대한 신념이 확고해진 곳이며, 또한 그런 계율 정신으로 제대로 된 다도를 위해 『다신전』을 등초하여 정리하였던 곳이기도 하다.

그런 다도를 위해 정리한 『다신전』은 곧 계율 정신을 바탕으로 사무사思無邪인 중정中正과 건영健靈의 다도관茶道觀이 배어있는 것이라 할 것이다.

초의는 『동다송』에서 차의 체體가 되는 물과 물의 신神이 되는 차는 서로 중정을 이루어야 하고, 중정을 잃지 않아야 건령健靈(건실함과 신령함)을 갖출 수 있는 불가분의 관계라고 했다.

이는 바로 성성惺惺과 적적寂寂을 함께 갖추는 성적등지惺寂等持이며,

또한 선정과 지혜를 함께 닦는 정혜쌍수定慧雙修와 같은 것이다.

수행이란 선정과 지혜를 함께 닦는 정혜쌍수이며, 그 선정과 지혜의 바탕이 되는 계율처럼『다신전』은 바로 다도의 율장律藏과 같은 것이라 할 수 있다.

『다신전』에서 조다造茶, 변다辨茶, 장다藏茶, 화후火候, 탕변湯辨, 포법泡法, 투다投茶, 음다飮茶, 품천品泉, 저수貯水, 다구茶具, 다위茶衛 등의 조목條目은 바로 다도의 계율 조목과 같은 것이다.

초의가 이렇게 등초하여 정리한 이『다신전』은 차茶의 전범典範이 되어 근래 한국 다도의 주령主嶺을 이루었다.

그리고 뒷날 해거도인海居道人 홍현주洪顯周(1793~1865)의 요청으로 지은『동다송』은 중국의 여러 명차名茶들에 못지않은 지리산의 차를 찬송한 불후의 명작이다.

◆ **다송자, 초의 다풍을 익히다**

다송자는 한국 다도茶道의 종가宗家인 송광사로 출가하여 제방의 종장들을 찾아 수학한 다음, 26세 때 대흥사의 범해梵海를 찾아가서『고문진보古文眞寶』『동래박의東萊博議』『사산비명四山碑銘』과 함께『범망경梵網經』과『사분율四分律』도 배웠다. 그리고 구족계具足戒와 대승계大乘戒를 받아 칠불七佛의 동국계맥東國戒脈을 잇게 된다. 범해는 일찍이 초의선사에게서 가르침을 받았고 또한 초의에게서 동국의 계맥을 전수 받았다. 초의선사 입적入寂 후에는「초의차草衣茶」라는 시를 지어 차의 법제法製를 자세히 기록하기도 했다.

범해는 초의의 사상을 가장 잘 이은 분이라 할 수 있다. 그리고 그의 문하에서 원응계정圓應戒定, 취운혜오翠雲慧悟, 서해묘언犀海妙彦, 금명보정錦溟寶鼎, 율암찬의栗庵贊儀 등 쟁쟁한 인물들을 배출되었다.

그리고 「다약설茶藥說」과 「다가茶歌」를 짓는 등 차와 관련된 많은 시문詩文을 남기기도 했다. 그래서 금명은 자신의 『백열록栢悅錄』에 초의의 「동다송」과 범해의 「다약설」 등을 직접 수사手寫하여 넣었다.

이 『백열록』에 손으로 직접 베껴 쓴 「동다송」은 여러 사본寫本 가

『백열록』에 실린 「동다송」 끝 부분　　『백열록』에 실린 「동다송」 첫 부분

운데서도 가장 정확한 것으로 알려졌다. 금명은 애송하던 「동다송」을 『백열록』에 필사하여 실으면서 송頌의 운韻이 바뀔 때마다 조운調韻의 표시를 하였다.

특히 제4구의 '素花濯霜發秋榮'에 대해 '영榮은 운韻이 맞지 않으니, 제1구의 덕德 제2구의 국國과 같은 입성入聲인 백白이 아닌지 의심이 된다(榮違韻疑白字)'라는 두주頭註도 하였다.

한 글자도 그냥 필사한 것이 아닌 그 안목을 느끼게 하는데, 다송자의 『백열록』을 참고하여 「동다송」을 옮겨본다.

東茶頌 　　　　동다송

后皇嘉樹配橘德	하늘이 은덕 내린 감귤 같은 좋은 나무
受命不遷生南國	천명대로 안 옮기며 남국에 자라면서
密葉鬪霰貫冬靑	촘촘한 잎 눈 속에도 겨우내 푸르고
素花濯霜發秋白	맑은 꽃은 서리 맞고 늦가을에 희게 피네
姑射仙子粉肌潔	고야산의 신선처럼 분바른 듯 맑은 살결
閻浮檀金芳心結	염부단의 황금인 양 향기로운 꽃술 맺고
沆瀣漱淸碧玉條	밤이슬이 맑게 씻은 벽옥 같은 가지마다
朝霞含潤翠禽舌	아침노을 머금어서 푸른 새의 혀와 같네
天仙人鬼俱愛重	하늘 신선 사람 귀신 누구나가 아끼나니
知爾爲物誠奇絶	너를 알면 됨됨이가 기특하고 절묘하다
炎帝曾嘗載食經	염제도 맛을 보고 식경에다 실었으며

醍醐甘露舊傳名	제호 감로 좋은 이름 예전부터 불러왔네
解酲少眠證周聖	주공님의 술을 깨워 잠이 적다 증명했고
脫粟伴菜聞齊嬰	안영님은 거친 조밥 차 나물에 먹었으며
虞洪薦饌乞丹邱	우홍님은 제물 바쳐 단구에게 차를 빌고
毛仙示叢引秦精	털보신선 진정 끌어 차 숲으로 안내했네
潛壤不惜謝萬錢	땅에 묻힌 혼령들도 만금으로 사례했고
鼎食獨稱冠六情	음식 중에 좋은 차는 육정에서 으뜸이며
開皇醫腦傳異事	수문제의 두통 나은 신이한 일 전해져서
雷笑茸香取次生	뇌소차와 용향차가 차례대로 생겨났네
巨唐尚食羞百珍	당나라 황실에는 온갖 진수 있었으나
沁園唯獨記紫英	심원에는 오직 홀로 자영차만 기록했고
法製頭綱從此盛	법제 잘한 두강차가 이때부터 성행하여
淸賢名士誇雋永	맑고 어진 명사들은 좋은 그 맛 자랑했네
綵莊龍鳳轉巧麗	용봉단차 비단 싸서 아름답게 장식하고
費盡萬金成百餠	만금 들여 백 덩어리 많은 떡차 만들지만
誰知自饒眞色香	누가 알까, 고운 색깔 맑은 향기 넉넉해도
一經點染失眞性	한 번만 오염되면 참 성품을 잃게 되리
道人雅欲全其嘉	옛 도인이 온전하게 좋은 차를 만들려고
曾向蒙頂手栽那	몽정산에 들어가서 손수 심고 고이 길러
養得五斤獻君王	다섯 근을 잘 만들어 임금님께 바쳤더니
吉祥蕊與聖楊花	길상예와 성양화라 아름다운 이름났네
雪花雲腴爭芳烈	설화차와 운유차는 짙은 향기 앞다투며
雙井日注喧江浙	쌍정차와 일주차는 강절에서 소문났고

建陽丹山碧水鄕	건양과 단산은 푸른 물의 고향이요
品題特尊雲澗月	품질 좋은 운간월이 으뜸으로 빼어났네
東國所産元相同	동국에서 나는 차도 원래 서로 같은지라
色香氣味論一功	빛깔 향기 맛과 기운 그 공덕이 한가지니
陸安之味蒙山藥	육안차의 맛이 나고 몽산차의 약효 있어
古人高判兼兩宗	두 가지를 갖추었다 옛사람이 평판했네
還童振枯神驗速	동자처럼 젊어지는 신통하게 빠른 효험
八耋顔如夭桃紅	팔십 노인 얼굴에도 복사 빛이 돌게 하니
我有乳泉	이 암자에 유천이 있지만
挹成秀碧百壽湯	아무래도 수벽탕과 백수탕이 되고 마니
何以持歸	어떻게 가져가서
木覓山前獻海翁	목멱산에 살고 있는 해거옹께 바치리오
又有	또 있나니
九難四香玄妙用	아홉 난제 네 가지 향 살려내는 묘한 법을
何以敎汝	어찌해야
玉浮臺上坐禪衆	옥부대의 좌선하는 대중에게 가르칠까?
九難不犯四香全	아홉 난제 안 어기고 네 가지 향 온전해야
至味可獻九重供	지극한 맛 구중 속의 님에게 바치리니
翠濤綠香纔入朝	푸른 찻물 녹색 향기 조정에 들어가면
聰明四達無滯壅	총명함이 사통팔달 막힘없이 통달하리
矧爾靈根托神山	더군다나 신령스런 삼신산에 뿌리내려
仙風玉骨自另種	신선처럼 맑은 모습 씨앗부터 다르니

綠芽紫筍穿雲根	푸른 싹과 자색 순은 바위틈을 뚫고나와
胡轣挈臆皺水紋	오그리고 펴지면서 물결처럼 주름지며
吸盡瀼瀼淸夜露	맑은 기운 밤이슬을 모두 흠뻑 마시고서
三昧手中上奇芬	삼매 속의 솜씨 따라 기묘한 향기난다
中有玄微妙難顯	그 가운데 현묘함은 나타내기 어려우니
眞精莫敎體神分	참정기는 물의 체와 차의 신을 구분 말라
體神	물의 체와 차의 신은
雖全猶恐過中正	온전해도 중정을 그르칠까 두려우니
中正不過健靈倂	중정을 안 잃어야 온건하고 신령하여
一傾玉花風生腋	옥화 한 잔 기울이면 겨드랑이 바람 일어
身輕已涉上淸境	몸은 맑고 가벼워져 하늘 올라 노니리라
明月爲燭兼爲友	밝은 달을 촛불 삼고 벗님마저 삼았으며
白雲鋪席因作屛	흰 구름을 자리 펴고 병풍으로 둘렀는데
竹籟松濤俱蕭凉	댓잎 소리 솔바람이 소슬하고 청량하니
淸寒瑩骨心肝惺	뼛속 깊이 맑아지고 정신마저 깨어난다
唯許	오직 허여하되
白雲明月爲二客	흰 구름과 밝은 달을 두 벗으로 삼으니
道人座上此爲勝	도인의 차 자리는 이러해서 수승하네
題跋	제발
草衣新試綠香烟	초의 스님 새로 만든 맑고 푸른 향기는
禽舌初纖穀雨前	새 혀처럼 섬세하여 곡우 전에 만든 차니
莫數丹山雲澗月	단산의 이름난 운간월을 비교 말라

滿鍾雷笑可延年　　찻잔 가득 뇌소차에 수명이 늘어나네
　　申承旨白坡居士題　　신승지 백파거사 지음

3) 일상 속에 구현한 다송자의 다풍

다송자는 차가 보조국사와 진각국사의 전법기연傳法機緣이 된 후로 수많은 조계의 고승들로 전해져온 조계산문의 다풍茶風을 이었다. 또한 제방에서 유학하며 각 산중의 다풍도 익히고, 나아가 대흥사 초의 스님의 다풍을 이은 범해 스님의 영향도 받았다.

한국 간화선의 종가宗家 출신답게 '무자無字' 화두話頭를 참구하면서, 시대를 넘어 조주의 다풍을 엿보고 육우陸羽의 『다경茶經』도 상고詳考하면서, 차에 대한 풍부하고 폭넓은 지식과 경험을 집대성하였다.

다송자는 수학하고 교화하면서, 제방을 유력遊歷하는 동안 승僧과 속俗을 넘나들고, 유儒와 불佛을 교유하면서『다송문고茶松文稿』와 『다송시고茶松詩稿』속에 많은 시문詩文을 남겼다. 그 가운데는 70여 편의 주옥 같은 차에 대한 시문이 들어 있으니, 근세 한국 차시茶詩의 금자탑을 이룬 분이라 할 수 있다.

다송자는 일상 속에서 다선일여茶禪一如의 경지에서 나아가 다선일향茶禪一香의 향기로운 인품을 구현한 진정한 다인茶人이라 할 것이다.

그래서 송광사에서는 지난 2001년 10월 14일에 석학석學들을 모시고 〈다송자茶松子 금명보정錦溟寶鼎의 생애와 사상〉이라는 주제로 학술회의를 가진 바 있으며, 그날 경내의 입구에 새로 지은 아담한 집에 다송자의 차 정신을 기리고 차의 대중화를 위해 다송자원茶松子苑(일명

茶松苑)을 개설하기도 했다.

송광사 방장方丈이었던 범일보성梵日菩成 스님은 그때 다음과 같은 요지의 법문을 하였다.

"조계산 입구에 몇 칸의 다실茶室을 마련하고 다송자茶松子 금명보정錦溟寶鼎선사의 가풍을 기리기 위해 다송원茶松苑이라 이름하니, 여기는 넓지도 않고 좁지도 않다.

금명錦溟의 물은 짜지도 싱겁지도 않아
밥을 지을 수도 있고 차를 달일 수도 있도다
조계산에 보배로운 돌솥(寶鼎)을 걸어놓고
뿌리 없는 차나무의 잎을 따다가 알맞게 달이니
그 맛이 제호醍醐보다 수승하여
이것이 참다운 감로의 맛이로다
옷깃을 풀어헤치고 소나무 아래 앉아
상쾌하게 이 차 한잔을 마시니
나고 죽음이 없는 도리가 진극盡極하도다
그 옛날 조주선사가 권하던 차와
오늘 금명선사의 차 맛이 같은가, 다른가?

한가한 구름은 비를 뿌리지 않고
푸른 산 앞으로 무심히 날아가네!

人來茶松苑	사람들이 다송원을 찾아온다면
獲無量利益	한량없는 이익을 얻게 되리라
萬事放下着	세상의 모든 일을 놓아버리고
快來喫茶去	즐겁게 이 차 한잔 마셔보게나!"

4) 다송자 이후의 송광사 다풍

송광사에서는 다송자 금명 이후 일제日帝 때에도 연해蓮海, 취봉翠峰, 금당錦堂, 성공性空, 인암忍庵, 계룡溪龍 등에 의해 차 살림이 이어져왔다.

그러다 1938년 금강산 출신인 효봉曉峰(1888~1966)선사가 이 도량에 주석하면서 선풍禪風이 새롭게 진작되었고, 그 다풍茶風도 선원에서 정진하는 스님들에 의해 면면히 이어져오고 있었다.

다송자 출가 이전에 송광사의 선지식들을 참방하고 정진하며 송광사의 다풍에 흠뻑 젖었던 용악혜견龍嶽慧堅의 법손法孫인 효봉선사의 오도송悟道頌에는 독특한 격외格外의 다풍이 잘 드러난다.

海底燕巢鹿抱卵	바다 밑 제비 집에 사슴이 알을 품고
火中蛛室魚煎茶	불난 거미집에 물고기가 차 달이네
此家消息誰能識	이 집안 소식을 뉘라서 알겠는가
白雲西飛月東走	흰 구름은 서쪽으로 달은 동쪽으로 가는구나

해방 후 전남 여수에 주둔하던 군인들의 반란사건이 일어나, 전남 동부 지역의 많은 민간인들이 희생당한 사건이 있었다. 그 반란군들

이 패하여 조계산으로 들어와 이 산을 거점으로 분탕질을 해대고 연이어 6.25 동란이 일어나 반란군과 빨치산들에게 시달림을 당하면서 휴전하기까지 6년 동안이나 송광사 대중들은 강제 소개疏開 당하였으며, 그런 와중에 사찰 중심부가 병란 속에 소실燒失되어 도량이 피폐되었다. 금당錦堂, 취봉翠峰, 인암忍庵 스님을 비롯한 사부대중들은 원력을 세우고 온갖 고초를 겪으면서 폐허가 된 이 도량을 간신히 복구하였다. 그리고 1960년대 말에 조계총림曹溪叢林이 설립되고 효봉선사의 제자인 구산九山(1909~1983) 스님이 방장으로 주석하면서 다시 조계산의 수행 가풍이 되살아나고 다풍도 다시 살아났다. 구산선사는 대중들과 함께 손수 만든 차로 내방객들을 제접提接하였고, 상당上堂 설법 때에도 차를 소재로 많은 법문을 남겼다. 그 가운데 1971년 하안거 때인 4월 그믐날의 상당법어上堂法語를 소개한다.

— 전략前略 —

조주선사가 어떤 스님에게 물었다.
"여기에 와 보았던가?"
그 스님이 답하였다.
"와본 적이 있습니다."
선사가 말하였다.
"차나 한잔 마시게!"
또 다른 스님에게 물었다.
"여기에 와 보았던가?"
"와보지 못했습니다."

선사가 말하였다.

"차나 한잔 마시게!"

이를 보고 원주院主가 물었다.

"어찌하여 여기에 와보았다고 해도 차나 한잔 마시라 하고, 와보지 못했다고 하여도 차나 한잔 마시라고 하십니까?"

선사가 "원주여!" 하고 불렀다.

원주가 대답을 하니 선사가 말하였다.

"차나 한잔 마시게!"

천복일遷福逸선사가 이에 송頌하였다.

叢林宗匠實難加	총림의 종장으로 더할 나위 없으니
臨事何嘗有等差	일을 할 때 그 무슨 차등을 두겠는가
任是新來將舊住	새로 오는 사람이나 살았던 사람이나
慇懃祇是一甌茶	한 잔의 차만을 은근히 권하였네

법진일法眞一선사가 이에 송頌하였다.

人來訪趙州	사람들이 찾아와 조주에게 물으면
唯道喫茶去	차나 한잔 마시라는 그 말만 하는구나
無端院主不惺惺	영문 모른 원주는 어리둥절 하였으니
更與一甌令惺悟	다시 한잔 차를 주어 깨닫게 하였네

이상의 두 노숙老宿은 향상일로向上一路만 알았고 전신轉身할 곳을 모른다. 그러나 지금 나(九山)는 그렇지 않다. 게송으로 말하리라.

諸方衲子辨來端　　제방의 납자에게 왔던가를 물어보니
玉露淸風不堪論　　옥로의 맑은 바람 아무도 말 못하네
夜深境寂無珍品　　밤은 깊어 고요한데 진품이 없지만
一椀慇懃一味新　　한잔 차에 은근히 한 맛이 새롭구나
一味新兮還知否　　한 맛이 새로움이여! 그것을 알겠는가?
明鏡元來絶點痕　　밝은 거울은 원래부터 흔적이 없다네

이상은 구산선사께서 조주 스님의 '끽다거喫茶去' 공안으로 대중을 탁마琢磨하시던 법문이다.

송광사는 여기에 주석하였던 보조국사, 진각국사, 원감국사 등 선사先師들이 해동에서 다선일여茶禪一如 사상의 원류源流를 가장 잘 지켜왔던 도량답게 지금도 이곳 총림叢林의 선원禪院, 강원講院, 율원律院에서 수행하는 스님들은 그 다풍을 잘 이어가고 있다.

5) 다송자 연구의 미래

송광사의 대공덕주이신 다송자 금명선사의 삶을 흠모하여 스님의 생애와 사상과 업적 등을 부분적으로 간략하게 소개하면서 또한 스님이 정립한 종통과 다풍도 나름대로 살펴보았다.

필자의 짧고 좁은 소견으로 그분에 대한 고찰이 편협되고, 미진한 점이 많을 것이다. 미진하고 잘못된 부분이 있다면 눈 밝은 분들의 연구로 밝혀주기를 바란다.

우리 학계에서 아직은 그분이 남긴 방대한 자료에 대한 연구는 걸음마 단계이다. 스님께서 남긴 자료들이 거의 한문으로 되어 있어서 한글세대에게는 어렵게 다가올 것이다. 그래서 가장 시급한 과제는 『한국불교전서』에 실린 금명 스님의 유고 번역이라 하겠다. 이를 바탕으로 앞으로 지혜로운 안목을 갖춘 학자들이 다송자 금명보정선사에 대한 연구를 보다 깊고 폭넓게 해주기를 기대한다.

제5장

다송자 금명의 차시
茶詩

◉
다송자의 『다송시고茶松詩稿』에는
1,100여 편의 시가 수록되어 있다.
그 가운데 차와 연관된 것만 뽑아
순서대로 싣는다.

01
고인과 이별하며
惜別故人

早闢雲扉出送壇	안개 낀 사립 열고 송별하러 나서니
高情惜別臭如蘭	헤어지기 아쉬운 정 지란의 향기 같고
歸路楚山吳水隔	가는 길이 초산과 오수처럼 멀어져도
結懷塞月雪氷寒	맺은 마음 달빛 속 빙설 같이 차갑겠지
茶友雖無忘後約	다우여 뒷날 기약 잊을 리 없겠지만
石君難道往平安	석군이여 어려운 길 평안히 가시라
靑山如默水如怒	청산은 잠잠한데 녹수는 성내는 듯
把寄玆心一寸丹	한마디 붉은 마음 여기에다 부치네

02

서불암 저문 봄에
西佛庵暮春•

伴來春色欲先歸	함께 왔던 봄빛이 혼자 먼저 가려 하니
禽蝶相猜紅雨飛	새와 나비 시샘하고 붉은 꽃비 흩날린다
有時興感觀蒼海	감흥이 생길 때는 창해를 바라보고
課日經營禮白衣	날마다 하는 일은 백의관음 절을 했네
嬌彼鶯兒家富貴	꾀꼬리의 금빛 교태 집안이 부귀롭고
愛斯叢菊漸芳菲	국화 떨기 사랑하니 향기가 점점 난다
旅裡光陰何迅速	나그네길 세월은 어찌 빨리 지나는가
江南三月故人稀	강남의 삼월에 아는 사람 드물구나

• 서불암西佛庵은 고흥의 팔영산 백운동에 있었던 암자로 금명보정 스님이 관음기도 했던 곳이다.

九十韶光靜裡過	구십일의 봄빛이 고요 속에 지나가서
到今信覺歲如波	이제 보니 세월이 물살처럼 빨리 갔네
花院嬌顏風後減	바람 불면 꽃밭의 고운 얼굴 줄어들고
茶田漱舌雨前多	비 내리니 차밭에는 여린 잎이 많아진다
僻地却忘盃上樂	외진 데라 잔 비우는 즐거움을 잊게 되고
禪林未放紐頭歌●	선림禪林에 화두 고삐 놓을 수 없었네
雖非呑吐無生味	무생無生의 깊은 맛을 제대로 모르지만
要喜叨參十種科	십종의 과목을 기꺼이 참구하리

● 유두가紐頭歌 : 수레의 고삐를 단단히 쥐듯 정진하는 것. 목우가牧牛歌

03

다려茶廬화상과 함께 등불 아래에서 주고받다
茶廬和上燈下酬唱

2首
乙未夏
1895년 여름, 35세

午睡方濃渡小川	낮잠이 졸리운데 작은 냇물 건너와서
高師飛錫宿雲邊	큰스님 석장이 구름 속에 묵으니
風行竹樹聲飜雨	대숲에 바람 불면 비 내리는 소리인가
日到松門影射烟	사립문에 해 비치며 이내 빛이 아른대네
百斛瓊章看意外	백곡의 좋은 문장 뜻밖에 보게 되고
千根芍藥滿庭前	천 그루 작약은 뜰에 가득 피었구나
談笑浮生非偶得	뜬세상도 우연한 일 아니라고 담소하니
始知浩劫做淸緣	여러 겁에 맑은 인연 맺은 줄을 알리로다
參學十年未見眞	십 년 동안 참구해도 진리를 모르고
行尋芳艸過三春	방초 속을 헤매면서 삼춘三春이 지나갔네
栢樹枝枝皆法語	잣나무 가지마다 모두가 법어요
苔嵓面面惚仙人	이끼 덮인 바위들은 전부가 신선이라
庭花灼灼猜雲影	뜰의 꽃은 구름 그림자를 미워하니
塢竹層棱附此身	언덕 대숲에다 이 몸을 의지하며
浮生半夜淸閑趣	뜬세상 깊은 밤에 청한한 맛을 알아
故使遲遲待月輪	느릿느릿 둥근달이 떠오르기 기다린다

萬像推來一氣同	만상이 밀려와도 기운은 하나이니
都盧只管地天風	모든 것은 천지의 바람으로 사라지네
榴當五月猶生色	석류는 오월되면 더욱더 빛나지만
人未百年已若翁	사람은 백 년 안에 이미 늙고 마는 것을
經世多難船泛海	바다 위에 배 띄우듯 세상살이 어렵지만
鍊形漸似雀飛空	허공 나는 제비처럼 그 모습 단련하네
從此方知先聖誡	이로부터 옛 성인들 경계하심 알아서
和光隨俗處時中	세속과 어울리며 시세를 따라가리

天下名區一局基	천하의 명승지에 터전 하나 잡아서
中開二八國師坮	그 가운데 십육 국사 도량을 열었는데
溪光十里琉璃匝	유리 빛 시냇물은 십 리를 둘렀고
岳色千年碧石堆	푸른 바위 천 년 동안 산 속에 쌓여 있네
百尺雕樑題學士	백 척의 들보에는 학사 문장 걸려 있고
三層邯宇御如來	삼층의 전각에는 부처님을 모시었다
纔登禪院因成夢	선방에 올라가 일장춘몽 이루는데
笑說老錐茶一盃	노스님은 웃으면서 한잔 차를 권하네

東寺西庵隣近從	동서쪽에 절과 암자 가까이 있어서
月兄茶弟意含容	달과 차를 서로 즐겨 형제처럼 뜻이 맞고
臥雲不愧紋身虎	구름 속에 누웠으니 표범보다 떳떳하며
見道亦降藏鉢龍	도를 깨쳐 용을 잡아 발우 속에 감추었네
百歲佳名庭秀菊	백 년의 좋은 이름 뜰에 피는 국화요
三時香飯谷生松	세 끼의 향반은 골짜기의 소나무라
此地情期如未信	여기의 정든 기약 믿어지지 않는가
昔人高趣在廬峯	옛사람 높은 정취 여산에 있었다네

04

은적암 초당의 운을 빌리다
次隱寂庵草堂韻

隱寂庵西一小家	은적암 서쪽 작은 집 가운데
祖宗趣旨浩無涯	조종의 깊은 뜻이 넓고도 끝없네
數行玉偈齋前誦	몇 줄의 좋은 글귀 공양 전에 외우고
半掬清茶飯後佳	밥 먹은 뒤 반 움큼의 맑은 차를 즐긴다
覺道庭生菩提樹	도를 깨쳐 뜰에는 보리수 자라나고
傳心天雨優曇花	마음 전해 하늘에 우담바라 흩날린다
先師軌則如相識	옛 스님의 궤칙을 서로가 알 만하니
卽是打牛不打車	곧장 소를 때리고 수레를 안 때리네

05

겨울비
冬雨

昨雨濛濛雪上加	어제는 눈 위에 부슬비가 덧내리고
簷零注雹韻如歌	처마 끝에 낙숫물은 노래하듯 방울지네
細流氷石易蹉屐	얇게 흘러 얼은 돌에 나막신이 미끄럽고
亂洒凍爐難點茶	젖은 화로 얼어 터져 차 달이기 어렵구나
霜野添波掀浪沒	추운 들판 물이 불어 물결은 뒤집히고
寒枝結滴撒珠多	찬 가지에 맺힌 방울 진주들을 뿌렸는가
地雷初動天風靜	땅에 소동 일어난 뒤 하늘 바람 고요한데
萬物從沾一色斜	만물은 젖어서 한 빛으로 되었네

06

차를 달이며
煎茶

有僧來叩趙州扃	스님네가 찾아와서 조주문을 두드리면
自愧茶名就後庭	다송자 이름값에 후원으로 나간다
曾觀海外草翁頌	해남의 초의선사『동다송』을 진작 읽고
更考唐中陸子經	당나라 육우의『다경』도 살피었네
養精宜點驚雷笑	정신을 깨우려면 경뢰소驚雷笑가 제격이요
待客須傾紫茸馨	손님을 맞으면 자용형紫茸馨을 기울이네
土竈銅瓶松雨寂	질화로 동병 속에 솔비 소리 멎고 나면
一鍾禽舌勝醍靈	한 잔의 작설차는 제호보다 신령하다

07

은적암에 올라
上隱寂庵

有菴寂寂白雲間	흰 구름 사이에 적적한 암자 있어
路滑蒼苔升樹閒	나무 틈새 길을 따라 푸른 이끼 미끄럽네
筇投上界千林鳥	막대기로 새소리를 짚으면서 올라가니
眼掛天涯萬朶山	눈길에 하늘가 만겹 산이 걸린다
數掬香羞茶半飽	좋은 음식 몇 접시에 차는 반쯤 배부른데
一聲草笛月中還	풀피리 소리가 달빛 속에 돌아온다
問君尺地來何暮	가까운 데 있으면서 어찌 늦게 찾아오나
第待登庭不掩關	그대를 기다리며 문을 걸지 않았다네

08

이별을 아쉬워하다
惜別

一樓半月一燈奇	누각에 반달 뜨니 등불 하나 걸리는데
四友相看任所之	네 벗이 서로 보며 제 갈 길을 생각하네
思鄕羈緖紛雲絮	구름처럼 흩어지는 나그네의 고향 생각
惜別餘魂唱竹枝*	이별의 남은 정이 죽지가竹枝歌를 부르네
上房禪院人空處	상방의 선원에는 사람들이 비어있고
高閣鐘沈磬歇時	높은 누각 종소리도 풍경마저 잠든 때에
隨緣分合那能久	만나면 헤어지니 이 인연도 오래갈까
迎臘明朝且小遲**	잠시 지나 아침이면 여름 안거 끝나리라

百日紅何當日飛	백일홍이 어찌하여 햇살 아래 날아가며
飄然分着升枝扉	표연히 흩어지다 사립문에 붙어있고
夢惺枕上雲猶宿	꿈을 깬 베개 위에 구름 아직 잠자는데
霧罷松端鶴亦歸	안개 걷힌 소나무에 학이 다시 돌아왔네
風木疎籬琴瑟瑟	울타리 가지 끝에 거문고의 슬슬 바람
雨林煙浪鷺依依	안개비 젖은 물에 해오라기 멀어지며
石窓如水心如鏡	산창은 물 같고 마음은 거울인데
野語客踪山外稀	세속의 인기척이 산속에는 드물구나

千岩萬木一涼生　　온갖 바위 나무들에 서늘함이 일어나니
不是風聲卽雨聲　　바람 소리 아니라면 비 오는 소리인가
橋頭烟柳山猶暗　　다릿가 안개 버들 이내 산은 더욱 어둑하고
鏡裏流沙水自明　　거울처럼 맑은 물이 모래 위에 흘러가네
惜別人歸雲北路　　헤어져 구름처럼 북쪽 길로 돌아가면
讀書君向海南城　　그대는 공부하러 해남 땅을 향하겠지
趙老品題且莫問　　조주 스님 관한 일을 다시 묻지 말게나
僧來不答愧茶名　　스님 와도 대답 못해 다송자가 부끄럽네

睡鶴啼猿摠客愁　　우는 짐승 잠든 새는 나그네의 근심인데
溪山雲雨感如流　　조계산 안개비에 그 느낌이 흐르는 듯
默而不答人無恙　　묵묵히 대답 않고 탈 없기만 바라면서
蓮與荷芳我自羞　　연꽃 같은 그 향기에 내가 절로 부끄럽네
眼皮懶開知減課　　눈꺼풀이 게을러져 하는 일도 줄어들고
胸襟頻動覺會秋　　가슴속은 가을처럼 늙어감을 느끼나니
簷零如注庭如海　　낙숫물 쏟아져 마당 물이 불어나면
風葉吹來片片舟　　단풍잎 불어와 배가 되어 떠다니리

- 　죽지가竹枝歌는 악부樂府의 한 체體. 그 지방의 풍속을 노래한 것을 말한다.
- ●　영랍迎臘 : 승려들은 여름 안거安居를 마치면 승랍僧臘이 늘어나므로 여름 안거가 끝나는 음력 7월 15일을 납일臘日이라 한다.

09

감회를 적다
述懷•

坮下茶泉坮上亭	뜰아래는 다천이요, 뜰 위에는 정자 있어
軒門廣遠鎭南溟	집의 문은 넓고 멀어 남쪽 물길 눌렀으니
鏡中聲色千年穩	거울 속의 빛과 소리 천년 동안 평온하고
畵裡江山數點靑	그림 같은 강산은 몇 점이나 푸르구나
百尺欄干風纔定	백 척의 난간에 바람이 겨우 자고
一鍾雷笑夢初惺••	한 잔의 뇌소차에 꿈이 처음 깨어나
隱几遙聞滄浪曲	책상 기대 저 멀리 창랑곡 들으니
淸纓濁足任他泾	물 맑으면 갓끈 씻고 물 흐리면 발 씻으리

• 이 시는 금명이 광원암廣遠庵에서 『화엄경』을 강의 할 때 지음.
•• 뇌소雷笑는 경뇌소驚雷笑를 말하며 일찍이 봄의 우레 소리를 듣고 깨어난다는 차의 이름이다.

10

백양산인 종宗과 원元 두 사람을 보내며
送宗元兩人白羊山人

西南得高士	서쪽과 남쪽에서 좋은 벗 만나
又兼北與東	북쪽과 동쪽에도 뜻이 높으니
吹簫秋夜月	가을 달밤에 피리를 불고
擧帆夏江風	여름 강바람에 돛을 올렸네
報土隨緣異	사는 곳은 인연 따라 다르겠지만
歸心到處同	간 곳마다 돌아가는 마음 같으니
莫恨霜花盡	서리꽃이 스러진다 한탄 마시라
重期雨後紅	비 온 뒤에 꽃은 다시 붉어진다오

又絶七 — 다시 칠언을

嶺北湖南何事分	무슨 일로 영북과 호남으로 갈라지나
離緣此日送諸君	이별하며 오늘은 그대들을 보내는데
水自源源山自立	물마다 근원 있고 산은 절로 서 있으니
不勝江樹渡頭雲	강나루 나무 위의 구름보다 못하구나

白雲雁歸北	흰 구름 기러기는 북쪽으로 돌아가고
明月客來東	밝은 달 나그네는 동쪽에서 오는구나
雲月相逢夜	흰 구름 밝은 달이 만나는 밤에

| 幸思松下風 | 송광사의 가풍을 생각하면 다행이네 |

又   또

一叢霜菊領秋頭	한 떨기 서리 국화 피어나는 가을날
有意時來積翠樓●	생각나서 가끔씩 적취루에 오르면
墨池烟涤流雲合	연못에 비친 구름 수묵화로 흘러가고
茶竈香傳紫茸浮●●	다로에 자용형의 향기가 뜨는구나
情出詩思兼酒興	정취 솟아 시상과 주흥이 일어나고
友餘楓岳又楊州	벗님네가 풍악과 양주에서 찾아와
一片心猿隨境轉	잔나비 닮은 마음 경계 따라 변해가니
空山殘水卒難收	공산에 남은 물을 거두기가 어렵구나

天心知我心	하늘은 우리의 마음을 알아
雲雨下西東	동서의 어디에나 비를 내리니
把盃繾綣意	잔을 들고 두터운 정 잊지 못하여
小待夕陽風	석양의 바람을 기다린다네

●   적취루積翠樓는 조계산 광원암의 누각이다.

●●   자용향紫茸馨은 자색 빛이 나는 향기로운 차를 말한다.

11

호宗과 문文 두 스님을 금강산으로 보내면서
送昊文兩上人金剛

西風獨倚望思坮	서풍 부는 망사대에 홀로 기대 바라보니
人自歸鄕秋自來	사람들 고향 가듯 가을이 절로 온다
一區楓岳天涯遠	풍악산이 있는 곳은 하늘가에 아득한데
千里楊州杖外開	천 리 밖 양주 땅을 막대 짚고 찾아가네
應同明月虧還滿	이지러져 다시 둥근 밝은 달이 될지언정
莫學滄溟去不回	벽계수가 창해 가면 오지 않듯 하지 말게
無端囀去林邊鳥	까닭 없이 지저귀는 숲속의 새들이
喚友一聲空自哀	벗 부르는 소리에 부질없이 슬퍼진다
槐亭七里上	정자에서 칠 리나 따라 올라가
握手語歸來	손을 잡고 이별하며 돌아온 뒤에
休唱陽關曲●	양관곡 부르는 것 그만두고서
點茶更一盃	차를 달여 또 다시 한잔 마시네

● 양곡관陽關曲은 이별 노래를 말한다. 중국 당唐의 시인이자 화가인 왕유王維가 사신으로 떠나는 벗 원이元二를 아쉬워하며 지은 송별의 노래로 다음과 같다.

渭城朝雨浥輕塵	위성의 아침 비가 흙먼지를 적시니
客舍青青柳色新	여관에 푸르른 버들 빛이 산뜻한데
勸君更盡一杯酒	그대여 권하노니 다시 한 잔 술을 들라
西出陽關無故人	양관 땅 서쪽에는 아는 벗이 없으리

12

국천菊泉을 찾아
訪菊泉

秋滿山家露滿天	산집에 이슬이 가득 내린 가을날
輕輕葛袖訪詩仙●	가벼운 갈옷 입고 시선詩仙을 찾아와서
沈唫久坐寒窓下	오래 앉아 읊조리는 차가운 창문 아래
法語淸茶忽罷眠	법어와 맑은 차에 홀연히 졸음 깬다

● 갈수葛袖는 갈옷을 말하며, 칡넝쿨 껍질에서 뽑은 실로 짠 옷이다.

13

각초 상인에게 화답하다
和覺初上人

喧卅幽林日欲西	우거진 숲속에 날은 지려 하는데
門烏告吉幾時啼	까마귀 몇 번 울며 좋은 소식 알리네
桄影升陰涼入戶	산그림자 들어오니 집 안이 서늘하고
茶香菊色韻墮溪	차 향기와 국화 빛에 시냇물이 노래하네
靜居高矜庭花富	혼자 사는 높은 긍지 뜰의 꽃이 넉넉하고
閱世風情胸海低	세상 풍정 보는 가슴 바다 같이 너르다
春分秋合何心意	봄날에 헤어졌다 이 가을에 어떤 일로
更喜霜天一席齊	한자리에 다시 만나 앉은 것이 기쁘구나

14

송상사를 찾아가서 못 만나고
訪宋上舍不遇•

暮携隻履摳衣來	날 저물어 신을 끌고 조심스레 찾아와
仰打高門慣面開	높은 문을 두드리니 아는 이가 열어주네
上舍出門林鳥宿	송진사는 외출하고 숲의 새는 잠드는데
紅燈夜半煎黃梅	등불 켜고 깊은 밤에 황매차를 달인다

• 상사上舍는 성균관 박사. 송상사宋上舍는 염재念齋 송태회宋泰會를 말한다.

15

송광사 문수전에서 오율
大智殿五律●

靜裡光陰逝	고요히 시간은 흘러가면서
家中歲月催	집 안의 세월을 재촉하구나
摘松香滿鉢	솔잎 따서 발우에는 향기 넘치고
煮茗月生盃	차 달이니 찻잔 속에 달빛 어린다
向從三聖去●●	예전에는 삼성을 따라가더니
今自五峰來●●●	지금은 오봉에서 찾아오나니
錯認寒山路●●●●	한산으로 가는 길을 잘못 알고서
暫登般若坮●●●●●	잠시 동안 반야대에 올라왔었네

● 기해己亥(1899)년에 송광사의 각 전殿에 대해 읊은 시 가운데 하나이다.
●● 삼성三聖은 석가모니불, 문수보살, 보현보살을 말한다.
●●● 오봉五峰은 오대산을 말하며, 문수보살이 상주하는 곳이다.
●●●● 한산寒山은 문수보살 화현, 습득拾得은 보현보살 화신을 말한다.
●●●●● 반야대般若坮는 문수보살이 상주하는 곳으로 송광사 대지전(현 문수전)을 말한다.

16

감회를 적다
述懷

昨來西走又東飛	지난날 서쪽 동쪽 날고뛰고 하면서
不意明年那處歸	내년에 어디로 돌아갈 줄 모르지만
濡腹珍羞茶與糒	차와 밥을 마음대로 배불리 먹으며
隨身道具鉢兼衣	몸에는 옷과 발우 도구를 갖추었네
心行忍辱無人我	마음에는 인욕 닦아 너와 내가 없으니
口掛毘耶絶是非•	비야처럼 입을 닫아 시비가 끊어졌고
淸晨睡起閑凭几	맑은 새벽 잠이 깨어 책상에 기댔으니
滿目秋光月色微	온 누리의 가을빛에 월색이 미묘하네

• 구궤비야口掛毘耶는 비야리(바이살리)성에 사는 유마거사가 문수보살과 불이법不二法을 이야기하다가 아무 말이 없었다는 고사.

광주 최하사에 화답하다
和光州府崔下士二首

庚子在任時
경자년(1900) 재임 시

地有名區天有星	땅에는 명승지요 하늘에는 별이 있고
人於遮裡最爲靈	그 가운데 사람이 으뜸으로 신령한데
居釋住持千古寺	스님들이 살고 있는 천년의 옛 절에
遠賓題咏一高亭	먼 길손 찾아와 정자에서 읊조린다
江山淑氣松猶碧	맑은 기운 솔빛에 강산 더욱 푸르고
秋水文章眼尙靑	가을 물의 문장에 눈이 더욱 밝아지네
半日逢場情無極	반나절 만났어도 인정은 끝이 없어
更駕芳舟下月汀	다시 배를 띄워서 시내로 내려간다

又 또

十年自在此山中	십 년을 스스로 이 산속에 살면서
坐覽江湖不用節	강호를 안 다녀도 눌러앉아 구경했네
大人氣局龍藏海	대인의 기국이 바닷속의 용이라면
小釋行威虎踞峯	스님네 위의는 산에 사는 범이로다
聯衿說話無非玉	마주앉아 하는 말은 모두가 금옥 소리
滿壑烟霞太半松	산골의 연하 속은 반쯤이 소나무라
旣飽粱肉眞羞客	고기 쌀밥 좋은 음식 배부른 나그네가
何願蔬荀茶一鍾	어찌하여 나물밥에 차 한 잔을 바라는가

18

승평의 윤주정과 결사하다
與昇平尹主政結社

〈13首 中 제 5首〉

蒼葛紫藤繞竹籬	칡넝쿨 등넝쿨과 대울타리 둘러 있고
一樓飛出碧山湄	푸른 산의 물가에 누각 하나 솟아 있네
高僧遺法天心正	큰스님들 끼친 법력 천심天心으로 바르니
遠客芳隣月影隨	손님네와 이웃들이 달그림자 따르듯
看菴起喚簷端鶴	암자의 처마 끝에 학을 찾아 부르고
煮茗坐招屛後兒	차 달이며 병풍 뒤의 아이를 찾는데
知賓香供來何晚	손님에게 올릴 향공 어째 이리 늦게 오나
猿破枯槎石上炊	잔나비는 땔감 꺾어 돌 위에 불 피우네

19

섣달그믐날 밤에
臘日除夜

東明欲喪有南朋	동명東明이 가려 하면 남붕南朋이 있어서
送舊迎新事葛藤	옛것 가고 새것 오며 세상일이 뒤엉키니
鎭日人奔交遞路	종일토록 사람들이 오가는 길거리에
通宵燈揭牛鉤繩	밤새도록 등불 켜서 새끼줄에 걸어두네
茗煎石甌殃雪湯	차 끓이는 돌단지에 재앙의 눈이 녹고
檀焚寶鴨福雲騰	향 사르는 향로에는 복의 구름 피어난다
殘年此夜誰回避	저문 한 해 이 밤을 어느 누가 회피하랴
愧我明朝亦不能	내일 아침 못 피하니 그것도 부끄럽네

20

경운 스님께 올림
上擎雲和上

壬子三月
1912년 3월

沒泥芒屨上雲房　　　진흙 길에 신을 끌며 경운 스님 방에 올라
喜攬高師雜貨囊　　　큰스님 살림살이 즐겁게 뒤적이니
燕含舊誼能成語　　　제비는 옛정을 입에 물고 지저귀며
鶯和無生巧囀簧　　　꾀꼬리는 무생의 젓대 소리 굴린다
世情疑向鍾聲斷　　　세상의 근심걱정 종소리에 끊어지고
眞契認從水道長　　　진리를 찾는 마음 물길 따라 길어지니
茶話香緣還說罷　　　차와 향에 얽혀있는 이야기를 그치고서
劫前一線付淸狂　　　공겁 이전 한 실낱에 미친 멋을 부치노라

21

산에 머물며 시를 읊다
山居漫吟

身作閑雲影自孤	구름 같은 신세에 그림자도 외로워
故携群鶴强相呼	학의 무리 손짓하며 억지로 불러보네
煎茶常誦東茶頌	차 달이며 언제나 「동다송」을 외우고
佩印必摹南印圖●	인장을 찰 때에는 남인도를 본받는다
萬法難明休問有	만법을 못 밝히어 있는 것을 묻지 않고
一眞不達莫觀無	진공을 모르니 없다고도 보지 말라
如何坐罷蒲團學	어떻게 좌복 위의 참학을 끝내고서
對境應機二利俱	중생 근기 대응하며 자리이타 갖추리오

● 남인도南印圖는 남쪽을 가리키는 지남철指南鐵로 만든 패철佩鐵.

22
늙은 바위
老岩

簇立層巒問幾年	뾰족하게 솟은 산에 몇 년이나 서 있었나
怳然癯鶴下諸天	멍청한 병든 학이 하늘에서 내려온 듯
驚眠白鷗飛雲外	하얀 곤새 놀라 깨어 구름 밖을 날아가고
入定胡僧坐月邊	선정에 드신 스님 달빛 가에 앉았구나
金像依俙南極老	금빛 모습 남극의 노인성과 비슷하고
玉容彷彿赤松仙	맑은 얼굴 적송자 신선과 방불하며
崑山不遠蓬萊近	곤륜산 멀지 않고 봉래산이 가까우니
應有朝茶暮起烟	아침에는 차가 있고 저녁에는 연기 피네

23

방장산의 국은계 형과 청원루에서 만나
與方丈山菊隱戒兄會淸遠樓

雨待人垂滌舊愁	사람 오니 비가 내려 옛 시름 씻어내고
春情如滑更如流	봄의 정취 미끄럽게 또다시 흘러갔네
菊已吐香斯佳節	국화 향기 토해내는 이 좋은 시절에
茶何減味不淸遊	차 맛 어찌 줄어들까, 맑은 놀이 없으리까
白日多憎頻上下	밝은 해가 뜨고 지며 가는 세월 싫어하고
靑年自愧換春秋	청년들은 봄가을이 바뀌는 것 원망하네
因緣會散曾難記	만났다 헤어지는 인연이란 모를 것이
不意吾兄到此樓	뜻밖에 우리 형이 이 다락에 오셨구려
天許此身入翠微	하늘은 이 몸의 출가를 허락하여
飄然世事夢中依	표연히 세상일을 꿈속에 의지하니
澗響爲鳴天勢奏	시냇물 소리는 하늘까지 퍼져가고
山嵐欲泄地機飛	산 이내는 땅의 기틀 누설하며 날아가네
曹溪舊態松猶碧	조계산 옛 모습에 솔은 더욱 푸르고
方丈新風鶴亦歸	방장산의 새 바람에 학이 다시 돌아오니
倘吾宿劫緣何大	우리들의 오랜 인연 어찌 이리 큰 것일까
此日拈叅佛日暉	오늘의 이 수작에 불일이 더 빛나네

友帶春光到	벗이여 봄빛을 띠고 왔으니
雲含雨意流	구름은 비 올 뜻을 품고 흐르며
風鼓梅英吼	바람은 매화꽃을 틔우려 하고
人傾石髓遊●●	사람들은 석수를 마시며 노네
夢惺心若海	꿈을 깨니 마음은 바다와 같고
語熟氣成秋	말주변은 그 기운이 가을 같구나
語此諸三益	세 가지 이익 되는 말을 하려고
借我一座樓	우리는 이 다락을 빌리었다네

- ● 청원루清遠樓는 보조암에 있던 누각이다.
- ●● 석수石髓는 석종유石鐘乳를 말하며, 이를 복용하면 신선이 된다고 한다.

24
월곡과 국은과 함께 등불 아래 읊다
與月谷菊隱燈下口占

5首 中 제2首

晩菊無妨石室留	늦은 국화 석실에다 두는 것도 무방하고
淸茶亂酌肯相遊	맑은 차를 마시면서 서로가 즐거우니
百千世事雲空去	백천 가지 세상일이 뜬 구름에 가버리고
四十年光水自流	사십 년 세월이 물처럼 흘러갔네
鵬欲圖南徙海國	붕새는 남해로 옮겨가려 하는데
鴈何戀北過湘洲	기러기는 북쪽 찾아 상주湘洲를 왜 가는가
燈花結穗寒窓下	등잔에 불꽃 피는 차가운 창문가에
瀾說情端夜更悠	정든 얘기 굽이치는 밤이 더욱 유유하네

25

石室山居의 잡영의 운을 빌려 짓다
敬次石˚山居襍咏˚˚

십이율(十二律) 가운데
제1, 7, 12번의 율만 싣다.

茶室淸涼松寺西	청량한 송광사의 서쪽에 다실 있어
泉甘土肥號曹溪	샘물 달고 땅은 살쪄 조계라 부르는데
羅帶風飜龍左右	비단 띠가 나부끼듯 좌우에는 청룡 백호
苔門螺環路高低	산문은 높고 낮은 산길에 둘러 있네
庭欣梅柳盆藏土	뜰가 화분 속에 매화 버들 기뻐하고
潭愛荷菱錯調泥	연못 진흙에 핀 연꽃 마름 사랑하네
養性尋眞何意思	진리 찾아 양성하며 무엇을 생각하나
將期黃葉止兒啼˚˚˚	누른 잎을 건네주며 우는 아이 달래리라

- ˚ 석실石室은 선암사 경운擎耘 스님의 당호堂號. 그의 운을 빌려서 지은 것이다.
- ˚˚ 잡영襍咏은 여러 가지 사물을 읊은 시를 말한다.
- ˚˚˚ 황엽지아제黃葉止兒啼는 우는 어린아이에게 누런 단풍잎을 주면서 돈이라 하여 울음을 그치게 한다는 고사에서 따온 말. 즉 불조佛祖의 자비방편을 말한다.

茶田刱闢竹階層	차밭을 일궜더니 대나무도 덧자라며
踈雨涼風坐臥能	성긴 비와 바람 앞에 앉고 눕고 하는구나
梧欲試秋飛一葉	오동잎 하나 날며 가을을 알리는데
籬防悔盜繞千藤	울타리에 등 넝쿨은 얽히어서 도적 막네
月下浪從詩酒子	달빛 아래 어울리며 시에 취해 살아가며
山中自作盆蘭僧●	산속에서 스스로 갇혀 사는 스님이니
要知處染常淸淨	물든 곳에 있더라도 청정함을 알려거든
坐看蓮塘半笑菱	연밭 속에 반쯤 웃는 마름을 바라보라

雖知大道沒規模	큰 도는 규모가 없는 줄을 알지만
權掛華藏刹海圖	방편으로 화장찰해 그림을 걸었다네
茶嫌椀坏因傾鉢	다완이 깨질까봐 발우로 차 마시고
泉畏冰稜直灌廚	샘물이 얼까봐서 부엌에다 물을 대네
鶉衲只求成道業	누더기 걸치고 도업을 구하면서
犬羹必欲療形枯	거친 음식 먹으며 마른 몸을 살려가니
生平志願何如此	평생에 바라는 뜻 어째서 이 같은가
長頌金文香一爐	긴 노래의 글을 짓고 향을 하나 사르노라

● 발난성盆蘭僧 : 사발에 심어놓은 난초처럼 좁은 틀에 갇혀 사는 스님을 비유한 말이다.

26

한여름 수석정 시내 위에서
세 벗이 대작하며 감회를 읊다

仲夏水石亭溪上三友對酌述懷雜詠　　10首 中 第一首와 第九首

禪家日用甚淸輕	선가에서 쓰는 물건 맑고도 가벼우니
詩墨一床茶一甁	시집 놓인 책상 하나 마실 차 한 병이네
絶瀑高低休願瑟	높고 낮은 폭포 소리 거문고가 쓸데없고
奇岑層疊不須屛	둘러싸인 묏부리에 병풍이 필요 없다
社朋斷意金分玉	모인 벗이 금과 옥도 끊을 만큼 뜻이 굳고
學士交情月上亭	학사들이 정 사귀니 정자에 달이 뜨네
甘霈如膏雷又警	단비는 윤택해도 우레 치며 경계하니
世心平仄似權衡	세상인심 저울대가 평정하듯 하는구나
誰知覓句是三僧	싯귀를 찾고 있는 우리 셋을 누가 알까
隨暇忘機效五能●	한가롭게 기틀 잊고 오능을 본받는다
茶名守去茶香減	차의 이름 지켜가도 차 향기 줄어들고
學友歸來學債增	학우들이 돌아오니 학비는 늘어나네

● 오능五能은 거문고를 탈 수 있는 다섯 가지 조건을 말한다. 자리가 편안할 때, 똑바로 볼 수 있을 때, 뜻이 한가할 때, 정신이 상쾌할 때, 손가락이 견고할 때 등이다.

早日捲簾然後曝	아침 해도 주렴을 걷고 나면 무덥고
午鍾齋供以前澄	낮 종 치고 재 올리기 이전에는 맑았네
明窓緇褥終非樂	밝은 창에 먹물 옷이 즐겁지 않다면
不若携詩佩酒登	시와 술을 들고 와서 올라감만 못하리라

27

다려장로와 등불 켜고 입으로 부르다
和茶廬長老燈下口

點用石室山居韻
경운 스님의 산거의 운을 씀

高師淸韻肯相分	높은 스님 맑은 운을 서로 즐겨 나눠 쓰니
滿斛聯珠映我薰	열 말 넘게 꿴 구슬이 나를 비춰 향기난다
茶室元無投地禮	다실에 오체투지 예법이 없으니
雪山誰可轉身聞	설산에서 어느 누가 몸을 바꿔 듣겠는가
龍潛赤水將行雨	용이 잠긴 적수에 단비라도 오려는가
玉蘊藍田自作雲	옥이 쌓인 남전藍田에 구름이 이는구나
于今若得家鄕路	지금은 고향 가는 길목을 찾게 되면
應笑泥塗鎭日奔	웃으면서 진흙 속을 종일토록 달리리라
吾家道本沒規模	우리 집의 도는 본래 규모가 없거니
抹却蒼山刹海圖	창산과 찰해 그림 모두 치워버렸네
泉是靈源通竹筧	샘물은 영원靈源을 대 홈통에 이어왔고
飯從香積忌烟廚	먹는 밥은 향적세계 연기 없이 지었다오
公案如何千百則	공안은 어찌하여 일천칠백 칙이던가
齋羞只爲一身枯	공양함은 이 한 몸이 마르는 걸 위함일세
燈深露滴茶腸鬱	등불 켜고 밤이슬에 차 생각이 간절하니
更引銅甁掛地鑪	다시 동병 끌어다 질화로에 걸었네

28

석실의 글자를 써서 짓다
仍占石室字

12首 中 第1首

香蔬飯後鬱香茶	향기로운 나물밥에 향긋한 차 마시고
且喜臨池墨潑花	연못가에 그린 듯이 꽃핀 것을 기뻐한다
麥雨初甘風亦暖	보리 익는 단비 오고 바람마저 따뜻한데
是非不到野僧家	스님네 사는 집은 시비가 닿지 않네

29

인오 스님 방에서 차 이야기
與寅旿丈室茶話

開士捲來南殿風	선지식이 남쪽 전각 훈풍을 몰아오니
無端吹起等閑中	한가로운 가운데 끝없이 불어오네
驚人淸韻非絲竹	깜짝 놀랄 맑은 운율 악기가 아니요
括耳陰仙是商宮	귀를 뚫는 음선이 아름다운 곡조로다
十年情熟廬山遠	십 년 동안 뜻이 익은 여산의 혜원이요
三日工成吳下蒙	사흘 만에 공 이루니 절강의 몽산이라
處世其方何似可	처세하는 그 방법은 어떻게 닮으리오
莫如半訥半如聾	어눌한 듯 귀먹은 듯 그래야 될 수 있네

探學書生交契幽	학문하는 서생을 그윽하게 사귀다가
連襟此日卜淸遊	이날에 어울리며 청유하기 약속하니
玉鳴情自丹田決	패옥 울릴 감정은 단전에서 넘치고
金斷心從敎海流	두터운 벗의 마음 교해敎海로 흐르네
磬響崢嶸靑嶂壑	둘러싸인 산골에는 경쇠 소리 울리고
蟬聲鼎沸白雲洲	매미 소리 가마 끓듯 흰 구름에 퍼져간다
夕陽欲雨神猶健	석양에 비 오려나 정신 더욱 꿋꿋하고
茶半香初興更悠	찻물 끓고 향기 나니 흥이 다시 유유하네

瓊琚一斛自南天	일곡의 구슬이 남천에서 떨어지며
落地金聲必是仙	금성金聲을 울리니 이는 필시 신선이라
書劒幾磨荊嶂玉	서검을 형옥에다 그 얼마나 갈았던가
筆鋒可畵網邱烟	붓끝은 망구의 연기를 그리겠지
流水渡來知法海	흐르는 물 건넜으니 법해를 알 것이요
道心閱去覺塵眠	도심을 보았기에 세상 꿈을 깨었으리
男兒志氣如相合	남아의 지기가 서로서로 투합하니
何恨分離似蜀鵑	헤어진들 귀촉도 울음처럼 한탄하랴

30

비온 뒤에 새로 나온 찻잎을 따며
雨後採新茶

乍晴朝雨掩柴扉	아침 비가 잠깐 개어 사립문 닫아놓고
借問茶田向竹園	차밭을 묻고 물어 대숲을 향해가니
禽舌驚人啼白日	작설 잎은 깜짝 놀라 밝은 햇살 반짝대고
童稚喚友點黃昏●	어린 싹은 따라 피며 노을빛이 나는구나
纖枝應密深林壑	가는 줄기 골짜기의 깊은 숲에 빽빽하고
嫩葉偏多小石邨	여린 잎은 자갈밭 언덕가에 많이 있네
煎造如令依法製	달이고 만들기를 격식대로 법제하여
銅瓶活水飲淸魂	동병에 물을 부어 맑은 혼을 마신다

● 동치환우점황혼童稚喚友點黃昏(어린 싹이 벗 부르니 황혼 빛이 물든다)은 새의 혀와 같은 잎을 따라 나오는 어린 싹이 보라색 노을빛을 띠고 있음을 말한다.

31

긴 여름날을 좋아하여 임천을 즐기면서
我愛夏日長林泉樂

二首

午睡方濃夢覺時	낮잠에서 무르익던 꿈에서 깨어날 때
起看窓外日遲遲	일어나 창밖 보니 느릿느릿 해가 길다
泉石陰移宜濯足	시내 돌에 그늘져서 발을 씻기 알맞고
樓臺風到欲成詩	누각에 바람 불어 싯귀라도 짓고 싶네
點茶稚衲能知味	차 달이는 어린 사미 차 맛을 잘도 아니
問字嬌兒不負期	글자 묻는 그 아이는 져버리지 않으리라
竹影參差松影靜	대 그림자 들쑥날쑥 솔 그림자 고요한데
奈堪山下夕陽低	산 아래 석양이 저무는 걸 어찌하랴

野外無關了事人	들 밖의 상관없는 일 마친 사람은
常愁夏日不如春	여름날이 봄보다 못한 것을 근심한다
槐陰當路客笻住	길가의 나무그늘 길손이 쉬게 되고
泉石激波魚夢新	시내 돌에 물결치며 물고기 꿈을 깨네
上流小子休洗足	상류의 아이들아 발을 씻지 말거라
下界仙翁欲濯身	하계의 신선들이 몸 씻으려 한단다
狂慧莫貪林底樂	숲속의 즐거움을 너무 욕심 내지 말라
大千經卷埋紅塵	팔만사천 경전들이 홍진 속에 묻히리라

32

여흥을 읊다
餘興謾唫

鎭日淸遊地	종일토록 청유를 즐기는 곳에
炎烏尺九霄●	불타는 까마귀는 하늘을 날고
蟬歇靑山暮	매미 소리 청산이 저물어 쉬고
鍾鳴白拂搖	종소리는 흰 구름을 흔들어대네
月沒須明燭	달은 지고 또 다시 등불 밝히며
茶烹更析樵	땔나무 꺾어서 차를 달이니
鳥歸人亦散	산새들 돌아가고 사람도 없어
萬物俱寥寥	만물이 모두가 고요하구나

● 염오炎烏는 해 속에는 세 발 달린 까마귀(三足烏)가 살고 있다고 하며, 뜨거운 해를 말한다.

33

마주 앉아 읊다
對酌漫唫

四首

見友如聞眼欲昏	벗을 보니 들은 대로 눈빛이 흐려져도
强呼題韻句無痕	억지로 운을 떼니 구절이 자국 없네
鳳還初月華桐樹	봉황이 돌아온 듯 오동나무 달이 뜨고
海溢晩風泉石村	넘실대는 저녁 바람 산골에 불어온다
仙也來乎盤有果	신선이 찾아오니 쟁반에 과일 있고
詩也成兮膽飛魂	싯귀를 이루니 간담에 혼백난다
唯君同結修禪社	그대와 수선사에 동아리 맺었는데
塵夢何年透祖關	어느 때에 꿈을 깨고 조사관을 뚫게 될까

男兒到處不無文	남아가 간 곳마다 문장 없지 않으니
況復如龍若虎君	범 같고 용 같은 그대야 오죽하랴
杏村旗撤秖餘雨	행촌에는 깃발 걷고 가랑비만 오는데
茶竈鶴避空宿雲	차 화로에 학은 없고 구름만 감도네
壺乾靑蟻情難契	병 속에 술 마르면 정을 알기 어렵지만
桃點丹砂味可分	복숭아는 붉게 익어 그 맛을 알 수 있어
多士于今仙子樂	선비들이 지금은 신선놀이 즐기면서
薄批片片舌中紛	얇게 쪼갠 조각들을 사각사각 맛보네

謾汲甘泉做舌耕	단 샘물 길어다가 혀끝에 맛을 보며
懸燈續晷石心傾	등을 걸어 밝혀두고 석심石心을 기울이네
高朋社約千金重	벗님네 맺은 약속 천금보다 무겁고
病客枯容一葉輕	병든 객의 마른 모습 잎새처럼 가볍구나
茶樹禽還華柱鶴	차나무에 새가 오니 꽃 기둥에 학이 된 듯
錦溟鯤化翼雲鵬●	금명의 곤어鯤魚는 구름 달면 붕새로다
滄浪數曲虛涼月	창랑가 몇 곡조에 빈 달빛이 서늘한데
自笑三閭獨自醒●●	삼려 혼자 깨어있다 말한 것을 웃고 있네

吾道淡無味	우리 도는 담박하여 맛이 없지만
友如花鳥還	꽃 사이에 새가 찾듯 벗이 왔는데
覺心深不見	깨어있는 깊은 마음 볼 수가 없고
情誼渺難攀	사귄 정은 아득하여 알 수가 없네
眼闊多觀海	바다를 많이 보아 안목이 넓고
語高必學山	산을 배워 하는 말이 고준하구나
安得雙和劑	어쩌다가 쌍화의 약을 얻어서
主賓半日閑	손과 주인 반나절이 한가하였네

- ● 곤어鯤魚는 『장자莊子』에 나오는 상상 속의 물고기. 곤어는 가늠조차 할 수 없을 정도로 큰 물고기로, 북해北海의 푸른 바다를 마음껏 휘젓고 다니다가 나중에 붕鵬이라는 큰 새로 변하여 하늘로 날아올라 남쪽 바다로 간다고 했다.
- ●● 삼려三閭는 초나라의 삼려대부 벼슬을 지낸 굴원屈原을 말한다. 어부가 묻기를 '당신은 삼려대부가 아니십니까? 무슨 까닭으로 이 지경에 이르셨습니까?' 하니, 굴원이 말하기를 '세상이 다 혼탁한데 나 혼자 깨끗하고, 모든 사람이 다 취해 있는데 나 홀로 깨어 있습니다. 이 때문에 추방당했습니다(擧世皆濁我獨淸 衆人皆醉我獨醒 是以見放)'고 하였다.

34

방장산의 가을 경치에 놀면서
遊 方 丈 秋 景

五律 6首 中 4首

石門秋到也	석문에 가을이 다가왔으니
萬岳葉蕭蕭	온 산에 잎새들은 소슬해지고
苔逕猿聲落	산길에 잔나비 소리쳐 울며
松端鶴夢寥	솔가지에 학의 꿈이 고요하구나
試從黃菊院	누른 국화 핀 뜰을 따라가면서
更踏白雲橋	백운교 다리를 다시 밟는다
茶話夕還夕	저녁이면 저녁마다 차의 이야기
經談朝復朝	아침이면 아침마다 경을 말하네

35

중양절에 국화 향기 맡으면서
重九聞菊

3首

重陽山色翠微浮	중양절 산색은 푸른 이내 떠있는데
忽覺光陰若水流	세월이 강물처럼 흘러감을 느끼네
萬岳楓林全染日	만산의 단풍 숲이 온전히 물든 날에
一庭菊朶半開秋	뜨락의 국화 송이 반쯤 가을 열었구나
影前栗里情無盡	그림자 속 율리 마을 그 정이 다함 없고
英落陶樽興不收	꽃부리는 잔에 들어 흥취를 못 거두네
龍山嘉趣還多感	용산의 좋은 정취 느낌도 많아서
空把餘香極意遊	남은 향기 붙들고서 마음껏 노닌다

衆芳搖落熱盡晴	온갖 꽃이 떨어지고 열기도 개었는데
隱士庭心一蕚生	은사隱士의 뜰 가운데 꽃 한송이 피어나서
三逕朶香傳野老	삼경三逕의 향기를 촌로에게 전해주고
幾罇醽酒醉淵明	몇 병의 맑은 술에 도연명이 취하네
葉底霜殘猜日影	낙엽 아래 남은 서리 해그림자 시샘하고
花頭露結浥秋情	꽃 머리에 맺힌 이슬 가을 정이 젖어있네
龍山千載弟兄飮	용산에서 천년 동안 형제들은 마시면서
獨把餘英空自傾	남은 꽃을 붙잡고서 부질없이 기울이네

黃花呈色晚霜晴	노란 국화 빛깔 나며 늦서리 개이고
蕭瑟西風枕下生	소슬한 하늬바람 베개 아래 일어나니
幾笑看雲眠白日	구름 보며 몇 번 웃고 한낮에 잠들다가
自堪步月詠晨明	달빛 따라 걸으면서 날 새도록 시를 읊네
溪山旋鉢元無術	발우 펴는 산속이라 원래 재주 없었지만
萍水行船却有情	흐르는 물 배 띄우니 도리어 정이 들고
讀罷楚騷還不寐	초시楚詩를 읽다가 잠들지 못하여
呼童煎茗數盂傾	아이 불러 차를 달여 몇 잔을 기울인다

36

취암자의 「가을날 벗을 그리며」에서 운을 빌리다
次翠庵子秋日憶友詩

時在京城奉恩寺
서울 봉은사에 머물 때
8首 中 第2首

霜葉初紅菊亦開	붉은 단풍 물이 들고 국화도 피었는데
松陰三逕掃塵堆	솔 그림자 뜰에 쌓인 먼지를 쓸고 있다
靑雲有勢錢中沒	청운은 힘이 있는 돈 앞에 맥 못 추고
白髮無期鏡裡來	백발이 기약 없이 거울 속에 나타나네
猿煎茶獻迎客榻	원숭이는 차를 올려 손님을 맞이하고
鳥含果設送人臺	새는 과일 물고 와서 가는 사람 보내구나
庭前蠟屐連朝滿	뜰 앞에는 밀랍 신발 아침마다 가득하니
應想稚禪問字回	어린 사미 글 배우러 돌아온 줄 알겠네

37

허원응의 다회에서
赴許圓應茶會

字隱酉 居南庵
자는 은유, 남암에 살다
4首 中 第1首

碧山雨霽日如年	푸른 산에 비 개이니 하루가 한 해 같고
隨柳攀松近午天	숲에는 그늘지며 한낮이 가까운데
風起南陽龍睡穩	바람은 남양의 잠든 용을 일깨우고
花開陳榻客蹤連	꽃이 피어 자리 펴니 손님 발길 이어진다
茶竈香傳傾石髓●	다로에 향기 나니 석수를 기울이며
詩筵夢罷駕雲船	시를 짓다 꿈을 깨어 구름을 타고 가네
滿堂蒲塞兼紅露●●	포새와 홍로는 집안에 가득하고
七斤霞衫濕翠烟●●●	일곱 근 노을 장삼 푸른 연기 젖는구나

- ● 석수石髓는 석종유石鍾乳를 말하며 여기서는 차를 뜻한다.
- ●● 포새蒲塞는 불교 용어인 이포새伊蒲塞의 준말. 우바새優婆塞라고도 하며, 오계五戒를 받은 남자 신도를 말한다. 스님들에게 공양 올리는 음식인 이포찬伊蒲饌을 뜻하기도 한다.
  홍로紅露 는 궁중에서 정성 들여 만들 술. 붉은 빛을 띤다.
- ●●● 칠근하삼七斤霞衫은 조주선사에게 "만법이 하나로 돌아가면 하나는 어디로 돌아갑니까?" 하고 물으니 "내가 청주에서 무명 장삼 한 벌을 만들었는데, 그 무게가 일곱 근이더라" 하는 데서 나온 말이다.

38

반딧불
螢火

有火無煙夏始看	여름에 보이는 연기 없는 불빛은
煎茶烹飪不相關	차 달이고 밥 지을 때 쓸데가 없구나
任他上下能游散	아래위로 마음대로 흩어져 놀면서
隨意浮沈自等閑	오르락내리락 마음대로 한가롭다
光奪流星來樹裡	숲 사이에 날아가면 유성처럼 빛나고
明同掛燭入窓間	창문 사이 들어오면 밝은 등불 걸어둔 듯
黃昏聚散非精氣	황혼에야 나타나니 정기는 아니지만
造物興生一類顔	조물주가 흥이 나서 한 무리를 만들었네

39

산에 사는 그윽한 멋
山居幽興

2首

曾入沙門誓不還	일찍이 사문되어 돌아가지 않으리니
鬧中何似做淸寒	시끄러움 가운데 어찌해야 청한할까
四時烟月光浸水	사시절 연월은 물속에 어리고
八幅雲屛影在山	여덟 폭 구름 병풍 그림자에 산이 있네
猿啼竹逕鍾聲穩	대숲 길에 잔나비와 쇠북소리 은은하고
風打松陰鶴夢殘	바람 부는 솔 그늘에 학의 꿈이 남았는데
茶歇却醒塵世夢	차 마시고 홍진세계 꿈에서 깨어나니
三公難買此身安	이 몸의 편안함은 삼공과도 안 바꾸리

午睡方濃石掩廬	바위틈의 집 안에 낮 졸음이 겨운데
山居事業夢眞如	산에 살며 하는 일은 진여를 꿈꾸는 일
對月小叅三句話	달을 보며 삼구의 화두를 참구하고
點茶大讀五車書	차 달이며 다섯 수레 책을 읽는다
栽竹成陰看舞鳳	대를 길러 그늘 되면 봉황 춤을 보게 되고
鑿池貯水養生魚	연못 파서 물을 대어 물고기를 기르면서
等視物我何憎愛	나와 남을 같이 보니 밉고 고움 있으리오
跛鱉盲龜亦不踈•	아무리 못난 것도 소홀히 하지 않네

40

가을을 아파하며
傷 秋

茶初隱几掩松菴	차 마시는 자리는 솔 그림자 가린 암자
萬竅齊噓散翠嵐	온 산의 골짜기에 푸른 남기 끼어있네
停車誰愛楓生壑	어느 누가 수레 멈춰 물든 단풍 사랑하나
懷故空觀月印潭	못에 비친 달을 보며 옛 생각에 젖는구나
搔頭向葉題愁句	머리 긁고 단풍잎에 싯귀를 근심하다
覓句登樓討醉談	시구 찾아 누각 올라 이야기에 취하는데
蘭菊晚芳雲欲散	난초 국화 저문 향기 구름 따라 흩어지고
江湖汎汎老奇男	강호에 떠도는 대장부만 늙어가네

- 파별맹구跛鼈盲龜는 절름발이 자라와 눈 먼 거북이를 말한다. 모자라거나 못난 것을 뜻한다.

41

유연정의 운을 빌리다
次悠然亭韻

在順天郡南外金南坡孝祭亭
순천의 남쪽 밖에 있던 김남파의 효제하는 정

十載經營建一亭	십 년을 경영하여 정자 하나 세우니
悠然興味自然停	유연한 흥미가 자연히 멈추었네
玉川環屋銀沙白	맑은 냇물 집을 둘러 은빛 모래 깨끗하고
竹島臨窓鳳峀靑	창밖 죽도竹島에 봉산鳳山이 푸르다
野酒詩歌茶半熟	술 마시며 시를 뽑고 차는 반쯤 익는데
月江漁笛夢初惺	달뜬 강에 어적 소리 꿈이 처음 깨는구나
更看主翁淸淨意	주인장의 청정하신 그 뜻을 다시 보니
門浮河漢見雙星	문 위에 뜬 은하수에 쌍성雙星이 비친다

남파를 꿈에 보고
夢南坡

夢陪先生到此亭	꿈길에 선생 따라 이 정자에 왔더니
衣冠軒昻下車停	의관이 헌앙하고 수레 멈춰 내리는데
滿軸吳詩珠氣白	축에 가득 넘친 시는 구슬 기운 깨끗하고
傾甌漢茗雀脣靑	기울이는 중국차에 새의 입술 푸르구나
槐國誰知蟻垤培	괴국에서 개미 둑을 쌓은 줄 누가 알며
漆園忘却蝶魂惺	칠원의 나비는 꿈 깨는 것 잊었네
未交眞境形開了	참 경지를 못 느끼고 형상이 깨어나니
依舊銀河轉斗星	예전처럼 은하수는 북두성을 돌고 있다

43

남창에서 읊다
南倉行

踏破層陵下石臺	산 능선을 다 밟고서 석대를 내려가며
興餘閑帶夕陽來	남은 흥이 한가롭게 석양빛 띠고 오네
浦口漁艇依岸繫	포구의 고깃배는 언덕에 매어 있고
津頭茶戶待人開	나루터 찻집은 손님 위해 열려있다
忘歸客子猶貪句	돌아갈 줄 잊은 길손 싯귀를 찾으면서
惜別佳人故勸盃	좋은 사람 석별하며 짐짓 잔을 권하네
江市纔過山色又	강 마을 지나가니 산 빛이 다시 있어
伴鷗喚鶴門程廻	갈매기와 학을 불러 돌아갈 길 물어본다

44

장춘동(대흥사)
長 春 洞●

海上更逢劫外春	해남에서 또 만나니 겁 밖의 봄이요
山光不老卽三神	산 빛은 늙지 않아 그대로 삼신三神일세
境絶樹開龍眼果	좋은 경치 마주하니 용의 눈이 열리고
溪長水滌馬頭塵	시냇물은 길게 흘러 나그네의 먼지 씻네
綠葉偸春蓂莢圃●●	푸른 잎이 봄 훔치는 명협의 밭에는
紅花濯雪玉梅濱	붉은 꽃은 눈에 씻겨 옥매화 바다로다
油茶木蜜松兼栢	유다와 목밀나무 소나무와 잣나무
鬱鬱靑陰四節新	울창한 푸른 그늘 사시절이 새롭구나

● 장춘동長春洞은 대흥사가 위치한 두륜산의 골짜기이다.
●● 명협蓂莢은 중국 요堯임금 때 났었다는 전설상의 상서로운 풀 이름이다.

玆洞名何在	장춘동 그 이름이 무슨 뜻인가
四時茶葉新	사시절 찻잎은 싱그럽구나
風吹翻雪玉	바람 불어 하얀 눈이 흩날리더니
雨洒滌霜塵	비가 와서 서리 먼지 씻어내었네
紅萼猜朝日	붉은 꽃은 아침 해를 시샘하는데
碧條映夕濱	푸른 가지 석양 물에 비쳐 어린다
蕭蕭千木落	온갖 나무 소슬하게 낙엽이 져도
密密獨長春	홀로 밀밀하게 늘 봄이로다

첫 번째 시는 범해선사의 문집에 있는 '두륜산8 경' 가운데 제6수의 운을 빌려 지은 것이다.
두 번째 시는 범해의 두륜산8 경의 五律 가운데 제6수의 운을 따라 지었다.

45

겨울에 휴학하고 전별연을 베풀다
冬際休學後設餞別宴

丙辰
병진년(1916)

臘雪紛紛惜別亭	섣달 눈이 흩날리는 이별하는 정자에서
長春此夜麴春傾●	장춘동의 이 밤에 국춘을 기울이니
雲散海門山月白	구름 걷힌 해문海門에 산의 달이 밝은데
茶占廚口竈煙消	차 달이는 아궁이에 연기는 꺼졌구나
梅窓日落猿嘯壑	매창梅窓에 해가 지고 잔나비 우는 산골
經榻香殘鶴過庭	경탑經榻에 향 꺼지고 학은 뜰을 지나간다
離合元非隨處定	만나고 헤어짐이 정해진 곳 없다지만
且須佳會極歡情	이 좋은 모임에 기쁜 정을 누려야지

병진년(1916) 섣달 대흥사 강원을 떠나기 전에 지었다.

● 국춘麴春은 술을 말한다.

46

중앙학림의 학생이 산으로 돌아오다
中林學生歸山

登程渡水越山幾	길 나서서 물 건너고 산을 넘기 몇 번인가
此日歡迎排石扉	이날을 환영하며 산문을 열었다오
蠟屐青山幽客到	나그네의 나막신이 청산에 돌아오고
酒旗紫陌杏花飛	행화촌 길거리에 주기가 펄럭인다
浦珠十載江南至●	합포 구슬 십 년 만에 강남으로 오게 되고
華鶴千年漢北歸●●	화학은 천년 동안 한북으로 돌아갔네
拕筵宜設蘭亭會	자리 펴고 난정의 모임을 베풀면서
銅鼎煮茶又典衣	구리 솥에 차 달이며 옷을 전당 잡힌다

- ● 포주浦珠는 합포주환合浦珠還의 줄임말로, 합포에 진주가 돌아온다는 뜻이다. 잃어버린 물건을 다시 찾거나 떠나갔던 사람이 다시 돌아오는 것을 비유하는 말이다.
- ●● 화학華鶴은 화정학려華亭鶴唳의 줄임말로, 화정의 학 울음소리를 뜻한다. 오吳 나라 명사名士로 서진西晉에 가서 벼슬한 시인 육기陸機가 참소를 당해 죽을 때 "고향의 화정에서 우는 학의 울음소리를 어찌 다시 듣겠는가?(華亭鶴唳詎可聞)" 하고 탄식했다.

47

동짓날
至日

忽聞節候覺窓寒	절후를 듣고 보니 창밖이 차가운데
听雁何人獨倚欄	누가 홀로 난간 기대 기러기 소리 듣나
蒼蒼地澤餘松竹	푸르던 땅 위에는 송죽만 남아 있고
烈烈天風動海山	매서운 하늘 바람 산과 바다 뒤흔드네
梅眼暗生雙岸裡	두 언덕에 매화 눈은 가만히 생겨나고
雷陽屈起衆陰間	뒤덮은 음기 사이 양기가 꿈틀댄다
烹茶煎豆供聖罷	차 달이고 팥죽 쑤어 불보살께 공양한 뒤
一聲幽鳥向南還	새 한 마리 울면서 남쪽으로 돌아가네

48

염재의 운을 빌려 부치다
附念齋次韻•

枉誼雲翮不教飛	구름 밖을 어찌 날까 근심하며 지냈는데
難道霜蹄逸復歸	어려운 길 준마 타고 기쁘게도 돌아왔네
茶老白頭空似雪	다송자는 하얀 머리 부질없이 희어지고
滄溟一路快振衣	넓은 바다 길 위에 그대 옷깃 떨쳤구나
關心萬里鵬程遠	마음 두는 만 리의 나그네 길 멀었고
入夢千山雁字稀	꿈속에도 산이 많아 기러기가 드물었지
東土錦還當有日	동국 땅에 금의환향 마땅히 하련마는
何須戀戀每倚扉	무엇하러 연연하며 문에 기대 근심했나

• 염재念齋 송태회宋泰會는 전라남도 화순 출생으로 1900년 최연소로 박사시博士試를 거쳐 성균관에서 수업하였다. 1901년 이홍장의 주선으로 중국에 가서 학문을 연구하고 1907년 귀국하였다. 그때 지은 글이다. 금명은 염재를 아주 아꼈다.

49
다송명
茶松銘

一囊松葉一瓶茶	한 주머니 솔잎에 한 병의 차 마시고
不動諸緣臥此家	모든 인연 상관 않고 이 집에 누웠으니
堪笑昔人修結社	옛사람들 수행하며 결사한 일 우스워라
何妨聽鳥又看花	새와 꽃을 즐기는 데 무슨 방해 있겠는가

50

정참봉 일택의 운을 빌리다
次丁參奉日宅

號 石愚
호 석우

曹溪不遠浴川關	조계가 멀지 않아 냇물에 목욕하고
十載叩叅鏡裡顏	십 년이나 거울 속 얼굴을 찾았구나
足躅羊岐情未達	꼬부랑길 찾아가도 정이 닿지 못하고
軒高龍峽勢難攀	골짜기에 집이 높아 붙잡기도 어렵네
枯禪茶話雲千片	참선하며 차 이야기 천 조각의 구름이요
道士詩興月一干	도사의 시흥은 한 개의 달이로다
窓外紅葩開也否	창밖에 붉은 꽃이 피기나 했는가
寒英應待主人還	찬 매화는 주인이 돌아오길 기다리네

51

이빨이 빠진 것을 느낌
落齒有感

戊午年十月十五日年五十八
1918년 10월 15일, 58세

自恨口無四十齒●	이빨이 마흔 개가 없는 것이 한이더니
今朝況復一根毀	오늘 아침 덮친 격에 한 개가 빠졌구나
對飯含淚但嚙牙	음식 봐도 눈물 나서 어금니만 깨물고
喫茶搖舌唯呀嘴	차 마시며 혀 놀리면 부리가 벌려진다
髮星猶誇遠長生	머리털이 희끗해도 오래 살 줄 뽐냈더니
齦缺方知期老死	이 빠지니 늙어가다 죽어갈 줄 알겠네
去先來後面門踈	앞은 가고 뒤는 오니 얼굴이 헐렁하고
頗失語言酬酢恥	헛말이 새어나가 수작하기 부끄럽다

● 사십치四十齒는 일반인들은 치아가 32개이지만, 성인은 이빨이 40개라고 하는 말이다.

52

차를 달이다
煎 茶

土爐石鼎燃松枝	질화로 돌솥에 솔가지 태워서
活水澎澎初潑時	물이 펄펄 끓으며 솟아오를 그때에
鶴舌纖纖銅甁點	섬세한 찻잎을 동병에 넣으면
一鍾雷笑鬱金詩●	한 잔의 뇌소차는 울금색의 시가 된다

● 뇌소雷笑는 경뢰소驚雷笑 차를 말한다. 당나라 각림사覺林寺의 지숭志崇은 세 종류로 차를 만들었는데, 경뢰소는 자기가 마시고, 훤초대萱草帶는 부처님께 공양하고, 자용향紫茸香은 손님에게 접대했다고 한다.

53

다회를 베풀고 느낌을 짓다
設茶會感作

處世無難雨聚沙	처세하기 모래 위에 비 내리듯 쉽지만
誰知泉石最情多	천석이 정 많은 줄 어느 누가 알겠는가
茗菜洗來仙子竈	차와 나물 씻어오니 신선의 부엌이요
筆華爭發梵僧家●	필화가 다퉈 피니 청정한 승가로다
文章事業君能否	문장의 사업은 그대가 능했으니
道德機關我奈何	도덕의 기관을 내가 어찌 감당하랴
嫩蒲半折隨風轉	여린 부들 반쯤 꺾여 바람 따라 뒹굴고
澗水潺湲也自波	시냇물은 졸졸 흘러 저절로 물결치네

● 필화筆華는 문화文華라고 하며, 붓끝에서 피어나는 아름다운 글을 뜻한다.

54

차 곳간을 만들고 나서
修造茶藏有占

四柱倂窓搆一房	네 기둥에 창을 달고 방 한 칸 만들어
六門聯壁纔成藏	여섯 문이 벽에 달린 창고 하나 되었네
可笑今朝煎茗室	우습구나, 오늘 아침 차 달이는 이 집이여!
誰知幾劫拈香堂	누가 알까, 몇 겁이나 염향당이 될 것인지…

55

오취암과 함께 가을을 아파하며
傷秋和吳翠菴

茶翁必待翠翁遊	다송자는 취암과 함께 놀기 기다려서
詩酒相逢八月秋	팔월의 가을에야 시와 술로 만났구나
靑顔浪送紅蕉雨●	푸른 얼굴 흘러가고 홍초에 비 내리며
白髮共悲黃葉愁	하얀 머리 함께 슬퍼 누런 잎에 근심지네
入山誰食夷齊蕨	산속에서 백이숙제 고사리를 누가 먹나
渡水自牽巢許牛	소부巢父와 허유許由의 소를 끌고 물 건너네
薄暮歸來燈影裏	날 저물어 돌아와서 등불을 켜는데
有僧忽上梵鍾樓	어떤 스님 홀연히 범종루에 오른다

● 홍초紅蕉는 복건성福建省에서 건너온 것으로 미인초美人蕉라 부른다. 꽃은 난초꽃 같고 빛깔은 석류꽃 빛깔이다.

56

봉서암에서 쉬고 다음날 다시 별운으로 짓다
鳳瑞庵休息翌日再拈別

梧亭茗屋隔西東●	오정梧亭과 명옥茗屋이 동서에 있으니
詩酒逢場意氣同	시와 술이 만난 곳에 의기가 같구나
如傳玉帶三更月	삼경의 밝은 달은 옥대玉帶를 전하는 듯
朗誦金文九夏風	구십 일의 여름 바람 금문金文을 낭송하네
管毫潑墨龍腰黑	붓끝에 먹 뿌리니 용의 허리 검어지고
嶺日排松鶴頂紅	해가 지며 소나무에 학의 머리 붉어진다
高士休疑林下樂	고사들은 숲속의 즐거움을 의심 말라
共隨猿鳥臥雲中	잔나비와 새도 함께 구름 속에 누웠다네

● 명옥茗屋은 차를 마시는 집을 말한다.

57

별운으로 유儒와 석釋이 어울리다
拈別韻儒釋會和

칠언절구 4首 中 第3首

吾輩淸寒記者誰	우리들의 청한함을 어느 누가 적으리오
松香石竈日三秋	부엌의 솔향기는 하루가 삼 년 같다
茶初吟罷如相別	차 마시며 읊조리다 이별하려 하는데
只恐鶴飛猿不隨	학은 날고 잔나비는 안 따를까 걱정이네

58

청년 학생이 다회에서 법어를 구하기에 삼절을 읊다
和靑年學生茶會求法語語三絶

問否日新又日新	날이면 날마다 새롭냐고 물으면서
琢磨慧刃去荊塵	지혜 칼을 탁마하여 번뇌 망상 없애라
爲設諸君茶會意	그대들을 위하여 다회를 베푼 뜻은
竟期迷道指南人	미혹한 길 이끄는 지남指南이 되시라네

偶得淸緣半日留	맑은 인연 만나서 한나절을 머물면서
評詩花墨語如流	시를 짓고 꽃 그리며 물 흐르듯 말하였네
石竈烟沈庭日爆	부엌에는 연기 끼고 뜰의 해는 뜨거우니
且從柳水綠陰遊	버드나무 물가에서 녹음 속에 노는구나

心淸白水語重山	물처럼 맑은 마음 태산 같이 무거운 말
是卽男兒處世間	이것이 대장부의 처세하는 방법이라
如何學得飛空術	어떻게 비공술을 배워 익혀서
踏破塵球往復還	지구를 마음대로 돌아다닐까

59

밤에 읊다
夜咏

修身未具戒三千	수신修身하며 삼천 가지 위의威儀를 못 갖추면
況復論成入定禪	선정禪定에 드는 것을 더 말할 수 있으리오
莫言詩傑長貪酒	시인들은 술을 많이 마신다고 하지 말라
只恐男兒竟死錢	결국에는 남자들이 돈 때문에 죽으리라
對賓爐爇鬱金析•	손님 맞은 화로에 울금鬱金 쪼개 태우고
供佛竈傾雷笑煎	뇌소차를 달이어 부처님께 공양한다
永夜不眠何相大	긴긴밤에 잠 못 드니 무슨 큰 일 있는가
凭欄坐待月初還	난간에 기대앉아 달뜨기를 기다리네

• 울금鬱金은 생강과에 속한 여러해살이풀이다.

60
모기를 미워하며
憎蚊子

曾聞麻谷有蚊家	듣자 하니 마곡麻谷에 모기들이 있다 하니
招募松軍古道遮	송군松軍을 모집하여 옛길을 막아야지
殿角借風珠網映	집 모퉁이 바람 불면 거미줄을 얽어 놓고
屋頭掛帳布簾華	지붕에는 휘장치고 주렴발도 펼치리라
利嘴充腸毫末血	털끝 같은 주둥이로 피를 빨아 배 채우고
長平坑卒一杯茶	늘어진 졸개들은 한잔 차를 마시네
傳檄今宵烟陣合	격문檄文 돌려 오늘 밤에 모깃불을 피워 놓고
將壇笳敲凱城斜	장수단에 개선가를 부르면서 입성하리

61

범해선사의 문집을 읽고
奉讀梵海禪師文集

一幅崙山萬丈垓	한 폭의 두륜산에 만 길이나 높은 자리
梵仙寶墨自天來	범해 신선 보배 글이 하늘에서 내려오니
桐林月上祥風鼓	오동 숲에 달이 뜨고 상서로운 바람 불며
松頂雲凝瑞鶴廻	솔 위에는 구름 서려 맑은 학이 돌아오네
渾身和氣如衣錦	혼신의 화기는 비단 옷을 감쌌는가
滿面歡情似把盃	얼굴 가득 기쁜 정은 찻잔 들고 있는 듯
遙想禪師德音在	스승님을 생각하면 덕음德音이 들려오고
對券此日兩睛開	문집 보는 오늘은 두 눈이 열리네

범해선사는 나의 선법사이시다. 문집도 선택하여 편집한 인연이 있는데,
지금 또 절하고 읽어보니 모른 결에 감상이 있어 본 운을 써서 한 율을 읊는다.
(禪師卽吾禪法師, 於文集亦有選擇編集之緣 今又拜讀 不覺感想 故因用本韻一律吟也)

- 1921년 8월 5일에 범해선사유고梵海禪師遺稿 연인본鉛印本이 나왔다. 이를 동리산桐裏山 태안사에서 받아보고 읊은 것이다.

62

가을비가 맑게 개어
秋雨快晴

快晴秋日白雲層	맑게 갠 가을날 흰 구름 층층이요
萬里長空鳥自能	만 리의 긴 허공에 새들이 날아간다
紅蕉風過搖靑箑	홍초紅蕉에 바람 불면 푸른 부채 흔들고
碧砌陽生繡紫藤	푸른 섬돌 햇볕 드니 등 넝쿨이 수를 놓네
周旬不見煎茶客	열흘이나 차 달이는 손님이 없더니
連月方來問道僧	달포 지나 도를 묻는 스님이 찾아온다
潦水漸淸水潭潔	고인 물은 맑아지고 연못도 깨끗해져
芙蓉花落泛荷菱	부용꽃 지고 나서 마름 잎 떠있구나

63

늦봄에 벗과 함께 마주 짓다
晚春與友對作

62세, 동리산 태안사에 머물 때, 3首 中 第2首
壬戌三月 임술년(1922) 3월

大地群生冬一春	대지의 뭇 생명이 겨울 끝나 봄이 되니
心花意樹亦能新	나무들과 꽃잎처럼 마음 또한 새롭구나
茶從桐月方知味•	동리산에 달이 뜨니 차 맛이 우러나고
龍得雲淵好作隣	용이 구름 얻은 듯 좋은 이웃 되었네
道若太陽消煩障	큰 도는 태양처럼 모든 시름 녹이고
盃如箕箒掃荊塵	찻잔은 비질하듯 망상 먼지 쓸어낸다
愧吾長繫無繩子	우리들은 부끄럽게 끈도 없이 매었으니
何日靑山出世人••	어느 날 청산에서 출세간의 사람 될까

- • 동월桐月은 음력 7월의 다른 말이기도 하지만, 여기서는 동리산桐裏山에 달이 뜰 때를 말한다.
- •• 출세인出世人은 세간을 벗어남, 또는 진속眞俗을 초월하여 교화를 위해 세간에 나아가는 사람.

64

구산의 조아미초의 운을 이어
次龜山趙雅嵋樵

二首 四月 日
2수, 4월 어느 날

竹樹深濃一壑幽	대숲이 우거지니 골짜기 그윽하고
喜逢高士訪風流	고사들은 풍류 찾아 기쁘게 만났네
龜山野色青雲密•	구산의 들 빛은 청운이 짙었고
鳳岳烟光碧梧稠	봉두산은 안개 속에 벽오동 늘어섰다
四月麥黃芳草晚	보리 익는 사월에 방초는 저무는데
三時茶熟綠陰悠	세끼마다 차는 익고 녹음이 유유하네
世間榮辱終虛夢	이 세상 영욕이 허망한 꿈이거니
共煮丹砂老此區	신선약을 달이면서 여기에서 늙어가리
桐裡山中有一樓	동리산 가운데 다락이 하나 있어
林禽野鶴肯從遊	산새와 들 학이 따라 놀며 어울리니
鼓翔應陟青峰屹	날개 치고 푸른 산마루 위에 올라가서
樂志憑聽白水流	즐거이 흐르는 맑은 물을 듣는다네
人間塵利藏龜拇••	인간 세상 티끌 잇속 거북 발을 감추다가
物外閒情坐鳳頭•••	세상 밖의 한가로운 봉두산에 앉았구나
虎溪他日如三笑••••	그 옛날 호계虎溪에서 삼소三笑하던 것처럼
玉帶鎖門任去留	옥대는 문에 걸고 가든 오든 맡겨두네

65

안금석, 김강운 등 7인이 시를 구하기에
和安錦石金剛雲等七員求詩

梧枝面諸生
오지면에 사는 이들

敬陪七賢一面新	칠현들을 모시니 오지면이 새롭고
滿衿和氣暖如春	소매 가득 화기 넘쳐 따뜻한 봄날 같다
曇花影裡疑無地	우담발화 그림자가 없을까 의심하니
杏樹陰邊更有人	살구나무 그늘가에 또 다시 사람 있네
鴨驛每思傾皂蓋•••••	압역에서 모자 가려 피할 생각 늘 했는데
鳳樓豈料作芳隣••••••	봉서루에 친구될 줄 짐작이나 했겠는가
社蓮未發桐雲翠•••••••	백련은 못 피어도 오동 구름 푸르니
空把淸茶笑說眞	맑은 차를 손에 들고 진리를 담소하네

- • 구산龜山은 주암면의 보성강가에 있는 마을. 지인인 미초嵋樵 조주현趙周鉉이 살았다.
- •• 귀무龜拇는 오므려서 감추어진 거북의 엄지발가락. 구산에서 은거함을 비유한 말이다.
- ••• 봉두산鳳頭山은 금명이 머물던 태안사가 있는 산 이름으로 일명 동리산桐裏山이라고도 한다. 봉황이 오동나무에 깃들어 있는 산세라서 그렇게 부른다.
- •••• 호계삼소虎溪三笑 : 여산 동림사의 혜원慧遠이 하루는 옛 친구 도연명陶淵明과 육수정陸修靜이 방문하여 함께 놀다 돌아갈 때 그들을 전송했다. 서로 이야기를 나누며 걷다가 자기도 모르게 '다시는 이 다리 건너 산문 밖을 나가지 않으리라'고 다짐했던 절 앞에 있는 호계虎溪의 다리를 지나버렸다. 이 사실을 말하며 세 사람이 손뼉을 치며 크게 웃었다.
- ••••• 압역鴨驛은 전남 곡성군의 압록역鴨綠驛을 말한다.
- •••••• 봉루鳳樓는 봉서루鳳棲樓를 말하는 것으로 곡성 봉두산 태안사에 있는 누각이다.
- ••••••• 사련社蓮~ : 백련결사白蓮結社와 같은 수행 동아리는 아니어도 오지면梧枝面의 칠현이 동리산에 구름처럼 모인 것을 비유하는 문장이다.

66

단산 우재와 함께 읊다
和丹山愚齋吟

竹谷面生
죽곡면에 사는 이

左桐右竹鳳門初	봉두산문 들머리의 좌우에는 대와 오동
茶飯尋常任起居	마음대로 기거하며 차와 음식 예사롭고
時有高賓來問道	때때로 좋은 손님 찾아와서 도 물으니
溪光松籟是眞如	시냇물 빛 솔바람이 그대로 진여로다

67

오지면의 안금석과 태안사의 세 장로께 답함
答梧枝安錦石泰寺三翁

雲鴻飛渡鴨江風	기러기가 압록鴨綠의 강바람에 날아오며
重帶三翁又錦翁	세 노인을 이끌고 금석공이 찾아와서
蓮猶結社應聞道	백련의 결사처럼 응당히 도를 듣고
石自成文不用工●	돌이 절로 얼룩지듯 힘 들이지 않는구나
茶傾松下香雲碧	차 따르니 솔 밑에서 향기 구름 푸르고
花隱桐陰日影紅	꽃이 피니 오동 아래 해그늘도 붉어지며
修契空山春色好	모임 갖는 공산에 봄빛이 좋으니
梧枝高士意先同	오지면의 고사들은 뜻이 먼저 통하였네

● 석자성문石自成文은 돌은 저절로 이끼 등이 끼어 비단 문양을 이룬다는 뜻이다. 그것은 오지면의 고사高士 안용섭安容燮의 호號 금석錦石을 비유한 것이다.

68

영월이 4기의 주지 재임을 바라기에 답함
答映月求四期住持再任●

十二月八日

南柯幻夢尙非覺●●	남가南柯의 헛꿈에서 깨어나지 않았으니
北斗曲柄那日伸	북두칠성 굽은 자루 어느 날에 펴게 될까
松刹前年三足禮	송광사에서 지난해 삼족의 절 올리며
茶翁何事一言嚬	다송자는 무슨 일로 말 한마디 찡그렸나
迦山革命君知否●●●	가야산의 혁명을 그대는 아는가
鷲寺申章亦不仁●●●●	통도사의 신장申章도 어진 일이 아니었네
如今若悟鍾鳴哨	지금 만약 종을 울린 그 뜻을 알았다면
好向空林聽杜鵑	빈숲에서 두견새 우는 소리 잘 들으라

● 영월映月은 금명과 동갑으로 태안사 주지를 세 번이나 지낸 축문竺文(1861~1929)스님의 호號. 『조계고승전』에 전기가 실려 있다.

●● 남가南柯는 남가일몽南柯一夢을 말하는 것으로 인생의 부귀영화가 모두 한 번의 꿈과 같이 허무하다는 의미이다.

●●● 가산혁명迦山革命은 가야산 해인사에서 이회광이 오래 집권하다가 해인사를 위기에 빠뜨렸다가 쫓겨난 일을 말한다.

●●●● 축사신장鷲寺申章은 영축산 통도사에서 주지가 다섯 차례나 주지직을 연임하면서 조선총독 데라우치에게 은제 컵을 선물해 친일 시비에 휘말렸던 일을 말한다.

\# 이 시는 송광사에서 금명에게 주지를 세 번이나 맡아주기를 청할 때 이를 꾸짖어 보냈던 일, 해인사나 통도사의 주지들이 장기간 집권하면서 말썽을 일으킨 점 등을 상기시키면서, 도반 영월에게 4기의 주지를 맡지 말 것을 권하면서 답한 것이다.

69

귀일선사가 백양산에서 돌아옴에 이어서
次歸一禪師自羊山還

18首 중 第2首와 第14首
雜咏 九月

懷人最切鴈來秋	기러기가 오는 가을에 사람 생각 간절하여
遙想年年欲白頭	해마다 헤아리다 흰머리 늙어가고
霜葉風朝時倚欖	아침 바람에 낙엽 지면 난간에 기댔다가
嶺雲月夕每登樓	고갯마루 달이 뜨면 다락에 올랐었네
半壁蛩音隨節促	벽 사이 귀뚜라미 계절을 재촉하고
滿山霞氣抵天流	온 산의 노을 기운 하늘가에 흐르는데
點茶評句於斯足	차 끓이며 시를 짓는 이것으로 넉넉하니
豈料吾生宿契悠	우리들의 옛 모임이 느긋함을 생각하랴

羊岳鶴嵓君莫誇	백양산의 백학암白鶴巖을 그대여 자랑 말라
茶田松軒是吾家	차 밭에 소나무 집 우리 집안 가풍이니
疊疊古院多楓樹	겹겹의 옛 동산에 단풍나무 많이 있고
隱逸新庭滿菊花	숨어 있는 새 뜰에 국화꽃이 가득하네
功名不易毛吞海	공명은 털끝 속에 바다 품 듯 쉽지 않고
祖道無難雨聚沙	조도祖道는 모래 위에 비 내리듯 어렵잖다
溪山勝賞如相識	산천의 좋은 경개 서로 알고 있었는가
錦繡風光又紫霞	금수錦繡의 풍광에 자줏빛 노을이네

70

죽원사의 능월선백에게 화답하다
和竹原寺綾月禪伯

擧世知人無早晩	세상 사람 아는 데는 늦고 빠름 상관없이
淡情只在許心王	마음을 터놓아야 담박한 정이 드네
升寺茶香勝乳酪	절집의 차 향기는 유락乳酪보다 뛰어나고
堯庭蓂草判陰陽•	요임금 뜰 명협蓂莢은 음양을 판별한다
羨師晦迹持網紀	스님께서 자취 숨긴 그 강기가 부러웁고
愧我釣名啜粗糠••	이름 낚아 겨밥 먹는 내 모습이 부끄럽소
休道無緣非合席	인연 없어 합석할 일 아니라고 하지 말게
何難 天月 照松溟	천월天月이 송명松溟을 비추는 게 어려우랴

- • 명협蓂莢은 중국 요堯임금 시기에 돋아났다는 상서로운 풀. 초하루부터 보름까지 하루 한 잎씩 피어나고, 열엿새부터 그믐까지는 하루 한 잎씩 떨어지는데, 작은 달에는 마지막 한 잎이 시들기만 하고 떨어지지 않았다고 함. 그래서 달력 풀 또는 책력 풀이라고도 했다.
- •• 천월天月은 능월綾月선사를 은유적으로 표현한 말이다. 송명松溟은 송광사松廣寺의 금명錦溟을 줄인 말이다.

국사부도 다례문
國師浮屠茶禮文

三月二十六日忌辰兼祝浮屠
3월 26일 기일과 부도의 축원을 겸함

維歲次某年某月某日朔	어느 해 어느 달 어느 날에
住持沙門某某等	주지 아무개 등은
謹以茶果	삼가 다과로써
仰獻于國師之塔	국사의 탑에 우러러 올리옵니다.
世崇隱德	세상에서 숨은 은덕을 숭모하옵고
夙禀靈姿	타고난 성품은 신령스런 모습이며
大道旣東	크나큰 도는 해동에 떨치어
宗風益熾	종풍을 더욱 빛내시니
列祖主席	열조의 주석이 되어
慧光輝映	혜광을 밝게 비추셨습니다.
眞儀如存	진영의 위의는 살아계신 듯하니
玆掃靈庭	이에 신령의 뜰을 쓸고서
謹以香茶	삼가 향과 차를
伏唯尙亨	엎드려 올리오니 흠향하소서.

제6장

다송자 기문
記文

◉
이 장에서는 다송자茶松子의
『다송문고茶松文稿』 가운데서 몇 편을 뽑아
시대순으로 소개하고자 한다.

01

대화엄사의 원화圓華 함장께 올리는 글

정해丁亥(1887, 27세) 봄

대저 모든 부처님과 역대 조사들께서 선禪을 전하고 교教를 전하심은 의천義天의 자운慈雲이 법우法雨를 내리심과 같으며, 보살과 중생들이 골수를 얻고 가죽을 얻는 것은 복지福地에 오이를 심고 벼를 가꾸는 것과 같습니다. 모두가 방편의 문을 열어 근기에 맞추었으며, 모든 것이 진여의 바다에서 유출流出하였습니다. 우리 대종장大宗匠께서도 덕德의 구름으로 자신을 윤택하게 하였고 법法의 비로 마음을 비옥하게 하셨습니다.

우러러 살펴보니 종맥宗脈의 근원은 부휴浮休선사와 벽암碧巖선사가 먼 세대의 조사祖師이며, 굽어 고찰하니 법의 물결이 도도함은 영해影海선사와 풍암楓巖선사가 근세의 스승들이니, 모두가 당대의 용상龍象이며 숙세叔世의 추기樞機들이십니다.

스님께서는 십 년을 경영하면서 법을 위해 몸을 잊고 우담優曇(송광사 광원암에 주석)화상의 꽃을 저작咀嚼하셨습니다. 반평생을 중생 제도로 업을 삼아 함명涵溟(선암사에 주석) 종장宗匠의 바다를 삼키고 토하셨습니다.

산과 바다에 나아가며 복성福城의 동자가 풀을 헤치고 바람에 머리 빗는 것을 몇 번이나 보셨겠습니까? 나찰羅刹의 설법을 많이도 들으며 심화心花에 이슬을 맺고 행엽行葉은 바람에 날리셨습니다. 그리하여 남으로 가든 북으로 가든 스스로 결사結社하는 자리를 만들었고, 동에서나 서에서나 언제 어디서나 법을 베푸는 자리에 머무셨습니다.

모든 부처님의 대원을 생각해보면 근본이 이타利他인데, 어찌 오늘날 오직 자기 이익만 구하며 경륜經綸하는 그런 무리들과 비교할 수 있겠습니까?

이에 법당을 반야봉般若峰 아래에 세워 근본지根本智로 체體를 삼고, 경방經榜을 화엄華嚴의 바다 가운데 걸어 만행화萬行華로 용用을 삼으셨습니다. 그대로 용의 체이니 이미 천지의 미묘한 상서祥瑞가 있으며, 그대로 체의 용이니 어찌 해회海會의 방광放光이 없겠습니까.

삼세의 부처님이 증명하시고 시방세계 중생들이 주반主伴이 되니 부처인 채로 중생의 짝이 되었고, 그 기틀이 많지도 않고 적지도 않아서 중생인 채로 부처를 증득하게 되었으니, 그 법은 공空도 아니고 유有도 아닙니다.

그러하여 화엄의 바다 가운데 항상 설하고 두루 설하고 있습니다. 비록 설함이 없더라도 설하는 것이니 감인堪忍 세계 가운데 말씀을 듣고 소리를 듣는 것이 오직 들음 없이 듣는 것이라, 그대로 광장설廣長舌의 모습을 나타내고 무진無盡의 법장法藏을 열어젖히는 것입니다.

성예聲譽가 팔해八垓에 알려져서 아름다운 바람이 더욱 치성하고, 이름은 오악五嶽에 높이 나서 영예令譽가 더욱 많아졌으니, 구불구불한 개밋둑에 파리와 개미의 고동鼓動을 막기 어려움과 같습니다. 범이 평원平原에 숨으니 조작鳥雀들이 시끄럽게 짖어대는 것을 누가 막을 수 있겠습니까.

활 그림자가 비친 물을 마시고는 뱀을 마셨다고 생각하는 사람들의 부질없던 걱정은 풀렸고, 의심하던 무리들 마음은 얼음 녹듯 하였습니다.

선禪을 전하고 교教를 전하는데 어찌 여래如來의 삼처전심三處傳心만이 오로지 아름답다고 하겠습니까. 골수骨髓를 얻고 가죽을 얻어도 혜가慧可의 말없이 삼배三拜하는 종풍보다 오히려 더 분명하옵니다.

오호라! 산하에 옥玉이 감싸여 있으면 그 앞이 윤택하게 되고, 물은 구슬을 갈무리한 연후에 길게 흐르게 되니, 방장산方丈山 영광은 이 대화엄사大華嚴寺의 아름다운 이름과 함께 지금 우리 함장函丈께서 드날리시는 종풍을 따라 산은 더욱 높고 물길은 보다 길어진 것입니다.

저는 조계曹溪의 잔류殘流이며 송림松林의 병든 잎으로 고풍高風을 듣고 끝자리에 참예하여 영예令譽를 우러르며 발아래 절하게 되었으니, 바늘과 겨자씨가 서로 만나는 희유한 인연이 익고 커져서 그런 것이었습니다.

일찍이 설할 수 없는 것을 설하시니, 청량清凉국사께서 말씀하신 '오지五地의 성인이 세속의 마음을 일으킨다'는 것이며, 일찍이 듣지 못한 바를 듣게 되니 도안道安 스님이 말씀하신 '타방他方의 다른 풍속을 통하지 않는 것이 없다'고 하신 것을 곧 이에서 증험할 수 있습니다.

소위 근기를 따라 점점 설하는 방편의 미묘한 문은 인연이 있으면 머물고 인연이 다하면 떠나가는 것이니, 법은法恩의 지중함을 이기지 못하여 이별할 즈음의 감회를 대강 적었습니다.

원컨대 저의 이 몸은 능히 보리심을 발하여 일당一堂의 선우善友들과 해탈문解脫門을 단박 열어 세세생생에 모든 부처님을 모시며 간 곳마다 선우를 친근히 하면서 환화幻花와 같은 공空 가운데서 언제나 불사佛事를 짓고, 실제實際의 이변理邊에서 항상 묘법을 말하면서 출몰出沒에 구품九品의 주인이 되고, 오가면서 삼계三界의 귀한 손님이 되겠습니다.

우러러 원하오니, 구족九族의 망령亡靈들이 모두 정토淨土에 왕생하고 육친六親의 함식含識이 다 고륜苦輪을 벗어나며, 삼도三途의 사생四生들과 구난九難과 구유九有들이 함께 진여의 이치를 증득하기를 바랄 뿐입니다. 팔부八部의 천룡天龍들과 만당滿堂한 성현聖賢들께서는 이 좋은 인연을 증명하소서.

최후신最後身에 이르도록 항상 대교大敎를 홍양弘揚하여 불심佛心에 칭합稱合하게 하며, 큰 법당을 세워 부처님의 혜명慧命을 잇도록 하겠습니다. 그리하여 선과 교를 전하고 가죽과 골수를 얻는 일을 이에서 다하도록 할 것이옵니다.

上大華嚴寺圓華函丈文

丁亥春

夫諸佛列祖傳禪傳敎 若義天之慈雲法雨 菩薩群生之得髓得皮 如福地之種瓜耕稻 盡開方便門而逗機 悉從眞如海而流出. 唯我大宗匠 德雲潤身法雨沃心. 仰觀宗脈之源源 浮休碧巖爲遠世祖 俯考法波之滔滔 影海楓巖爲近世師 皆是當代龍象 叔世樞機 十載經營爲法亡躬 咀嚼優曇之花半世 云爲濟衆爲業 呑吐涵溟之海 出山幷海 幾見福城之兒 拔草櫛風 多聞那刹

之說 心花露結 行葉風揚 所以之南之北 自擧結社之讓 自西自東每住法施之位. 思惟諸佛大願 本乎利他 那若今日經綸 只求自利 於是建法堂般若峰下 以根本智爲體 揭經膀於華嚴海中 以萬行華爲用. 卽用之體旣有天地之微祥 卽體之用 那無海會之放光. 三世佛作證明 十方衆爲主伴 卽佛之伴衆 其機卽無多無少 卽衆之證佛 其法卽不空不有. 然則華嚴海中 常說徧說 雖不說而說 堪忍界裡 音聞聲聞 唯無聞而聞 開廣長之舌相 闢無盡之法藏. 聲聞八垓 嘉風益熾 名高五岳 令譽尤多 猶如羊藏丘垤難防蠅蟻之鼓動 虎隱平原 誰禁鳥雀之喧噪 飮蛇者瓦解 狐疑者氷釋. 禪之傳 敎之傳 何專美於如來三傳之處 髓也得皮也得 猶端的於惠可三拜之風. 嗚呼 山河蘊玉而前聞 水亦藏珠然後長 方丈榮光 從此大華嚴佳號 自今揚唯函丈之風 山高水長. 余唯曹溪殘流 松林病葉 聞高風而參末 仰令譽而禮足 針芥之緣孰大焉. 說其未曾說 淸凉之謂五地聖人起世俗心 聞所未嘗聞 道安之謂他方殊俗無不通之之言 卽驗於此矣. 所謂逐機漸說方便妙門 有緣住離緣去 不勝法恩之重 槩書臨行之感. 願我此身 能發菩提心一堂善友 頓開解脫門 生生承事諸佛 在在親近善友 恒作佛事於幻花空裡常談妙法於實際理邊 出沒爲九品之主 往來作三界之賓. 仰願九族亡靈 俱生淨土 六親含識 悉超苦輪 三途四生 八難九有 咸證眞如之理. 八部天龍滿堂聖賢 共作良緣之證. 至於最後身 常弘大敎 稱可佛心 建大法堂 續佛慧命 然則傳禪敎得皮髓 於是乎盡之矣.

02

고흥군 팔영산 능가사 서불암

무자戊子(1888, 28세)

이 나라의 서울 남쪽 800리에 고을이 있으니 고흥이라 하고, 그 고을 동쪽의 한 유순由旬 거리에 산이 있는데 팔영산八影山이라 한다. 예전에는 팔전산八田山이라고도 불렸는데 팔영산과 같은 것이다.

후위後魏의 척발씨跖跋氏 13년에 여덟 봉우리가 위魏나라 임금의 세수 그릇에 비치므로 위주魏主가 이상히 여겨 사신을 보내 천하에 널리 물색하며 그곳을 구하다가 드디어 이 바다 위에서 찾게 되었다. 이를 좋은 비단에 그려 위주에게 보냈더니 팔영八影이라는 두 글자를 하사하면서 사신을 보냈다. 본국에서는 이에 대가람을 창건하였으니 지금의 능가사楞伽寺이다.

이 산의 뛰어난 경개는 지리산이나 월출산과 자웅을 겨룰만하며, 그 나머지 하늘이 감추고 땅이 숨기는 신출귀몰한 모습은 관람한 사람들이 스스로 알 것이니, 나머지 모든 걸 능히 다 말할 수 없다.

팔영봉 아래의 남쪽 언덕에 있는 골짜기를 백운동이라 한다. 천 개의 바위들이 그 빼어남을 다투며 만상이 그 풍광을 서로 사귀며, 흐릿한 구름이 자욱하다가 깨끗한 솜처럼 뭉게뭉게 피어나는 것이 여름 하늘의 뭉게구름 같아서 이 지역 사람들은 백운동이라 부른다. (예전에 백운사가 있었고 지금은 산막이 하나 있다.) 약을 캐러 오는 사람이 없으면 인

적이 드문 곳이다. 골짜기의 배꼽 부위에 서불암西佛庵이라는 암자가 있는데, 낭떠러지에 매달린 형국으로 좌향坐向이 임좌병향壬坐丙向(남동 남향)이다. 사방의 처마는 성城처럼 사다리가 없으면 오를 수 없고, 우매산牛埋山이 청룡靑龍이요 마복산馬伏山이 백호白虎인데 꾸불꾸불 낮게 엎드리다가 다투어 솟아나면서 이를 감추며 서로 껴안는다.

푸른 하늘에 닿은 절벽 바위에 있는 가장 진귀한 것은 용구龍口의 은천銀泉인데, 그 맛이 달고 빛깔이 맑다.

멀리 바라보면 자리에 기대앉아서도 만질 수 있을 것만 같은 것이 영주瀛州(제주)의 한라산이요 등 뒤를 돌아보면 목을 뽑아 부를 만한 것이 운봉(남원)의 방장산方丈山(지리산)이다.

창망한 푸른 바다의 모든 섬들이 교착하니 한 판의 바둑판과 방불하고, 주먹만 하게 보이는 두 기둥의 바위가 저 멀리 파도 속에 솟아 있는 것은 동해의 구계胸界● 가운데 있는 진나라의 동문東門이다.

여기에서 조금이나마 안심정려安心靜慮하여 능히 신선이 되고 부처도 되었으니, 유구국琉球國의 태자도 표류하다가 환국하였다는 등의 그런 이야기는 그 수를 헤아릴 수 없다. 지리를 보는 사람들이 운중선좌雲中仙座(구름 속에 신선이 머무는 자리)라고 하는 곳이 바로 이곳이다.

이절을 창건한 지가 오래되었지만 스님들이 이 암자 안에서 돌아가셨다는 말을 들어보지 못했다.

이것이 모두 서불암에 대한 대관大觀이다. 이 암자는 참고할 문헌이

● 구계胸界는 진시황이 모든 역사를 끝낸 뒤에 동해에 있는 구계胸界라는 곳에 돌비를 세워 진秦나라의 동문東門으로 표시하였다고 한다.

없으며, 다만 믿을 수 있는 것은 상량문上樑文뿐이다.

그 대략을 말하면 동진시대 의희義熙 13년(417) 곧 신라 눌지왕 원년元年에 우리 해동의 아도阿度 스님이 창건하였다고 전해온다. 당 태종 정관貞觀 원년元年(627) 이 산의 석인碩仁 스님이 마음속으로 중수할 것을 다짐하고 아전鵝殿**을 아주 높이 세우니, 한 분의 관음보살상이 월지국月支國에서 오니 인연이 되어 바로 모셨다. 옆에 딸린 방에는 16 성상聖像을 모신 큰 복전福田을 갖추고 있어 원하는 바가 이루어지지 않음이 없다. 밤낮이라는 두 마리 쥐가 서로 침노하고, 성주괴공成住壞空의 네 가지 겁이 서로 찾아오는 것은 이치가 굳이 그러한 것이다.

지난 광서 6년 경진庚辰(1880)년에 이 산에 사는 설암雪巖선사는 이 복지福地가 무너져 없어지는 것을 강개慷慨하여 이를 경영하니, 높은 사다리로 재목을 쌓아 낭떠러지를 얽었고, 서리를 발라 거친 흙벽을 칠하여 새롭게 하면서 며칠 안에 마치게 되니, 마치 요술로 이루어진 것 같았다.

옥벽玉壁이 큰 바다의 달빛을 머금으면 만 송이의 서리꽃이 피어나고, 바위 구멍에 솔바람이 울어대며 사시절 하늘의 음악소리가 울리니, 비록 염부제閻浮提 바다 가운데 있지만 어찌 도솔천兜率天의 하늘을 부러워하겠는가.

아! 이 암자에 머물면서 부처님께 공양하는 이가 만약에 관음보살의 천수천안千手千眼 가운데 하나를 얻기만 해도, 장강長江의 물을 휘저어 제호醍醐를 만들고 대지를 바꾸어 황금으로 만드는 것도 쉽지 않

● 아전鵝殿은 거위가 가면 뱀들이 없어지므로 삿된 것이 없어지는 전당, 즉 법당을 말한다.

겠는가. 나는 조계산에서 여기로 와서 두 밤을 머물면서 신선도 구하고 약도 캐었다.

암주庵主는 평소에 동향의 사람으로 교분이 있었는데, 공양 후에 차를 마시다가 이야기가 이 암자의 역사에 대해 말이 미치게 되니, 이에 말하기를 "그대는 한 말씀을 적어 여기에 삼생三生의 인연을 맺도록 함이 어떤가?" 하니, 내가 말하기를 "스님은 이 암자에 살고 있고 나는 말로만 알고 있는데, 그러면 그건 잘못된 것 아닙니까?" 하였다. 그분이 말하기를 "그렇지 않다. 공자께서 노魯나라에 태어나 노나라 역사로 인하여 『춘추春秋』를 지었으니, 어찌 이것과 다르다고 할 수 있겠는가?" 하였다.

내가 이리하여 글을 써서 지誌를 만들었다.

이 글은 금명이 28세 때 은사를 위해 팔영산에 만병초를 구하러 갔다가 서불암에 이틀 동안 머물면서 동향同鄕인 암주庵主의 청으로 지은 것이다.

―

高興郡八影山楞伽寺西佛庵記

國之南八百里有縣曰高興 縣之東一由旬有山曰八影 舊號八田 而同稱八影者 後魏跖跋氏十三年 八峰照印於魏主與〈鹽〉器 主異而使之 以物色 旁求天下 迺得于海上 因以瑞錦繪 賜八影二字遣使 本國仍創大伽藍 今稱楞伽是也. 山之勝槩 能與智異月出爭雄 而其餘天藏地秘 神出鬼沒之狀覽者自得 曰能盡擧也. 峰之离麓 有洞曰白雲 千岩競秀 萬像交光 濛濛靉靉 潔潔

綿綿者 若夏天之雲 故土人曰白雲洞〈前有白雲寺 今有一山幕〉非採藥所
罕. 到洞之臍有庵曰西佛 懸崖作局 壬丙爲向背 四簷如城 非梯莫能攀 牛
埋山之靑龍 馬伏山之白虎 透迤低伏 爭秀藏抱 碧落崏之最可珍者 龍口銀
泉 味甘光潔. 眺而望也 隱几可摩者 瀛州之漢拏 背而仰之 延頸可呼者 雲
峰之方丈 蒼茫碧海 諸島之交錯者 彷彿乎一局碁 兩柱拳石如烏頭許 突聳
波心者 卽東海上胸界中秦東門是也. 於此小可安心靜慮能以化仙作佛者
琉球太子漂流還國 其儷不億 相地者 爲雲中仙座者 於此不謬矣. 刱庵頗
久 而未聞僧化于此 是皆爲西佛庵之大觀也. 庵無文考但取信樑文而已也.
其略曰 東晋義熙十三年 卽新羅訥祗王三年●我東阿度之所刱也. 唐太宗貞
觀元年 山之釋碩仁 矢心重葺 鵝殿崔嵬 一躬觀音 來自月支國 有緣卽應
翼室幷明 十六聖像作大福田 無願不遂. 二鼠迭侵 四劫相尋 理固然矣. 越
光緖六年庚辰 住山老雪崟禪師 慷慨福地壞空 經之營之 雲梯而倕材架巇
霜塗而狌毟粘新 剋日告訖 儼若化成. 玉壁含鴻濛之月 萬朶霜華 石竇吼松
間之風 四時天樂 雖居鮮浮提海中 寧慚兜斯陁天上. 噫 住斯庵供是佛者
若得觀音千手眼之一 攬長河爲醍醐變大地作黃金 不亦易乎哉. 余自曹溪
信宿于玆 求仙乎 採藥乎. 庵主素有同鄕之分 齋餘茶初 語及本庵之終始
仍云 子盍以一言 係三生於此乎 曰師住是庵 吾有是言 豈非太過乎 曰不然
孔聖之生於魯 因魯史作春秋者何異是爲哉 余於是乎書爲誌.

● 원문에는 '눌지왕 3년三年'이라 하였으나 이는 '원년元年'의 오기이다.

03
조계산 보조암 강당선불장 연화결사문

임진壬辰(1892, 32세) 3월 일

자세히 살펴보니 보살이 사물을 위함에는 반드시 크나큰 비원悲願의 선근과 불조佛祖의 전심傳心을 의지하였으며, 일찍이 들은 바에 의하면 칠엽굴七葉窟 내외에서 결집한 여러 부의 삼장三藏은 삼도三途를 제도하는 방략方略이면서 일을 다스리며 나아가는 권형權衡이라 하였다.

이 암자를 돌아보니 보조국사의 선방禪房이며 선불장選佛場의 교해 敎海이다. 보조국사는 승안承安 5년(1200)에 이 암자에 머물며 큰 절을 창건하였으니 보리좌菩提座를 떠나지 않고 보광당普光堂으로 나아가신 것과 같고, 10년이 넘도록 원음圓音을 펴며 중생들을 경계한 것은 스스로 도독고塗毒鼓를 울리어 아수라阿修羅의 무리를 없애신 것과 같다.

그 덕德은 천지와 같아 만물의 흐트러진 윤리를 원융하게 녹이고, 그 신信은 춘하추동의 사시절과 같아 삼라森羅들이 질서를 이어서 길러내며 익히게 하였다.

이로써 전하여 진각국사眞覺國師를 비롯하여 청진국사淸眞國師 등 열여섯 분의 노추老錐(선지식)들이 나오게 되었도다.

이로 인해 드디어 부휴浮休, 벽암碧巖선사들이 33조사의 종맥宗脈을 이으면서 인천의 안목을 열어주고 불조의 종유宗猷를 천양闡揚하였으며, 온 천지가 선불장이 되어 설경說經하는 주인이 간세間世의 용으로 나타나고, 모든 세계는 배우는 법려法侶가 되어 청익請益하는 무리들이 멀리 구름처럼 몰려왔던 것이로다.

하물며 백암栢庵선사와 무용無用선사는 선교의 도량에 독보적인 분들이었고, 침명枕溟선사와 우담優曇선사는 그림자와 메아리 같은 짝이 되었으며, 영해影海선사와 풍암楓巖선사는 큰 법회의 자리를 높이 세웠고, 묵암默庵선사와 응암應庵선사는 상족上足의 도반이 되었도다. 이것이 바로 불조들이 원력으로 수생受生하는 것이며 보살의 만행 방편임을 알 수 있으리라.

이렇게 용상龍象이 늘어서며 의연히 문수文殊가 문을 나서고, 북과 피리를 울리며 묘음妙音이 법회에 들어오는 것과 방불하였도다. 칠중七衆의 스님들이 독룡을 항복받던 발우를 다투어 던지니 만고의 강산江山이 번화繁華하였고, 팔방의 고승들이 호랑이 싸움을 말리던 지팡이를 다투어 던지니 천추千秋의 운월雲月이 장관壯觀을 이루었도다.

향을 품고 선정禪定에 들면 오가는 말이 없어도 우러러 감싸는 두량斗量이 되었고, 꽃을 뿌리며 경전을 설하면 생멸이 없는 말씀은 논설을 흔들며 수레에 가득 실을 만큼 되었으니, 이곳은 참으로 흥문興文의 땅이며 선불選佛의 도량이라 할 것이다.

다만 인연의 운수는 더욱 내려가고 인법人法이 점점 더 위태로워지며 연하煙霞는 빛을 잃고 수월水月은 빛이 잠기게 되니, 화대華臺와 보탑寶榻에 새겨 넣을만한 이가 누구이던가?

금문金文과 옥게玉偈를 천양闡揚할 주인이 없어졌도다. 그러나 자리를 빼앗아 설법할 주인이 면면히 끊어지지 않으니 아마도 이는 부처님의 현기懸記가 있는 듯하고, 경전을 낀 무리들이 가끔씩 돌아오니 실로 불일보조국사의 원력이 사라지지 않은 줄을 알겠도다.

대개 이 법성法性은 참 보배라서 영허盈虛가 없지만, 감인堪忍 세계의 티끌 같은 재산은 어찌 진퇴進退가 없으리오. 이는 단월檀越이 없어서 그런 것이 아니라 반드시 왕운旺運을 기다리고 있는 것이리라.

감히 각수覺樹의 춘풍에 패엽貝葉이 다시 푸르러지고 조계의 가을 달에 법의 물결이 다시 맑아지기를 바라면서 애오라지 짧은 글로 단문檀門에 널리 알리노라.

흙으로 빚은 떡가루를 올린 공덕으로 구경究竟에 전륜왕轉輪王이 된 것은 덕승德勝 동자가 귀감이 되고, 황금을 땅에 깔아 시주하여 정사精舍를 만든 것은 수달타須達陀 장자의 단행檀行이로다.

재물은 몸을 해치는 칼이 되니 버리기 어려운 티끌 보배를 아끼지 말고, 적선積善은 호신의 부적符籍이 되니 영원히 변하지 않는 좋은 인연의 원을 세우소서.

각수의 빛깔과 패엽의 소리는 지옥을 쳐부수는 도끼가 되는 줄은 믿지만, 옥호玉毫의 광명과 금구金口의 게송이 천당에 오르는 사다리가 되는 줄 누가 알겠는가.

큰 북이 크게 울림은 부처님의 명훈銘訓이오. 나아가고 돌아옴은 공부자孔夫子의 정녕丁寧하심이로다.

청부靑鈇 아안鵝眼 백찬白璨 홍선紅鮮은 이미 있는 줄을 헤아려서 쟁반에 내놓았으며, 유리·진주·산호·호박은 가산家産이 아니니 무엇을 말하리오. 허리에 10만 관貫의 돈을 꿰어 차고 있어도, 다만 이는 학鶴의 등 위에 펼쳐진 한바탕 허깨비 같은 경지일 뿐이로다.

지은 공덕은 삼천세계에 가득하여 반드시 용화회상龍華會上의 삼회

三會 가운데 태어나는 사람이 되어, 만 갈래의 실마리를 얼음같이 녹이고 한 번의 승낙으로 능히 금金을 끊게 되리다.

봉축하노니, 요堯 임금의 명협蓂莢(달력을 상징하는 풀)에 세월이 길어져 사방의 인민들은 구양衢壤의 노래를 흥얼거리고, 순 임금의 거문고에 바람이 훈훈하여 백공百工이 성운星雲의 경사에 화답하여지이다.

曹溪山普照庵講堂選佛場緣化結社文

壬辰 三月 日

詳夫菩薩之爲物 必假大悲願之善根 佛祖之傳心 曾聞窟內外部藏 濟三途之方略 就一事之權衡. 顧此庵 卽普照國師之禪房 選佛場之教海. 承安五年 住本庵而創大寺 如不移菩提座而赴普光堂 越于十載 放圓音而警衆生 若自鳴塗毒鼓之喪修羅趣 德如天地 融冶萬物之失倫 信若四時 生熟森羅之得序. 以是而傳之 眞覺淸眞等 爲十六之老錐 因玆以迄于浮休碧巖師繼卅三之宗脈 開斫人天之眼目 闡揚佛祖之宗猷 渾天地選佛場 說經之主間世龍現 盡世界學法侶 請益之徒 遝邐雲奔. 況復栢庵無用獨步於禪教之場 枕溟優曇作影響之伴 影海楓嵒 高設大會之座 黙庵應庵爲上足之儔. 是知佛祖願力受生 菩薩萬行方便. 龍象列立 依然文殊之出門 鼓角喧轟彷彿妙音之入會 七衆韻釋 競擲降龍鉢 繁華萬古江山 八紘高僧 爭投解虎節 壯觀千秋雲月. 懷香入定 無去來之說 景抱斗量, 散花談經 不生滅之言 動論車載, 眞所謂興文之地 選佛之場. 但以緣運益降 人法愈殆 煙霞失色 水月潛光 華垳寶榻 彫鏤何人 金文玉偈 闡揚無主. 然而奪席之主 綿綿不絶 倘

是菩提尊之懸記若存 橫經之徒 往往斯歸 實知佛日老之願力不滅. 盖此法性眞寶 雖無盈虛 堪忍塵財 那無進退 非無檀越而然矣 必待旺運而是歟. 敢冀貝葉重翠於覺樹春風 法波再淸於曹溪秋月 聊將短軸 普告檀門 獻土麨而竟作輪王 德勝童之藻鑑 施金地而已成精舍 須達陀之檀行財是害身之刀 莫惜難捨之塵寶 善是護身之符 願樹不朽之良緣. 覺樹色貝葉聲 須信破地獄之斧越 玉毫光金口偈 誰知上天堂之棧梯. 大鼓大鳴 瞿曇氏之銘訓 出爾反爾 孔夫子之丁寧. 靑鈇鵝眼白璨紅鮮 度已有而盤出琉璃眞珠珊瑚琥珀 非家產則何論. 腰纏十萬錢 只是鶴背上一幻土. 功滿三千界 必參龍華中三會人 萬縷冰消 一諾金斷 奉祝堯莢日永 四民興衢壤之歌 舜琴風熏 百工和星雲之慶.

04
축성전 창건기

병신丙申(1896)

축성전祝聖殿*은 곧 우리 세 분 전하殿下의 탄신을 축하하는 전각이다. 광서 12년 병술丙戌(1886)년은 이 태황제太皇帝께서 보조寶祚에 오르신 지 23년이 되는 해이다.

본 순천군수 이범진李範晉**은 본래 화족華族의 각신閣臣이다. 경성에 올라가 대궐에 들어가서 주상을 모시고 친히 진달하며, 승평의 웅장하고 걸출함을 가만히 아뢰면서 송광사의 빼어남을 세세하게 품신稟申하였다. 주상께서는 빙그레 웃으며 그 아름다운 점을 몹시 칭찬하며 "예전에 들으니 공민왕이 동방의 제일가는 도량이라고 말했다는데, 참으로 거짓이 아니로구나. 짐朕이 일천금의 필요한 재물을 내려 보낼 것이니, 그대가 그 절에다 당우를 짓고 삼전三殿(主上, 大妃, 世子)의 탄신일에 재를 공양할 수 있겠는가?" 하시었다.

이공李公이 절하고 물러나 본사에 이르러서 북을 울리며 대중을 모아놓고 용운龍雲 스님에게 그 일을 주관하게 하였다. 그리고 땅 서른두마지기를 매입하였다. 삼전의 위패는 동방장(지금의 수선사 자리)에 봉안하고서 축성전祝聖殿이라는 편액을 걸었다. 이듬해 정해丁亥(1887)년에 다시 오백금을 내리시어 단청하여 거듭 새롭게 하며, 문을 세우고 계단을 쌓았다.

아! 막중한 성전聖殿은 오색구름의 끝에 높이 솟았고, 장관인 홍살문●●●은 저 멀리 네거리에 표시하였다. 열세 층계 위에 삼중三重의 어천문於千門을 올리고 액호額號를 만년萬年이라 하였다. 병신丙申(1896)년에 전라남도 관찰사 윤웅렬尹雄烈 대신大臣이 순도하다가 본사에 이르러 백 배로 경축하면서 만세계萬歲契를 설립하고 칠백의 금전을 처분하여 내렸다. 또한 지방의 관원들에게도 힘이 닿는 대로 희사喜捨하라고 하였다.

그리고 친히 계안문契案文을 지었는데 간단히 말하면 "우리들이 이미 이 경내에 들어와서 성전을 우러러 바라보니, 햇빛 아래 오색구름이 지척 사이에 있는 듯하다. 운운…" 하였으니, 본 도의 대신들과 본 군의 관리들도 이렇게 흠모하였다.

그러니 하물며 이 절에 살고 있는 승려들이 어찌 경축하지 않으리오? 불일佛日이 길이 빛나고, 황도皇圖가 공고鞏固하기를 바라는 것이다.

● 축성전祝聖殿은 지금의 수선사 자리에 있던 전각으로 왕과 왕비와 세자의 탄신일에 재를 베풀며 축원하던 곳이다.

●● 이범진李範晉(1852~1911)은 조선 말기의 정치가이며 자字는 성삼聖三이다. 세종의 다섯째 아들인 광평대군廣平大君의 17대손으로 고종 때 문과에 급제하여 명성황후의 총애를 받았다. 1886년에 순천부사를 지냈는데 그때 송광사의 그림(송광사 전경도 참조)을 그려 고종께 진달하여 송광사에 축성전을 짓게 되었다. 1895년 을미사변 후 러시아로 망명. 1896년 귀국하여 친일파를 몰아내고 법무대신이 되었다. 1897년 주미공사, 1900년 주러시아공사로 전임되어 대한제국의 독립을 위해 투쟁했다. 1905년 일제가 외교권을 박탈하고 각국 주재공사들을 소환하자 이에 불응. 1910년까지 공사 업무를 계속하며 항일 독립운동을 지원하였다. 1907년 헤이그에서 만국평화회의가 개최될 때 특사인 그의 아들 이위종과 이준, 이상설을 후원하며 러시아 황제에게 이들의 보호를 요청했다. 강제 한일합병조약 체결로 국권이 피탈된 이후 1911년 1월 13일 자결했다.

●●● 홍문虹門은 무지개 모양의 홍예문虹霓門을 뜻한다. 여기서는 축성전을 짓고 난 후에 일주문 앞 200보 거리에 있는 하마비 옆에 세운 홍살문을 말한다.

祝聖殿創建記

祝聖殿者 卽我三殿下 誕辰祝釐之殿也. 光緒十二年丙戌 卽李太皇卽祚之二十三年也. 本郡倅李範晉 本以華族閣臣 上京入闕 入侍親達 密奏昇平之雄傑 細稟松寺之勝賞 上莞爾欽歎曰 昔聞玄陵之謂東方第一道場者 正不誣矣. 朕劃下一千金需財 汝建堂宇該寺 供三殿誕辰齋可乎. 公拜退 抵于寺 鳴鼓招衆 令龍雲堂管之. 仍買土三十二斗落 只奉安三殿位牌於東方丈. 揭額曰祝聖殿. 翌年丁亥 又下五百金 重新丹雘 建門築階. 噫 莫重聖殿 嵬嵬乎五雲之端 壯觀虹門 逈逈四街之表 十三層階上上於千三重門 額曰萬年 越丙申 本道觀察使 臣尹雄烈 巡道于本寺 百拜慶祝 設萬歲契 以七百金處下 亦勸地方官員隨力喜捨云 親製契案文 其略曰 吾輩旣入此境 瞻仰聖殿 日下五雲 如隔咫尺云. 以道臣郡官 如此欽慕 以况居此寺之緇徒 倘如何慶祝哉. 佛日長明 皇圖鞏固云.

05
성수전 시창연기 발문

계묘癸卯(1903) 9월 19일

엎드려 들으니, 대한제국 광무 7년 임인壬寅(1902)년에 우리 성천자聖天子의 성수聖壽가 60의 화갑花甲을 바라보는 경사스런 모임이 있어서, 선왕들의 예를 따라 예연을 베풀고 기로사耆老社에 들어가 천하의 명승을 선택하여 원당願堂을 세우려고 하니, 팔도의 승니僧尼들이 구름처럼 달려가서 청원을 하였다.

주상께서는 조칙詔勅으로 말씀하시기를 "호남의 조계산 송광사는 길성吉星이 비추며 천지와 함께 장존長存하는 곳이라, 짐이 스스로 점지하노니, 승려를 불러서 물어보도록 하라" 하셨다.

봉시奉侍 이병정과 감동監董 정명원은 명령을 듣고 공문을 보내 이 절의 승려를 급히 초청하였다. 같은 해 10월에 이 절 승려 보정寶鼎 등이 발을 싸매고 달려가 위에 도달하니 마침 궁중이 편안하지 못하고 관청들도 고요하여 겨를을 내지 못하였다.

이듬해 계묘癸卯(1903) 5월에 다시 특별히 조칙으로 내폐전內幣錢 5만 냥을 내리며 '밤을 잊고 서둘러 동역하여 며칠 안에 완공하도록 하라'고 하셨다.

감동監董 정명원과 보정은 조칙을 받들고 내려와서 북을 울리고 대중을 모아놓고 터를 닦고 건축을 하며 날을 택하여 동역董役을 하였다. 도백道伯 군수郡守는 자원하여 보조하고 고을의 민정民丁들은 양식을 모우고 울력에 나섰다. 재목은 가까운 고을의 여러 산에서 구하고 기와는 고흥과 낙안의 진창鎭倉에서 운반하였다. 이것은 조칙을 받들고 훈령을 감내하여 거행하게 된 것이다.

6월 초아흐레부터 역사를 시작하여 7월 20일에 상량을 하도록 정하였으나, 양정糧政이 어려운 흉년에다 여름 장마가 지루하여 8월 20일로 늦추어 정하였다. 그러다가 재목材木이 마땅하지 못하였기에, 다시 9월 19일에야 상량上樑하고 11월 10일에 완공을 하게 되었다. 그 사이에 미리 계산한 것이 넉넉하기도 부족하기도 했지만, 그 일을 감독하는 사람의 방략에서 흘러나와 두루 도모되어 맞아지게 되었다. 토목이 허비되기도 하고 인물들의 공력이 허사가 된 것들은 군더더기로 말할 것이 아니다.

상량할 때 축원하기 위해서 들어간 대내大內에서 하사한 돈 일천 냥과 상량문을 쓴 붉은 공단孔緞 한 필과 물 수水 자를 새긴 은화 3원은 모두가 드물게 있는 일대一大의 성대한 거사였다.

우리 동방의 승지勝地에 원당을 세운 것은 그 수를 헤아릴 수 없지만, 이는 진신縉紳(벼슬아치)과 장보章甫(유가의 선비)들이 경영을 빌미 삼아 자기들 공덕을 드러내기 위해서였다.

그러나 우리 본사本寺에 새로 세운 기로소의 원당인 성수전은 점지하여 정한 것이나 예산이나 목석, 기와, 재목 등과 상량문과 전액殿額들은 모두 칙지勅旨로 하사하지 않은 것이 없다. 그 중차대한 바는 어찌 감히 자기 공덕을 드러내기 위해서 경영하는 것과 같이 비교할 수 있겠는가.

훗날에 계고稽古할 수 없게 될까봐, 그 전말顚末을 간단히 적어 천년이 지난 뒤에도 볼 수 있게 하는 것이다.

―

聖壽殿始創緣起跋文

癸卯 九月 十九日

伏聞 大韓帝國光武七年壬寅 卽唯我聖天子 聖壽望六之花甲慶會也 追邀先王之禮設禮宴人耆社 選擇天下名勝 營建願堂 八域僧尼 雲奔而請願 上詔曰湖南之曹溪山松廣寺 吉星照臨天地長存 朕自占矣 招僧問之. 奉侍臣李炳鼎 監董臣鄭明源 聽令發文 急招該寺僧. 同年十月日該寺僧 寶鼎等裹足上達 適因宮中靡寧 府社肅靜 寢之未暇. 越明年癸卯五月日 更有特下詔勅 內帑錢五萬兩 罔夜董役 赳日告功. 監董臣鄭明源與寶鼎 奉勅下車 鳴鼓集衆 占基營建 差日董役. 道伯郡守 自願補助 府郡民丁 聚粮赴役求材於近郡諸山 運瓦於興樂鎭倉 此莫非奉勅甘訓而擧行. 自六月初九日始役 以七月二十日初 定上樑 爲粮政之艱凶 夏霖之支離 以八月二十日退定 又以材木之未當 更以九月十九日上樑 至十一月初十日告功. 這間預筭之足不足 流出於監董之方畧周圖中矣. 土木之虛費 人物之空力 不欲贅焉. 上樑時 爲祝所入內下錢一千兩 樑文所寫紅孔緞一疋 水字刻銀貨三圓 儘是罕有之一大晟擧也. 盖吾東方勝地 願堂之設 其數不億而止 是縉紳章甫藉營要功而已矣. 至若本寺之新建耆老所願堂聖壽殿 卽占定也 預筭也 木石瓦材也 樑文殿額也 莫非爲勅旨所賜也. 其所重且大 何敢以要功營建 同日譬肩哉. 只恐泯後稽古 畧書顚末 以示于千載之下云尒.

06
전독대장경 발문

을사乙巳(1905) 3월 26일 회향

엎드려 듣자오니, 우리 세조世祖대왕께서는 오십 부를 인경印經하여 오백 명 스님들에게 재를 베풀며 칠 일 동안 전경轉經하였고, 정희대비貞熹大妃는 삼십 부를 인경하여 삼백 명 스님들에게 재를 올리며 칠 일 동안 전경하였다. 우리 태황제 폐하께서는 삼부질三部秩을 인경하여 이백 명 스님들에게 재를 베풀며 칠 일 동안 전경하였다. 위의 삼창三刱하신 경사스런 법회의 연기와 과적課蹟은 이미 학조學祖대사와 조매계曺梅溪(曺偉)와 조시영曺始永(남도 관찰사)이 써놓은 기록 가운데 전해오고 있다. 이는 모두 법보종찰 해인사의 장경전藏經殿에서 설판設辦한 일대의 경사스런 법회였다.

지금 삼부의 경전을 칙령으로 삼보 종찰에 나누어 진호하여 본사에서도 칠 일 동안 정진하면서 대장경을 전독하였다. 그 일은 참으로 만나기 어려운 것이며 그 인연이 없지 않았으니, 어찌 기록하여 전하는 것을 빠뜨릴 수가 있겠는가.

광무 2년 기해己亥(1899) 봄에 칙령으로 삼부의 경전을 인경할 때 본사에서 스님 50명이 인경하는 도량에 나아가 혹은 증명證明이나 교정校正이 되고 혹은 편집하고 봉첩奉牒하면서 그곳 종주宗主를 위하지 않음이 없었다. 한 부의 대장경을 차례대로 전하며 얼음 위에 굴리듯이 조심스럽게 이운移運하여 본전本殿에 봉안하게 되었다.

이듬해 경자庚子(1900)년에 그 장막을 단청하고 대청을 새롭게 했으며, 신축辛丑(1901)년에 재물을 구하여 임인壬寅(1902)년에 단청하였다. 갑진甲辰(1904)년에는 여러 단월을 구하여 양식과 등불을 수용할 수 있게 하여 백색百色을 갖추었으나 모자란 것은 오직 전경轉經하는 항목이 하나 빠졌다.

지난 임인壬寅(1902) 봄에 상궁尙宮 천씨(千一淸)가 승가리僧伽梨(가사) 불사를 위해서 해인사로 행차한다는 것을 듣고, 이 산의 금명錦溟은 달려가 그 법회에 참석하여 여름 결제를 하였다. 그곳에서 큰 소원은 오직 풍경諷經하는 불사 이야기를 기회를 보아 토론吐論하며 반드시 그 도리를 말하는 것이었다. 마침 회광晦光과 초은草隱의 두 존숙尊宿이 있는데, 그들은 천상궁과는 서로를 알아주는 사이였으므로 편의를 따라 그 이야기를 다 할 수 있었다.

여름 해제 후에 두 분 스님과 천상궁을 본사로 청하여 지극정성 예경하고 재를 올리며 성상聖上을 위해 기도하였다. 여러 날 국사國師의 유적을 완상玩賞하더니 모르는 결에 흠모하여 칭송하면서 향화香火의 인연과 결사의 약속을 방당方塘에 굳게 맺었다. 제각기 경향京鄕으로 흩어졌어도 자주 편지를 주고받으며 지묵紙墨의 인연을 이어가다가, 뜻밖에 초은 노옹老翁이 무상無常의 선정禪定으로 들어가시니, 그 소리와 그 모습을 볼 수 없게 되어 지난번 약속을 알릴 수 없게 되었다.

그러나 불문佛門의 큰일은 유명幽明이 다른 신후身後의 일도 상관없는 것이다. 이미 회광 율사律師에게 부탁하여 일은 아주 거창해져서 혼자 해나가기는 어려웠지만 회광 스님이 교묘한 좋은 방법으로 천상궁과 초은 스님의 사이에서 이천금의 돈을 모금하고 자기의 오백금을 부비浮費로 써가면서 천리의 경향京鄕에서 산을 넘고 물을 건너 왕림枉臨하였다. 을사乙巳(1905) 3월 초아흐렛날 본사에 도착하여 3월 17일에 불사를 시작하였다.

공양물은 비록 풍요롭지 못하지만 일은 이미 많은 사람들에게 널리 알려졌으니 도내의 여러 산에다 글을 보내어 밝은 선지식들을 청하여 율법대로 결계結界를 하고 여법하게 법단法壇을 열었다. 아무 하는 일도 없이 그저 그럭저럭 지내는 변고變故가 있을까 그것이 걱정이었다.

일당一堂의 법중法衆들을 두 곳의 법단에 나누어, 교사敎師들은 장경각에 자리를 만들어 경패를 뽑아 경을 외우면서 하나같이 경전 도감과 입승의 명령을 따라 아침부터 정오까지, 정오부터 저녁까지 한 번도 끊어짐이 없게 하였다. 또 선사禪師들은 대법당에 자리를 만들어 정성 들여 정진하면서 하나같이 유나維那와 지전持殿의 명령을 따라 역시 끊어짐이 없게 하였다. 그러면서 성중聖衆께 기도하고 찬탄하며 축원하고 분수焚修하면서 두 곳 대중들이 대광명大光明의 도량에 합석하여 혼백魂魄을 부르고 영가靈駕를 청하여 편의대로 설법說法하고 청법聽法하면서 견문見聞의 이익을 얻게 하였다.

삼경三更 종을 치면 제각기 처소로 돌아가 단석單席을 펴고 다리를 뻗고 쉬다가, 오경五更이 되면 두 곳 대중들이 대법당에 합석하여 관음불전에 마지摩旨를 올리고 축원을 하였다. 그런 다음, 법대로 아침 공양을 마치고 두 곳 대중이 법단을 나누어 어제와 같은 모양과 같이 하면서 칠 일 동안 정진하여 아무런 장애 없이 회향하였다.

법중法衆의 위엄이 깊고도 정밀하니, 옛날 오백 명 스님들에게 재를 베풀고 전경轉經했던 대회와 무엇이 다르겠는가. 그런 다음 산중이 동참하여 재를 베풀고 삼 일 동안 『범망경梵網經』과 『사분율四分律』을 정진하면서 율법대로 결계結界하고 보계寶戒를 개연開演하며 사부대중이 모여들어 삼단三壇에서 원만히 수계하였다. 단상의 사리闍梨(高僧)들과 대회에 참석한 대덕大德들의 위의가 엄숙하여 청淸나라에서 개설한 황계계단皇戒戒壇•의 가풍보다 못하지 않았다.

이로부터 조계산은 먼지를 벗어나고 송광사의 문은 빗장이 풀어져서, 삼일암三日庵(선원) 가운데서 부처를 삶고 조사를 삶는 고승들을 자주 보게 되고 육감정六鑑亭 위에는 호계護戒하고 호탑護塔하는 도사道士들이 늘어 앉게 되었다.

그러니 인경印經하는 도량에 모든 어른스님들이 집무하게 되고 단월들은 선지식들에게 시주를 하게 되어 공덕이 무량無量하고 복덕이 무변無邊하게 되었으니, 나도 몇 마디 말을 사람들에게 할 수 있게 되었다.

나 또한 선림禪林의 병든 이파리 같고 교해敎海의 작은 물거품 같은 사람이지만, 외람되이 전경轉經하는 법단法壇에 동참하여 친히 제방의 선지식들의 가르침을 받으며 해인사 대장경의 법유法乳를 맛보게 되었다. 내 개인의 분수에는 그 다행스러움이 막대하였으니, 그 전말顚末의 내용을 적어 후생들에게 보이는 것이다.

이 글은 1899년 해인사에서 고종황제의 후원으로 인출한 대장경 3부 가운데 한 부를 송광사에 모셔와서 공승供僧하며 전경轉經한 불사의 경위를 적은 글이다.

• 황계계단은 청淸 옹정 12년(1734) 복취율사가 법원사에 세웠다. 구한말에 승림勝林율사가 중국의 창도율사로부터 그 계법을 전해 받고 율맥을 이어왔다.

轉讀大藏經跋文

伏聞我世祖大王 印五十部 設五百僧齋 七日轉讀. 貞熹大妃 印三十部 設三百僧齋 七日轉讀. 我太皇帝陛下 印三部秩 設二百僧齋 七日轉讀. 上三刱慶會緣起課蹟 已載於學祖大師曺梅溪曺始永三高士之寶唾傳錄記中而是皆爲法宗刹海印 藏殿之所設辦一大慶會也. 今三部經 勅賜分鎭三寶宗刹 而至若本寺之七日精進 轉讀大經 事必難遇 緣亦不無 安闕傳錄哉. 光武二年己亥春 勅印三部經時 本寺釋五十員 齊赴印場 或爲證明校正或爲編集奉牒 莫不爲該所宗主 而一部大經 傳次移運 如冰棱上轉輪 仍奉安于本殿. 越庚子 臕其帳新其廳. 辛丑求財 壬寅丹臒 甲辰求諸檀氏 爲粮燈之需 百色具而所欠者 唯轉經一款也. 越壬寅春 聞尙宮千氏 以僧伽梨佛事 行次于海印寺. 山之釋錦溟 委奔叅會 仍爲坐夏而第所大願 唯諷經佛事一端也. 乘閒吐論 必說那箇道理 適有晦光草隱兩尊宿 爲千氏之鍾期 故 隨便說盡遮箇說話. 解夏後 奉請兩闍梨及千氏于本寺. 致禮儘極致齋祈聖 廣日玩賞國師遺跡 不覺欽頌. 香火之緣 結社之約 牢結方塘 各分京鄕 每憑魚雁 可續墨緣. 意外草翁 奄入無常定中 音容洞隔 莫告宿約. 然而佛門大事 不關幽明身後之事. 旣囑於晦光律師 事甚巨刱 卒難獨辦以晦師之善巧 坐千氏草翁之間 募得二千金文 以自己五百金 浮費需用千里京鄕 跋涉枉臨. 至乙巳三月初九日 抵本寺 同月十七日 始作佛事. 齋體雖非豐饒 事聞已驚凡聽 發文道內諸山 奉請有明知識 依律結界 如法開壇 恐有閑襍漫然之變. 一堂法衆 分爲二壇 敎師設榻於藏經殿 發牌諷經 一從經都監立繩之知委 從朝至午 自午至夕 一無間斷也. 禪師設榻於大法堂 致誠精進 一

從維那持殿之知委 亦無間斷. 祈聖讚祝而焚修 則兩衆合席于大光明場 唱魂請靈 隨宜說聽 見聞得益. 打三更後 各歸該所 開單休脚 至五更時 兩衆合席于大法堂 觀音佛前摩旨上祝後 依法朝供畢 兩衆分壇 如昨日樣子 七日精進 無障回向. 法衆矩規 威嚴深密 何異昔日五百僧大會也. 然後山中同叅設齋 三日精進 以梵網經 四分律 依律結界 開演寶戒 四衆幷集 三壇圓受 壇上闍梨 會中大德之威儀嚴肅 莫讓於淸朝皇戒戒壇之家風歟. 是溪山超塵 松門通局 三日庵中 頻見烹佛烹祖之高僧 六鑑亭上 列坐護戒護塔之道士. 然則印場執務諸上師 檀門引勸善知識 功德無量福無邊 聊將數語付含識. 余亦禪林病葉 敎海微漚 猥叅經壇 親灸諸方善識之敎誨 呪味海印大藏經之法乳. 於吾私分 幸莫大焉 槃書顚末示諸可畏云尒.

07

다솔사 대웅전 선승당 창건양문

을묘乙卯(1915) 겨울

술회하노니, 양의兩儀(天地 또는 陰陽)가 뿔처럼 둘로 나누어지며 기지基地는 금지金地의 법계法界를 저울질하고 삼신산三神山은 솥발처럼 높이 솟아나 그 이름이 옥경玉京의 선궁仙宮에 걸리었도다.

우러러 건심乾心을 헤아림은 다만 청오靑烏가 때를 가리는 것이니, 굽어보며 곤맥坤脈을 정함이 어찌 백마白馬를 슬피 울게 하려는 것이리오. 일찍이 거북점과 대나무 점을 치고 그대로 따른다는 걸 들으면서, 그 얼마나 용신龍神이 기뻐함을 보았던가.

방장산方丈山 다솔사多率寺는 남악南岳의 종기鍾氣(정기가 한곳에 모인 것)이니 봉래산蓬萊山과 영주산瀛洲山의 신령함이 더욱 빛나고, 동해의 조종朝宗이니 일역日域(동방)의 채색 무지개가 상서로움을 드러내며, 십주十洲의 군옥群玉 같은 동부洞府가 둘렀으니, 그 몇 천 년이나 꽃비 내리는 도량이었던가.

창시創始하였던 그 처음을 계고稽考해보면, 양梁나라 천감天監 2년(503)에 연기烟起조사께서 개산開山의 주인이 되었고, 당唐 정관貞觀 10년(636)에 자장율사는 도솔사兜率寺를 세운 내빈來賓이 되었도다. 의상義湘대사의 영봉사靈鳳寺는 당唐 의봉儀鳳 원정元正(676)이오, 도선道詵국사의 영악사靈岳寺는 당唐 건부乾符 2년(875)이다. 보제普濟(懶翁)존자에 이르렀다가, 곤봉昆峰(惠能)대사가 창수創修하던 해에 사적寺蹟의 비碑를 세웠으며, 진안월초震顔月蕉 스님이 중수重修하던 날에 다솔사多率寺라고 이름을 고쳐 불렀다.

그 시작과 결과를 살펴보면 크게 창건함이 여덟 번이오, 중수한 것이 또한 세 번이었다. 혹 나라의 힘을 빌리면 나라가 복되고 백성들을 행복하게 하였다. 혹은 단월들이 문을 두드리면 중생들과 세상을 제도하면서, 고승들이 운집하여 정토淨土의 업業이 저절로 새로워지고, 용상龍象이 바람을 따르면서 총림叢林의 모양이 예전과 같았다.

그러나 이치의 운수가 있어 터지고 막히는 것(否泰)을 어찌 하리오. 개국開國한 지 522년이 되는 갑인甲寅(靑虎, 1914) 섣달 초이렛날 밤에 화덕火德(火爐)이 재난을 흘려 갑자기 괴공壞空의 소장消長을 당하고, 염제炎帝의 앙화殃禍가 내려 참혹하게도 회록回祿의 변태變態를 만나게 되었으니, 대웅보전은 능能함이 있어도 용출湧出할 문이 없었다. 하물며 나한羅漢과 명왕冥王이 어찌 몸을 숨길만한 땅이 있으리오. 우리 스님들이 안색을 잃은 것을 말할 수도 없는데, 저 임천林泉은 낯도 없으니 누가 능히 이를 기록紀錄하리오.

어찌 다행히도 부처님 힘의 가피한 바가 있어 법운法運이 순환循環하여 본사의 주지 월초月蕉 스님이 중창重創의 바람을 한번 부르니, 그 산의 대중스님들이 함께 좋아하며 (바람 앞에 드러눕는) 풀처럼 소연翛然하였다.

이에 상부上府에서 창설하라는 윤음綸音을 받고, 이어서 본군 관사의 재목을 얻어 기한을 정하고 서둘러서 짧은 시간에 이룩하니 그때가 언제인가? 곧 을묘乙卯(靑兎, 1915) 음력 10월(小春)이로다.

기와와 자갈 부스러기들을 비람풍毘嵐風(세상을 날려보내는 바람)에 쓸어내고, 구슬의 먼지를 은혜의 비로 씻으면서 입덕立德에서 큰 들보를 운반하니 진秦나라의 채찍을 쓰지 않았고, 지산智山에서 흩어진 재목을 나르니 신력神力의 도움이 있었다.

옥으로 쪼면서 돌을 다듬어 초석礎石을 놓고, 높은 사다리를 놓아 공수工倕가 다듬은 재목을 허공에 걸면서 차곡差穀하여 때를 맞추어 오대부五大夫●인 진나라 소나무가 오위五位로 나누어 늘어서고, 점성占星하여 날을 헤아려 삼장군三將軍●●인 한漢나라의 측백側栢을 올려서 사방을 누르니 아전鵝殿이 높이 솟아 비로자나毘盧遮那(청정법신)의 진체眞體가 군품群品을 용출湧出해내고, 익실翼室(본채에 딸린 좌우의 집)을 한꺼번에 혁신하여 선승禪僧을 대용大用하며 그 자리를 양쪽으로 나누었도다. 이에 긴 들보를 들면서 짧은 노래를 지어 올린다.

동쪽으로
희미한 바다에서 둥글고도 붉은 해가
오색이 영롱하게 구름 속에 떠오르니
옥경玉鏡을 누가 갈아 청공靑空에 걸었는가?

남쪽으로
일백성一百城의 길 위에서 진리 찾아 묻는 벗이

● 　오대부五大夫는 진시황제가 태산에서 비를 피한 소나무에게 오대부五大夫라는 직위를 내렸다는 고사에서 유래한 것으로 소나무를 말한다.
●● 삼장군三將軍은 한나라 무제가 숭산을 유람할 때 우뚝 솟은 세 그루의 측백나무를 보고 각각 대장군, 이장군, 삼장군으로 봉했다는 것을 말한다.

만약에 그 믿음이 선재동자善財童子 같다면
한 걸음도 안 옮기고 보현도량普賢道場 들어가리

서쪽으로
대장봉大將峰에 그늘지며 해는 지려 하는데
안양국의 연꽃은 피었나, 덜 피었나?
향반香飯에 배불리고 솔바람을 듣고 있네

북으로
청허淸虛의 한 기운이 그대로 무극無極이니
임금님의 크신 은혜 갚을 수가 없어서
천년토록 사시라고 축원하며 노래하네

위쪽으로
하늘에서 꽃비는 몇 가지로 내리는가?
서왕모西王母를 불러오니 선동仙童들이 늘어서며
저녁노을 거두어 함께 공양 올리네

아래로
망명罔明보살 땅을 뚫고 삼매三昧에서 일어나니
야인野人들아! 이 집안의 가풍家風을 묻지 마라
십 리의 시냇물이 반야般若를 말씀하네

367

엎드려 바라노니 상량한 뒤에

백복百福이 다 모여들고 만상萬祥이 삼신산에 가득하여
용천龍天과 지신地神들은 천지와 더불어 항상 옹호하며
불일佛日과 조인祖印은 일월日月과 같이 나란히 밝으소서

―

喬南昆陽郡 方丈山多率寺 大雄殿禪僧堂 創建樑文

乙卯 冬

述夫兩儀角分 基銓金地之法界 三山鼎峙 名懸玉京之仙宮. 仰揆乾心但得 青鳥選時 俯定坤脉豈令白馬悲嘶. 曾聞龜筮協從 幾見龍神歡喜. 方丈山多率寺者 南岳鍾氣 蓬瀛之靈神增輝 東海朝宗 日域之彩虹呈瑞 環十洲群玉之府 幾千年雨花之場. 稽考創始之權與 梁天監二年 烟起祖師爲開山之主 唐貞觀十載 慈藏律師 立兜率之賓 義湘師之靈鳳兮 唐儀鳳之元正 道詵翁之靈岳寺 唐乾符之二年. 以及普濟 昆峰之刱修年 繼樹寺蹟之碑. 震顔月蕉之重葺日 改稱多率之名. 原始要終 大刱者爲八焉 重葺者亦三也 或藉王力 福國而祐民 或扣檀門渡生而濟世 闍梨雲集 淨土之業自新 龍象風從 叢林之樣依舊. 然而理數所在 否泰何尋. 開國五百二十二年靑虎臘月初七日夜 火德流災卒當壞空之消長 炎帝降殃酷遭回祿之變態而大雄寶殿 有能乎湧出無門 況羅漢冥王 庸堪於竄身有地. 我釋子之沒色不足可論 彼林泉之無顔有誰能紀. 何幸而佛力所被 法運循環 本住持月蕉重刱之風一號 山之釋大衆 咸樂之草偈然. 爰蒙上府刱設之綸音 苟得本郡官舍之材木 克日成辦 屠刻何期 粤靑兎之小春也. 掃瓦礫於嵐風 滌珠塵於惠雨 運大樑

於立德 秦鞭無功 搬散材於智山 神力有助. 玉琢而匠石安礎 雲梯而倕材架空 差穀選時 五大夫之秦松 分列五位 占星揆日四將軍之漢栢 騰鎭四方. 鵝殿崔嵬 毘盧眞體 湧出群品 翼室彙革 禪僧大用 位分兩邊. 爰擧脩樑 載綴短頌. 東 海天縹緲日輪紅 五色玲瓏雲影裡 誰磨玉鏡掛靑空. 南 百城詢友路頭叅 若也信根如善材 不移寸步入賢庵. 西 大將峰陰日欲低 安養芙蓉開也未 應飽香飯聽風柯. 北 淸虛一氣是無極 北闕鴻恩報不能 齊和一唱於千祝. 上 諸天花雨幾般樣 喚來王母列仙童 收拾烟雲同供養. 下 罔明從地起三昧 野人莫問此家風 十里名川談般若. 伏願上樑之後 百福咸集 萬祥鼎臻 龍天祇神 與天地而常護 佛日祖印 協日月而齊明.

08
승평군 조계산 극락교기

정사丁巳(1917) 7월 초7일 개통開通

바다와 육지에서 무거운 것을 운반하여 건너는 것은 배와 수레이며, 하천의 허공에다 걸쳐서 건너기 쉽게 한 것이 교량이다. 운반을 하든 걸쳐져 있든 동정動靜은 비록 다르지만, 그 건네주는 공덕은 하나이다.

고금의 다리에 이름이 있게 된 바를 살펴보면 대략 몇 개가 된다. 하늘의 오작교烏鵲橋는 견우가 약속을 맺었고, 땅의 천진교天津橋는 선녀가 흥을 일으켰으며, 천태의 완화교浣花橋는 시를 짓는 선비들이 흥을 돋우었고, 송악의 선죽교善竹橋는 충성스런 지사의 감회가 남아있다. 만리에서 만석으로 가게 되고 월미에서 노량으로 가게 되며, 그 나머지 이름난 하천에 다리를 걸쳐 건넌 것은 낱낱이 다 들어 말할 수 없다.

예양豫讓은 다리에 엎드려 자기를 알아준 주군主君의 원수를 갚았고, 장자방張子房(張良)은 다리에 놀면서 스승을 기다렸으며, 미생尾生이란 사람은 다리에 앉아 벗을 기다리다 죽었고, 설옹薛翁(원효대사)은 다리에서 떨어져 요석궁瑤石宮으로 들어갔다. 이는 모두 다리에다 감흥을 부치고 다리에 의해 공을 세운 것으로 제각기 일리가 있는 것이다.

다만 이 다리는 그 시작을 고찰해보면 옹정雍正 8년 경술庚戌(1730) 봄에 화주化主 탁근卓勤 스님이 창건하였다. 그런데 함풍咸豊 4년 갑인甲寅(1854) 가을에 홍수가 넘쳐 무너져버리고 말았다. 그 후에 나무를 걸치고 흙을 돋우며 돌을 쌓고 판자를 이었으나 건너가기가 어려웠으니, 그것은 말을 더 보태면서 적을 만한 것이 아니다.

마침내 대정大正 6년 병진丙辰(1916) 가을에 이 산의 한붕漢朋 스님은 건너다니기 매우 어려운 것을 개탄하여 곳간을 기울여서 장인匠人들을 불러 얼마 후에 준공하였지만, 장인들의 기술이 교묘하지 못해 곧 무너지고 말았다.

이듬해 정사丁巳(1917) 봄에 다듬은 돌을 다시 공중에 걸치며 기한을 정하고 일을 감독하여 칠석七夕에 준공하고 개통하면서 극락교極樂橋라고 이름을 붙였다.

견우와 선녀의 약속과 흥을 알고 그 낙을 즐기는 것인가, 시흥과 충성의 감회를 즐기는 것인가, 주군에게 보답하고 스승을 기다리는 걸 즐기는 것인가, 벗을 기다리거나 궁중에 들어가서 즐기는 것인가? 나는 그런 즐거움을 즐길 줄은 모른다. 대개 즐겁다고 말하는 극락이란 곧 연화세계蓮花世界이다.

이 다리를 지나 몇 리를 올라가면 대승선종大乘禪宗 조계문曹溪門 안에 법계를 장엄한 대도량大道場이 있어 스스로 호중壺中의 별유세계別有世界이니, 그대로 보림寶林의 청풍이 중생들의 마음을 즐겁게 하고 불일佛日의 혜월慧月이 긴 세월을 비추며 감천甘泉과 우거진 숲은 참으로 선정禪定을 닦아 도를 얻을 수 있는 보배로운 땅이다.

밝은 창 아래 깨끗한 자리에서 선의禪衣를 걷고 공空을 관觀하며, 아침의 부드러운 바람과 저녁의 밝은 달빛에 지팡이를 끌고 다리에 올라서면, 그대로 연화의 고향에 걸음을 옮기지 않고도 오르게 되고, 극락의 정토에 왕생하지 않고도 앉고 눕게 되리로다. 다리의 이름을 극락교라 한 것은 그 뜻이 여기에 있고 다른 뜻이 아니로다.

또 봄에 피는 꽃과 가을의 달과 여름의 소나무와 겨울의 눈은 사시절에 그 모습이 변하고, 깨끗한 돌과 날리는 여울물과 우거진 숲과 곧은 대나무는 우리의 눈을 멈추게 하는 성색聲色이니, 그것은 반드시 오르는 사람들이라야 알 수 있을 것이로다. 어찌 말로 만족할 수 있겠는가.

오호라! 이루었다 무너지고 무너졌다가 이루어지면서 조물주의 시샘이 많았던 것인데, 옛날의 흙으로 만든 다리와 널빤지로 이은 다리가 오늘은 교룡蛟龍의 허리에 별무지개로 변하게 될 줄을 누가 알았겠는가?

오직 여기에 오르는 여러분들은 능히 명명한 깊은 뜻을 체득할 것이오, 흥이나 느끼는 들뜬 생각으로 취하지 말지어다.

한붕漢朋 스님은 고흥 사람이다. 성은 안씨, 자는 성학聖鶴이며 성정은 강직하고 과단성이 있다. 의기는 고한孤寒하고 풍절風節은 우뚝 높으며 계행과 선정을 가만히 수행하여 보통 사람들이 헤아릴 수가 없는데, 몸을 송문松門(송광사)에 의탁하여 마음을 연화세계蓮花世界에 기울이고 있는 분이다.

―

昇平郡曹溪山極樂橋記

丁巳七月初七日開通

海陸之運重涉者 舟車 河川之架空利濟者 橋梁也. 運架動靜雖殊 其涉濟

之功一也. 俯仰古今橋之所有名者 槩領略而數矣. 天之烏鵲橋 牽牛之結約也. 地之天津橋 仙女之起興也. 天台浣花橋 詩士之發興也 松岳善竹橋忠士之遺感也. 萬石之於萬里 鷺梁之於月尾 其餘名川長河 架橋通涉者不欲枚擧 而至若豫讓伏橋而報君 子房遊橋而待師 尾生坐橋而期友 薛翁墮橋而入宮 是皆托此而寄興 憑斯而建功者 各有一理存焉.

但是橋者 考其濫觴 雍正八年庚戌春 化主卓勤之所刱也 咸豊四年甲寅秋 洪水漲溢之所壞者也. 其後架木培土 累石連板 難堪步涉者 不待言而記得矣. 迄大正六年丙辰秋 山之釋漢朋公 慨步涉之極艱 傾廩招匠 幾至告竣矣. 爲匠氏之未巧而壞之. 丁巳春 更以伐石架空 刻日董役 至七夕日 竣工開通 芿以極樂命其名者. 知牽牛仙女之約與興而樂其樂耶 爲詩興忠感而樂耶 報君待師而樂耶 期友入宮之樂耶. 吾未知其樂之所以爲樂也. 盖樂之所謂極樂者 卽蓮花世界也.

登此橋而躋乎數里 大乘禪宗曹溪門內 法界莊嚴大道場 自作壺中別界 卽寶林之淸風 悅可衆心 佛日之慧月 永歲照臨 甘泉林茂 眞修禪得道之寶坊 明窓淨單 斂禪衣而觀空 風朝月夕 携杖錫而臨橋 卽蓮花故鄕 不擡步而躋攀 極樂淨土 非往生而坐臥. 橋之命名在此而不在彼歟. 且春花秋月 夏松冬雪 四時之變態 泮石飛湍 茂林脩竹 目寓之聲色. 祇臨登者之管取如許而已 何足道哉. 嗚呼 成而壞 壞而成 造物者之多猜 誰知昔日土圯板橋 變成今日蛟腰星虹也哉. 唯登臨諸君 能體命名之深趣 莫取興感之浮想焉. 漢朋翁 高興人也 姓安氏 字聖鶴 性剛果 意氣孤寒 風節卓逈戒定密行 人所難測 身托松門 心注蓮界云爾.「蘭齋日記」

09
진영당 이건과 영정을 새로 조성했던 기록

무오戊午(1918) 7월 일

융희 2년 무신戊申(1908) 4월 18일에 동암東庵(은적암)과 보조암 두 암자를 일본 헌병들이 불태워버리는 바람에 동암의 불상은 문수당에다 이안하고 보조암 불상은 자음당慈蔭堂에 이안하여 자리에다 모시고 봉향奉香하여 왔다. 그러나 보조암에 있던 선조의 영정影幀들은 봉안할 겨를이 없어 후손後孫들에게는 늘 마음의 병이 되었다.

4년 뒤 신해辛亥(1911) 3월 9일에 본사 주지 설월雪月 스님이 용선龍船과 남곡南谷 두 화사畵師에게 청하여 영정 35축軸을 새로 조성하였다.

절의 동쪽 진영당에 걸어두고 다례를 지내고 나서, 나에게 기문記文을 청하면서 말하기를 "전기傳記에는 옛 영당影堂과 새 영당의 혼람混濫이 있으니, 선조들의 영정 효시嚆矢와 중수重修와 이안移安에 대해서 말해 줄 수 있겠습니까?" 하였다.

내가 답하기를 "그래! 송광사의 영당을 세운 것은 모든 옛 기록을 고찰하면 국사께서 열반에 드신 처음에 진영을 모사模寫하여 대상臺上의 선방과 보조암 조실에 봉안하였다. 그 후에 15조사의 영정을 차례로 봉안하였는데 이것이 자음당과 보조실에 영정을 걸었던 시초이다.

건륭乾隆 10년 을축乙丑(1745)년에 16조사의 영정을 다시 그렸는데 화주는 지변指卞이었으며, 건륭 45년 경자庚子(1780)에 16조사의 영정을 다시 만들었는데 화주는 수징水澄이었다. 가경嘉慶 12년 정묘丁卯

(1807)년에 옛 영당을 중수하였는데 화주는 화봉華峰이었다. 이것이 곧 16조사를 봉안한 자음당으로 옛 영당이라 칭한 것이 장장章章하고 명백하다.

묵암默庵 스님이 지은 영당 상량문에 이르기를 '구름 밖의 청산을 베어다 주인 가운데 보전을 세우니, 오른쪽은 자음당, 왼쪽에는 수석정, 뒤에는 진락대, 앞에는 침계루라. 중국에서 법을 이어온 태고와 두 제자를 길러낸 부용芙蓉이다' 하였으니, 이는 건륭 연간에 새로 창건한 영당임을 알 수 있다.

동치同治 3년 갑자甲子(1864)년에 새 영당을 중수하였고, 광서光緒 12년 병술丙戌(1886) 봄에 새 영당을 도성당의 옛터(1885년 2월 2일 밤에 불탔기 때문)에 이건하였는데 그 일은 용운龍雲 스님이 주관하였다. 18년이 지난 계묘癸卯(1903) 가을에 다시 본자리로 옮겼는데 그때 주지(취암翠巖 스님)가 주관하였다. 이것은 태고화상 아래의 열조列祖를 봉안한 새 영당을 말한 것으로 확실하여 더 의심할 것 없다.

이번에 일하였던 것은, 보조암 동쪽에 있던 집이 광서 2년 병자丙子(1876)년에 창립하여 거기에 풍암楓巖 문하의 4대 문파를 봉안하였던 영당이었는데, 갑자기 화재를 만나 불타버렸으므로 보존하던 토지와 물건으로 제각기 지원志願을 따라 동시에 함께 일을 시작하여 매 위位마다 3원의 돈을 들여 모두 35축을 조성하여 이 영당에다 걸게 된 것이다.

그리고 이 당에 본래 봉안했던 태고 문하의 조사 영정들은 대장전大藏殿의 벽으로 이안하였다. 예禮에서 말한 '가까이 친함이 도리어 멀어진다'는 것인가? 경經에서 말한 '신구新舊의 대중이 은현隱現하면서 함께 이루어졌다'는 것인가? 이것이 불조佛祖의 변화로 신토身土에 출입하는 데 걸림이 없는 큰 부사의不思議 경계인 것이다.

영당의 왕복함은 끝없으니 그 은연隱然함이 삼변三變의 정토淨土와 같고, 영정이 없어졌다 이루어지는 것이 자재하니 그 환연煥然함이 뭇 별 가운데 나타났다 사라지는 달과 같도다. 그 신구新舊의 영당에 이름을 붙인 것이나 영정을 중수하여 이안한 것이 그렇게 된 것이 아니겠는가?" 하였다.

설월 옹이 흔연히 말하기를 "영당이 이와 같이 갔다가 돌아오고 영정이 이처럼 없어졌다가 이루어진 것이니, 어찌 그것을 기록함이 없어서야 되겠습니까?" 하였다.

내가 이에 기록하여 여러 후인들에게 보인다.

眞影堂移建及新造影記

戊午 七月日誌

隆熙二年黃猿之四月十八日 東普兩庵酷遭兵燹 東佛像移安于文殊堂 普佛像移安于慈蔭堂 依位奉香 而至若普庵之先祖影幀 未暇奉安爲雲仍之病焉. 越四年白豕三月九日 本住待雪月和尙 招南谷畵師 新造影幀三十五軸 掛于寺之東眞影堂仍茶禮之巳. 求余記云 傳記有古影堂新影堂之混濫 先祖影幀之嚆矢 及重修移安可得聞乎. 曰唯唯 本寺影堂之設 考諸古記 國師泥洹之初 摸寫眞影 奉安于塋上禪房及普庵祖室 其後十五祖影次第奉安 是爲慈蔭堂普祖室掛影之草昧也. 至乾隆十年乙丑十六祖影重畵化主

指下. 同四十五年庚午●十六祖影重成 化主水澄. 嘉慶十二年丁卯古影堂重修 化主華峰 此卽十六祖奉安之慈蔭堂 稱爲古影堂云者章章明矣. 黙庵子所述影堂樑文云 斫雲外之靑山 建主中之寶殿 右慈蔭而左水石 背眞樂而面枕溪 接中國之太古 毓兩桂之芙蓉 是知乾隆年間新刱之堂也. 同治三年甲子新影堂重修 光緖十一年丙戊春 新影堂移建于道成堂古址 主管龍雲堂 越十八年癸卯秋更移于本基 時住持主幹也. 此卽太古下列祖奉安之 新影堂云者 的的無疑也. 今之役也 卽普照庵之東廡 光緖元年丙子年刱立 所安楓巖下四門派影堂 遽遭昆炎 而所存土地物 各隨志願同時幷擧 每位費三圓金式 合三十五軸揭于此堂. 而此堂本所安太古下諸祖影 移安于大藏殿壁. 禮所云 近親而還疎者耶 經所云 新舊衆隱現俱成者耶. 此是佛祖變化身土出入 無碍之大不思議境界也. 堂之徃復而無際隱然若三變之淨土 影則壞成而自在 煥然如衆星之蟾宮. 其新舊堂之命名影重修之移安 不其然而然乎. 雪翁欣然曰 堂如是徃而復 影如是壞而成豈其無記而可乎哉. 余於是記而示諸后.

● 전사傳寫 과정에서 子를 午로 착각한 듯하다.

10
칠전 동방장東方丈이 고금에 이름이 다른 이유

무오戊午(1918) 8월 일

8월 어느 날 다송자가 무설전無說殿에서 만나 차를 나누는데 무설無舌 도인과 오천悟泉(금명의 제자 海隱의 별호) 장실丈室이 마침 그 자리에 있었다. 이는 벽암碧巖선사의 마루에서 벽암과 호월晧月과 청풍淸風 세 존숙尊宿이 앉아 차를 마신 가풍家風과 흡사하였다.

　무설 도인이 묻기를 "대상의 칠전七殿은 어떤 것이며, 무슨 뜻인가" 하니, 답하기를 "법신보살이 무설전無說殿(즉 장경전으로 지금의 설법전)에 앉아 있고, 왼쪽에 네 전각과 오른쪽에 세 전각이 이것이다.

송광사 설법전(1930년대)

백설당

청운당

하사당

동서東西 방장方丈은 즉 이 무설전의 선승당禪僧堂으로 동서에 제각기 선승당이 있다. 헤아려본다면 서쪽은 삼일암三日庵(본래 서방장인 상사당)과 그 아래에 있는 선승당인 하사당下舍堂과 청운당靑雲堂으로 즉 오른쪽 삼전三殿이 바로 이것이다. 동쪽은 조사전祖師殿(병술(1886)년에 용운龍雲 당주가 축성전祝聖殿을 세우고, 기유(1909)년에 응월應月 당주가 조사 영정을 걸었다)과 이 아래 있는 선승당인 백설당白雪堂, 차안당遮眼堂 그리고 자음당慈蔭堂(당시에 모든 국사들이 모여 공양하던 집)으로 즉 왼쪽의 네 전각이 그것이다.

동서 방장과 양쪽의 선승당과 그리고 식당이 곧 이 칠전이다. 이 당들이 진락대眞樂臺 아래에 있지만 진여문 안에 있기 때문에 대상臺上의 칠전七殿이라 한다.

옛 기록에 이르기를 '이 전각은 부처를 삶고, 조사를 삶는 큰 화로다' 하고, 또 말하기를 '선불장選佛場' 또는 '급제당及第堂'이라 하였으니, 상사당과 하사당과 청운당이라는 이름이 어찌 공연한 것이겠는가?' 하였다.

또 묻기를 "칠전의 이름은 그렇다 하더라도 동서의 방장이 고금에 이름이 다른 것은 왜 그런가?" 하였다.

대답하기를 "동과 서는 주主와 빈賓의 위치이니 보조 스님이 있을 때 보조가 주인이니 동쪽에 있게 되고, 진각은 빈賓이니 서쪽에 있었다. 고봉, 태고, 부용에 이르기까지 주와 주, 빈과 빈이 없는 세대가 없었기에 주는 동쪽, 빈은 서쪽의 위치이다. 그래서 동서 방장이라 말한다.

서쪽을 삼일암三日庵이라 하는 것은 담당湛堂선사가 여기에서 입정入定하여 삼 일 만에 견성見性하였기에 삼일암이라 부른 것이다.

송광사 심검당(1930년대)

송광사 조사전(축성전, 1930년대)

　동쪽의 조사전은 도광道光 22년(1842)에 본사의 제9창주創主인 용운당이 살았으며, 보조 스님부터 용운당에 이르기까지 조조손손祖祖孫孫이 주인이 아니면 여기 산 분이 없었다.
　그 집을 보면 방方과 원圓이 서로 맞아서 네 개의 청마루는 문이 없고 가운데는 온돌이 있어도 들보가 없이 말(斗)처럼 일 장씩 네모져서 십홀(10자×10자)의 방장方丈이라, 만 개의 사자좌에 부족하지도 남지도 않으니 정명淨名(유마거사)이 말한 그대로다.
　광서光緖 13년 정해丁亥(1887)년에 본 군수 이범진李範晉과 주지 용운당이 여기에 축성전祝聖殿을 세우기로 하고 온돌 위에 청을 만들어 집 밖에다 문을 걸었다. 앞의 긴 담을 헐어 계단을 만들고서 그 계단 위에 삼중문三重門을 세워 환연奐然 일신一新하고 삼전三殿(主上, 大妃, 世子)의 위패를 봉안하며 '축성전'이라는 액을 걸고 '어천문扵千門(또는 만년문이라고도 함)'의 호號를 달았다.
　내외의 홍문虹門과 높고 낮은 집과 계단은 햇빛 아래 오운五雲이 지척에 있는 듯하고, 물외物外의 뭇 백성들도 함께 비와 이슬에 목욕하면서 명양지송明兩之頌(해와 달의 밝음, 즉 임금과 왕후의 은덕을 노래함)에 홍일지화弘一之化(모두가 하나되는 덕화)로 장차 무궁의 만년을 누리게 하였다.

새로운 풍조風潮가 송광산에 넘치고 세파世波가 상전桑田을 휩쓰니 융희隆熙 3년 기유己酉(1909) 10월에 심검당尋劍堂에 학교를 세우면서 33조사의 영정을 축성전에 옮겨 걸었다. 전패殿牌는 허공의 뼛속으로 숨어버리고 액호(와 어천문)는 오유향烏有鄕(없는 곳)으로 돌아가니, 예로부터 말한 '제濟나라가 변하여 노魯나라가 되고 노나라는 변하여 도道가 되었다'는 것이 어긋남이 아니로다.

방장이 축성전이 되고 축성전이 조사전이 되는 것이 어찌 이와 다르겠는가? 동서 방장의 이름을 고금에 다르게 말한 것은 그 근거가 이러한 것이다. 어찌 의심이 풀렸는가?" 하였다.

무설공 말없이 묵언당으로 돌아가고 오천자는 샘물을 마시고 보제당으로 돌아가니, 다송자 늙은이는 차 한 병에다 솔잎 한 줌을 먹고 지팡이 짚고 허공을 바라보며 길게 한숨만 쉴 뿐이었다.

七殿東方丈古今名異卞

戊午 八月 日

八月日茶松叟一日會茶於無說殿上有無舌道人與梧泉丈室 適個座恰如碧崑軒 皓月淸風三尊宿 打坐會茶之家風也. 舌問 垆上七殿 那箇是是甚麽意旨 曰法身菩薩 坐在無說殿(卽說法殿今藏經殿) 左之四右之三是也 東西方丈 卽此殿之禪僧堂 東西各有禪僧堂 可以數得也 西卽三日菴 (本西方丈

上舍堂名也 湛堂三日見性立名也) 卽右之三殿是也 此下有禪僧堂 曰下舍堂 靑雲堂也 東卽祖師殿(丙戌設祝聖殿龍雲堂主 己酉掛祖師影應月堂主) 此下有禪僧堂 曰白雪堂 遮眼堂 及慈蔭堂 (此堂當時諸國師會食堂也) 卽左之四殿是也 東西方丈及兩禪僧堂 幷食堂則是七殿 此堂幷在眞樂垿下眞如門內故稱云 臺上七殿. 古記云 此殿卽烹佛烹祖之大爐 亦云選佛場 亦云及第堂上下舍及靑雲堂之名意 豈徒然哉 曰七殿之名意 然卽然矣 東西方丈古今名異者如何 曰東西乃主賓之位. 普照在時 普照主也 居其東 眞覺賓也居其西 以至高峯太古芙蓉 主主賓賓 無世無之 而主東賓西之位 故稱東西方丈也 西爲三日庵者 湛堂和上 坐此入定 至三日見性故 始稱三日庵也 東爲祖師殿者. 道光二十二年 本寺第九卿主龍雲堂居之 盖自普照 迄于龍雲 祖祖孫孫 未爲主而居此者 未之有也. 觀其堂 則方圓相稱 四有廳軒而無門 中有溫堗而無樑 如斗而方於丈 十笏方丈 萬箇獅座 無欠無餘者 淨名之謂歟. 光緒十三年丁亥 本郡守李範晉 與主僧龍雲堂 倡設祝聖殿於此堂 而堗上加廳 軒外揭門 壞前長垣而架梯陛 陛上建三重閭 煥然一新 奉安三殿牌 揭祝聖殿額 懸於千門號 內外虹門 高低軒陛 日下五雲 如隔咫尺 物外群氓 咸沐雨露 明兩之頌 弘一之化 將享於無窮之年矣. 風潮溢於松岳 世波蕩於桑田 至隆熙三年己酉應鍾月 設學校於尋釼堂. 卅三祖師影 移掛於祝聖殿 殿牌隱於虛空骨中 額號歸於烏有鄕外 古所謂齊變爲魯 魯變爲道 信不謬矣. 方丈之於聖殿 聖殿之於祖師殿 何異於此耶 東西方丈之名古今異稱者. 職由乎此也 何足疑也哉 無舌公結舌而歸之默言堂 梧泉子飮泉而歸之普濟堂 茶松叟點茶一甌 餐松一掬 扶藜觀空 長嘯太息而已

11

송광사 사자항 신구로 연기변

무오戊午(1918) 10월 3일
(조계산 송광사 입구 사자목의 옛길과 새 길에 대한 연기를 변론)

다송자가 운영雲影 노장을 찾아 산수론山水論을 묻다가 말이 '조계산의 산수가 기이하고 아름답다'는 대목에 이르러 '기국基局의 개통은 그 뜻이 어떻습니까?' 하였다.

운영 노숙이 이르기를 "절의 인묘寅卯(동쪽)방方의 십 리쯤에 주봉主峰이 있는데 호악봉虎嶽峰이라 한다. 거기서 남북으로 두 갈래가 있는데 남쪽은 절의 병정丙丁(남쪽)방을 활짝 넓게 열면서 곤신坤申(동남쪽)에서 경유庚酉(서쪽)방으로 에워싸다가 건해乾亥(서북)방에 이르러 머리를 쳐들어 골 어귀를 막으며 맺었다. 그쪽으로 일곱 봉우리가 늘어섰는데 장막봉帳幕峰, 호령봉號令峰(송광사 쪽 굴목재의 안쪽 산봉우리. 요즈음에 연산봉이라고 잘못 알려져 있다. 원래 연산봉은 선암사 측과 송광사 측의 연결 부위에 있는 산인데 와전되었다), 대장봉大將峰(천자암의 뒤 산봉우리), 인귀봉印歸峰, 조계봉曹溪峰(화엄전의 뒤 산봉우리), 직세봉直歲峰(문재봉 너머 산척리의 뒤 산봉우리), 백로봉白鷺峰(지금 새로 세운 산문 왼쪽에 새의 머리처럼 굽어보는 산봉우리)이 차례로 일어났다가 엎드리고 달리다가 돌아보는 것이 마치 만경창파에 오르내리는 물오리나 돛단배와 같다.

북쪽은 절의 갑인甲寅(동북동)방에서 머리를 일으켜 높이 솟았다가 계축癸丑(북동북)에서 자임子壬(북서북)으로 술해戌亥(북서) 쪽에 이르러 머리를 돌려 낮게 엎드리며, 또한 일곱 봉우리가 차례로 섰으니 장고봉

長鼓峰, 증봉甑峰(시루봉이라고도 함), 화봉火峰, 학봉鶴峰(감로암 뒤 산봉우리), 망봉望峰(망수봉), 옥등봉玉燈峰(지금 새로 세운 산문의 길 건너 오른쪽 산봉우리), 탄금봉彈琴峰(평촌리 건너편에 있는 산봉우리. 그 봉우리 밑에 있던 금평리琴坪里가 지금은 수몰되었다)이다. 그렇게 차례대로 이었다 끊어지고 낮추었다 솟아나며 천 층의 봉우리는 구름 파도와 같이 겹겹으로 감싸면서 옷깃이 되고 가지마다 서로 교차하면서 성城을 이루었다.

멀리서 바라보면 천옥天獄(사방으로 높은 산이 둘러싼 곳)이 빙 둘러싸인 것 같고, 가까이서 걸어보면 양장羊腸처럼 꾸불대며 도는 것 같다. 주봉主峰이 진방辰方(동남동)에서 머리를 숙였다가 고개를 드는 것이 곧 장고봉長鼓峰이다. 갑묘甲卯(동에서 약간 북쪽)의 용龍이 낙맥落脉하거나 혹 묘을卯乙(동에서 약간 남쪽)에서 일어나 인갑寅甲(동북동)에서 엎드리고 혹 손사巽巳(동남)에서 일어나 간인艮寅(동북)에서 엎드리는 것이다.

중조봉中祖峰(거기에서 산맥이 송광사로 내려온다)이 풍부하게 솟아나서 그 끝의 가지들에 아름다운 옥이 맺히듯 하면서 10리를 행룡行龍하여 한 형국을 넓게 열어 만마萬馬를 수용할 만하다. 이를 혹은 풍취나대風吹羅帶라 하니 낱낱이 국국을 맺었고, 혹은 대택부용大澤芙蓉이라 하니 면면이 열매를 맺었다.

갑甲·경庚·병丙·임壬(천간天干의 동서남북) 사대四大 격식이 향向·배背·좌左·우右가 되고, 진辰·술戌·축丑·미未(지지地支의 토土) 네 고장庫葬(창고와 무덤처럼 가두어진 것)은 사우四隅가 되어, 팔면八面으로 법계도法界圖의 형국을 펼치며 늘어서니 주主와 빈賓이 대좌對坐한 듯하고, 두 시내가 모여 연못을 이루니 청룡과 백호가 감싸며 그 세계를 지키는 듯하다.

청룡의 안으로 목마른 사자가 물을 마시는 형국(渴獅飮水)이 있고,

백호의 안으로는 늙은 소가 어린 송아지를 핥고 있는 형세(老牛舐犢)가 있어 서로 껴안으면서 안쪽의 수구水口가 되었으니, 갈무리면서 닫힌 수구는 곧 무엇이나 걸림 없이 통하는 목구멍이기도 한 것이다.

혹 남쪽 언덕의 다리에 대해서 혹 북쪽 언덕의 길에 대해서 이러니저러니 하면서 예부터 어지럽게 말한 것은 왜 그런가? 대개 조계문 밖의 큰길은 본래 청룡의 옆구리를 개통하여 밟고 다녔던 것이다. 원래 이것이 도회지 같은 명승의 천연 기국基局인데, 사자목에 이르러서 큰 이해利害의 논란이 있었다. 그래서 남쪽과 북쪽에 옛길이니 새 길이니 하면서 다르게 칭하였던 것이다.

옛 기록을 보면 옹정 8년 경술庚戌(1730) 봄에 화주 탁근卓勤 스님이 사자목의 길을 처음 만들었는데, 함풍 4년 갑인甲寅(1854) 가을에 홍수로 무너졌다. 이것이 곧 남쪽 언덕길의 사자목을 자른 극락교의 시종始終이다.

또 개로기改路記를 살펴보면 청룡 백호 사이를 큰길이 통하다가 중년中年에 우연히 무당 박수의 말을 믿고는 옛길을 폐지하고 청룡의 꼬리 부분인 사자목에 새 길을 만들었다가, 임진壬辰(1892) 5월에 다시 옛길을 닦았으니 이는 곧 북쪽 언덕으로 사자목을 피하여 옛길을 따르게 된 시종이다.

그 뒤 26년이 지나 정사丁巳(1917)년에 이 산중의 석한붕釋漢鵬 스님이 재물을 보시하여 옛 홍교虹橋 자리에 돌다리를 걸치고 도로를 닦으면서 사자목을 자르고 청룡 꼬리를 끊었으니, 이것이 극락교極樂橋의 시종이다.

옛 기록에는 다만 다리를 놓던 시종始終의 연대를 말하였고, 옛길이니 새 길이니 하는 분별이 없었다.

'임진壬辰(1892)년에 옛길을 고쳤다'고 기록(북쪽 언덕의 길가 바위에 南無阿彌陀佛이라는 석각이 있는데 그 옆에 기록되어 있다)하니, 비로소 새 길과 옛길의 이해利害에 대해 분별했고, 정사丁巳(1917)년의 역사役事를 의논할 때는 옛길과 새 길에 대한 이롭고 해로움을 말한 것이 없으며, 돌을 쌓아 허공에 걸치고 흙을 돋우고 둑을 넓히면서 사자목을 자르고 청룡꼬리를 끊어 수레와 말이 걸림 없이 다니게 되니 오히려 큰 도회지보다 나았다.

아! 안타깝다. 남쪽 언덕길이 옛것인가, 북쪽 언덕길이 새것인가? 옛길이 이로운가, 새 길이 해로운가? 굳이 어떤 것이 옛것이니 어떤 것이 새것이니 판별하면서, 누가 이롭다느니 누가 해롭다느니 하며 처신할 것이 아니로다.

전설에 의하면 "예전에 절이 넉넉하고 스님들이 많이 살 때, 가까이 살면서 불법을 헐뜯는 사람이 신안神眼을 얻었다고 자칭하며 스님들을 속여 말하기를 '사자의 목 부분에 길을 만들고 청룡의 꼬리 부분에 다리를 세우면 절

개로기(1892)

은 더욱 부자가 되고 스님들이 더욱 많이 살게 될 것이다' 하니, 스님들이 그 말을 믿고 그 길을 고치고 그 다리를 세웠다"고 한다.

그때부터 절과 스님들이 점점 쇠락衰落해지니 말하기를 '이것은 무당의 말을 믿은 것이다'라고 하는데, 임진년에 옛길을 만든 역사役事도 모두 같은 것으로 두 가지 설이 부합하여 신구新舊를 분별할 수 있으며 이해가 저절로 분명하다.

대개 말하자면 옛길은 성사聖師의 도안道眼으로 절을 창건할 때 사자목을 피하여 북쪽 언덕으로 건너다닌 것이요, 새 길은 훼불毁佛하는 무당이 옹정雍正 연간에 사자목을 자르고 남쪽 언덕을 밟고 다니게 했다는 것이다.

만약 그 살아있는 맥이 한 번 잘렸다면 천 년이 지나도 잇기가 어려울 것이니 식은 재에서 불을 구하는 것처럼 백 년이 지나도 어려울 것이며, 지금 살아있는 사자의 맥이 한 번 끊겼으면 마침내 잇기가 어려울 것이니 죽은 용의 꼬리에 돌다리를 걸쳐도 끝내 살려낼 수 없을 것이다.

그렇다면 그 이롭고 해로운 바는 과연 어떤 것인가? 조봉祖峰이 멀리 특출하며 청룡 백호가 감싸고 갈무리면서 수구水口를 감추어 막았을 뿐만 아니라, 중조봉中祖峰이 행룡行龍하여 두 계곡의 물이 감았다가 흘러가면서 풍취나대風吹羅帶의 형상을 한 정국正局이 법계도法界圖의 모양으로 펼쳐지고, 네 가지의 큰 격식인 향배向背와 사방을 제대로 갖추었으며, 네 방향이 막혀 묻혀 있긴 했어도 고였다가 쏟아지고, 청룡과 백호의 옆구리가 막힘없이 두루 통하였으니, 하늘이 감추고 땅이 숨긴 군옥群玉의 동부洞府인 것이다.

이것이 모두 도안道眼으로 창업하신 소이所以이며, 천지와 함께하기를 꾀하며 도모하신 것이로다. 그런데 어찌하여 말세에 삿된 것을 믿고 거기다 공력을 더하면서 이처럼 이러쿵저러쿵하고 있는가?" 하였다.

내가 이를 적어서 도안의 고견高見을 가진 사람들에게 보인다.

―

曹溪山 松廣寺獅子項新舊路緣起卞

十月三日

茶松子訪雲影老宿軒 問山水論 語及曹溪山水之奇麗 基局之開通其意如何. 雲曰 寺之寅卯方十里許 有主峰曰虎嶽峰 有南北兩支 南則寺之丙丁方 宕闊廣濶 坤申庚酉圍繞 至乾亥而矯首結閇 而七峰列立 曰帳幕峰號令峰大將峰印歸峰 曹溪峰直歲峰白鷺峰. 如次起而伏走而顧 若萬頃波之島帆. 北則寺之甲寅方 起頭崇隆 癸丑子壬 至戌亥而回頭低伏 而亦有七峰第立 曰長鼓峰甑峰火峰鶴峰望峰玉燈峰彈琴峰 如次連而斷低而仰 如千層峰之雲濤 重重相抱而作衿 枝枝相叉而作城. 遠而望也 若天獄之樞環 近而涉也 似羊腸之螺廻. 自主峰辰入首而起頭者 卽長鼓峰 甲卯龍而落脉 或卯乙起而寅甲伏 或巽巳起而艮寅伏. 中祖峰豊隆 末孫枝璘列 如是十里行龍一局廣闊 萬馬可容. 或云風吹羅帶 箇箇結局 或云大澤芙蓉面面結實. 甲庚丙壬四大格 爲向背左右 辰戌丑未四庫葬 爲四隅 八門列法界而布局 應主賓之對坐 會雙溪而成潭 抱龍虎之持世. 龍內有渴獅飲水形 虎內有老牛舐犢形. 相抱爲內水口 而藏鎖水口卽通涉之咽喉也. 或南岸橋或北岸路 從古紛紜者何也. 盖曹溪門外大路 本自龍脇開通踪躙. 原是大都名勝之天然

基局 而至獅項 有大利害之論 故 於南於北 古今異稱者是也. 按古記 雍正八年庚戌春 化主卓勤所創也 咸豊四年甲寅秋洪水所壞也 此卽南路斫獅子項極樂橋之始終也. 又按改路記 始通大路於龍虎之間 中年偶信巫覡 廢古治新於龍尾獅項. 迄于壬辰五月更修古路 此卽北岸避獅項從古路之始終也. 越二十六年丁巳七月 山之釋漢鵬公 捨財架石於古虹橋地 修治道路 斫獅項斷龍尾 此卽極樂橋之始終也. 盖古記 但言橋之始終年記 無路之新舊之卞. 壬辰改古路之記 始卞新舊路之利害 論丁巳之役 專無新舊利害之說 築石架空 培土闢堰 斫項斷尾 車馬通涉 便勝於大都巨港. 噫噫 南岸路古耶 北岸路新耶 古路利耶 新路害耶. 固莫得以卞其何古何新 誰利誰害之的處也. 傳說云 昔在寺富僧盛時 近有毀佛者 稱以神眼誣僧云 開路獅項 建橋龍尾 寺益富僧益盛 僧信其言改其路建其橋矣. 從玆寺僧漸衰云 此與信巫之說 壬辰之役大同 而兩說符契 新舊可卞利害自分. 盖嘗論之 古路者 聖師道眼 創寺之初避獅項渡北岸者是也. 新路者毀佛巫覡 雍正之間 斫獅項躡南岸者是也. 若其生脉一斷 千載難續 死灰求火 百年難得. 以今 生獅脉一斷 終不可續 死龍尾架石 終不可活也. 其所利害之果何如哉. 至若祖峰之迥特 龍虎之抱藏 水口之藏鎖. 中祖峰之行龍 兩溪水之得破 羅帶形之正局 法界圖之布錯. 四大格之向背四庫葬之渟瀉 龍虎脇之通涉 天藏地秘 羣玉之府. 是皆爲道眼創業之所以圖天地俱存之計也. 奈之何以叔季信邪加功之如是得得也. 余於是記 而示之於道眼高見者

12
조계산 국사전 중창 상량명 병서

기미己未(1919) 4월 10일

아랑위!(어허영차~)

화장세계는 무너져서 비어지고 이루어져 머무는 그런 세계 가운데 있으니, 사바세계와 염부제도 이 근본도량을 여의지 않았도다. 모든 부처님이 환화幻化의 방편문方便門을 열었으며, 최상승선最上乘禪은 바로 지금의 이 생각에 스스로 있는 것이로다.

국토와 국토가 원융하고 티끌과 티끌이 뒤섞여서 풀끝이나 기와 조각이나 돌멩이가 모두 광명을 놓고 있으며, 말씀마다 이치에 계합하고 구절구절이 근기에 맞아 꾀꼬리 소리나 제비의 지저귐이 함께 미묘한 노래를 말하는 것이다. 이는 광장설廣長舌의 모습이며 청정의 신토身土로다.

조계산 송광사의 산 이름은 연원이 조계종에 있으니, 보림사가 있는 조계산과 흡사하므로 칙명으로 조계라 부르게 한 것이다. 절의 이름도 어찌 근거가 없으리오. 십팔공十八公이 널리 교화하는 이역의 총림이니 그래서 특별히 송광사松廣寺라고 부르게 된 것이다.

그 처음을 살펴보면 신라 법흥왕 원년元年(514)에 혜린慧璘선사가 작은 아란야阿蘭若를 창건하였다.

중흥重興을 계고稽考하면 고려 신종神宗 3년(1200) 보조국사普照國師께서 널리 대가람을 열었고, 제자인 진각국사眞覺國師는 선종禪宗을 크게 천양闡揚하여 수선사修禪社의 법규와 제도를 모두 하나로 세웠으며, 고봉高峰의 말손末孫이 사우寺宇를 법계도法界圖의 모습으로 크게 중창하였으니 둘도 셋도 없는 것이 되었다.

어찌 다만 16국사만 자리를 이어가며 중수했겠는가. 또한 삼화상三和尙(指空 懶翁 無學)도 왕명을 받들어 주석하였으며, 강희康熙 임인壬寅(1722)년에 백암栢庵선사가 불일佛日의 가풍을 중흥시켰고, 도광道光 22년(임인壬寅, 1842)에는 용운龍雲 대덕이 크게 법우法宇의 문호門戶를 중창하였다.

이 집은 대상臺上에 있는 칠전七殿의 하나로 법계도法界圖 가운데 일층의 칠방七房은 창건과 중수를 상고해보면 이 절과 같은 날이다.

국사께서 주석하실 때는 도를 말씀하며 회식會食하던 곳인 듯하고, 열반하신 뒤에는 진영을 걸고 축향祝香하던 전각으로 변한 것이다. 앞에는 행해당行解堂이오, 뒤에는 진락대眞樂臺이니 갑좌경향甲坐庚向(동좌서향)의 향배向背가 되는 형국이다. 오른쪽에 방장실이 있고 왼쪽에 영당影堂이 있으니, 병방丙方(남쪽)과 임방壬方(북쪽)이 보필輔弼하는 날개가 되었다.

일찍이 들으니 중국 동림사東林寺에는 18현賢의 영각影閣이 있다고 했는데, 지금 조계산에는 16조사의 진영당을 볼 수 있도다.

아, 크나크시어라!

호남에 있는 십승十勝의 명구名區 가운데 하나라고 도선道詵국사가 찬탄하신 바이며, 해동에서 제일가는 복지福地라고 공민왕 때에 칭찬한 곳이다. 먹었던 물고기를 토하니 변화하여 은빛 비늘이 펄떡거리고, 지팡이를 꽂아서 자란 나무는 쌍향수雙香樹가 되어 창창蒼蒼하다.

남주南州를 누르는 꽃비 내리는 도량이니 인천人天을 제도하는 나룻배와 뗏목이 되었고, 동토東土의 군옥群玉이 둘러있는 동부洞府이니 불조佛祖를 단련해내는 확탕鑊湯이라고 할 만하도다.

여기는 국사께서 교화하고 인도하신 보방寶坊이 아닌 곳 없으니, 그대로 불조께서 밟고 노니시는 세계인 것이로다. 그러하여 진영이 잠시라도 탈락脫落함이 없었던 것은 가정嘉靖과 천계天啓의 연간에 계림桂林선사와 성은性訔선사가 장계狀啓를 올리어 거듭 조성하였던 것이며, 당우堂宇가 기울어진 것을 강희康熙와 도광道光 연간에 백암栢庵선사와 용운龍雲화상이 사재를 털어 고쳤던 것이다.

비에 젖은 들보와 서까래가 낡아서 썩고 연기 낀 노을에 금벽이 허물어지니, 단월의 인연이 없었다면 마땅히 입계入啓하던 전철前轍을 본받아 반드시 왕운旺運을 기다려야 했으리라.

그런데 무슨 일로 사재를 기울이던 후잠後箴을 따라 병진丙辰(1916) 봄에 길吉 씨의 선여인이 4백 원을 시주하였다. 이를 정사丁巳(1917) 가을에 주지 이설월李雪月 스님이 오등후五等候의 정당政堂에 아뢰었더니, 기술자를 파견하여 측량하고 그림을 그려서 장인에게 명하여 나무를 다듬었다. 기수祇樹를 새로 베면서 나원奈苑(절)의 전공前功을 다치지 않게 하였고, 다듬은 재목을 가려 뽑으며 단계檀溪의 숙원宿願을 막게 될까 걱정이었다.

무오戊午(1918) 10월에 시작하니 동지섣달 동안에 나무 다듬는 소리가 우당탕 뚝딱거렸다. 기미己未(1919) 봄에 한 삼태기의 흙을 보태게 되니 2월과 3월에는 도량이 시끌대고 벅적거리면서 거친 섬돌을 바꾸어 반듯한 계단이 되었고, 낮게 주저앉은 집을 바꾸어 아름다운 행랑이 되었다. 옥단玉丹을 눈여겨보면 비단 같은 천정天井은 꽃다발을 이룬 방석처럼 되었고, 금벽金碧에 해가 비치면 수繡를 놓은 두공頭拱들이 붙들고 받치며 얽히고설키어 겹겹으로 된 전각에는 용이 서린 가운데 만덕萬德을 갖춘 진용眞容은 만월滿月과 같고, 층루層樓에 봉황이 앉은 위에 16국사의 존영尊影이 별처럼 늘어서게 되었다.

금방울은 보림寶林의 바람에 부딪치며 사시절 천악天樂을 울리고 옥기와에 조계의 달이 비치면 만 송이의 연꽃이 빛난다. 눈앞을 우러러 보면 제자봉帝字峰은 구름을 움켜지는 닭의 발과 같고 문 앞에 둘러있는 을자수乙字水는 구슬을 희롱하는 용의 허리와 같으니, 하늘의 도솔천이 뜬 채로 오는 것인가? 어렴풋이 삭가라爍迦羅의 궁전이 변하여 나타난 것인가? 이에 공경히 육위六偉의 노래를 부르며 사은四恩의 공덕을 널리 알린다.

아랑위! 들보를 진방震方(동쪽)으로 던지니
진락대는 높아서 만 길이나 솟았는데
금색 세계 그 가운데 주인이 누구인가?
문수사리 보살이 심인心印을 전하네

아랑위! 들보를 이방离方(남쪽)으로 던지니
노련한 선지식의 당당하신 진영에서
티끌마다 묘색妙色을 방광하는 자리에
각수覺首 상인 눈썹을 부릅뜨고 바라보네

아랑위! 들보를 태방兌方(서쪽)으로 던지니
제帝 자 모양 조계봉은 푸른 덮개 떠있는데
연화세계 가는 길을 어찌하여 헤매는가
재수財首보살 손끝에 구름이 자욱하다

아랑위! 들보를 감방坎方(북쪽)으로 던지니
삼일암 영천靈泉에 물결이 담담하고
목멱산木覓山 위에는 담복화薝葍花 피어나서
보수寶首보살 연꽃 위에 걷는 줄을 알겠네

아랑위! 들보를 건방乾方(하늘 쪽)으로 던지니
삼십육 궁전마다 모두가 신선이라
현수賢首보살 누대樓臺에서 평등하게 머물고
공거천空居天 도솔천 야마천이 펼쳐지네

아랑위! 들보를 곤방坤方(땅 쪽)으로 던지니
꿈틀대는 그 무리들 하루 종일 분주해도
파리玻璃의 색계色界는 원래가 청정한데
지수智首보살 그 언제쯤 찰간刹竿 깃발 세우려나

엎드려 바라노니, 상량한 뒤에 백복百福이 길상吉祥의 문에 모여들고 오마五魔가 조계曹溪의 물에 다 함께 목욕하여지이다. 칠전七殿의 선당禪堂에는 일곱의 보리과菩提果가 충만하며, 화두話頭의 게송과 염拈

을 참구하여 화장찰해華藏刹海의 바다에 함께 노닐고, 팔만대장경의 경각經閣에는 여덟 분의 각인覺人들이 모여 독송하고 설법하고 청법聽法하면서 모든 부처님 경계를 단박에 증득하여지이다.

―

曹溪山國師殿重創上樑銘幷序

己未四月十日

兒郞偉 華藏在壞空成住界 娑婆閻浮不離道場 諸佛開幻化方便門 最上乘禪自在當念. 刹刹圓融塵塵混入 草縷瓦礫咸放光明 言言契理句句逗機 鶯音燕語共談妙唱 無乃廣長舌相也 淸淨身土歟. 曹溪山松廣寺者 山名有源 曹溪宗 恰如寶林曹溪 故勅命曹溪之號 寺何無據 十八公廣化異域叢林 故特稱松廣之名. 考其草昧 羅法興王元年 慧璘禪師 小刱阿蘭若 稽乎重興 麗神宗三年 普照國老 廣闢大伽藍. 眞覺上足 大闡禪宗 修禪社之規度 較若畫一 高峰末孫 宏刱寺宇 法界圖之體形 亦無二三. 何但十六尊之繼席重修 抑亦三和尙之承命住錫. 康熙壬寅歲 栢庵禪師重興佛日之家風 道光壬寅年 龍雲大德 巨刱法宇之門戶. 是堂者 臺上七殿之一數 圖中一層之七房. 稽乎刱修 與寺同日 住錫之日 擬爲談道會食堂 泥洹之時 變成掛眞祝香殿. 前行解而後眞樂 甲庚爲向背之局形 右方丈而左影堂 丙壬作輔弼之羽翼. 曾聞東林十八賢影閣 今見曹溪十六祖眞堂. 大矣哉 湖南十勝之名區 道詵師之所歎 海東一等之福地 玄陵朝之所稱 吐食化魚 銀鱗潑潑 擲杖生樹 雙檀蒼蒼 鎭南州雨花之場 贐是濟人天之船筏 環東土群玉之府 端合烹佛祖之鑊湯. 爾莫非國師化導之坊 佛祖遊履之界. 然而影眞也 姑無脫

落 嘉靖天啓 桂林性㤗 入啓重成堂宇則方患傾斜 康熙道光 栢庵龍雲 從私修葺 宋栯衰朽於淋雨 金碧漫漶於煙霞 豈無檀緣 宜效入啓之前轍 必待旺運. 何事從私之後箴 赤龍春吉氏善女人 施四百圓之金額 火蛇秋住持李雪月 啓五等候之政堂 派技術而測圖 命匠氏而鍊木 新斫祇樹 無傷奈苑之前功 選拓俇材 恐沮檀溪之宿願 濫觴於戊午應鍾月 析木幷大呂而丁丁摐摐 覆簀於己未大樑春 澤天與姑洗而轟轟濯濯 易荒塯而鉛砌 變卑庠而珝廊 玉丹凝眸 綺井華欑而革甲鞞 金碧斜日 繡栭扶擁而杈枒 複殿龍蟠中萬德眞容月滿 層樓鳳跱上十六尊影星羅 金鈴激寶林之風 四時天樂 玉瓦印曹溪之月 萬朶蓮光 面仰帝字峰 若拏雲之鷄足 門環乙字水 似弄珠之龍腰 疑是都史天之浮來 隱然迦羅宮之變現 敬唱六偉之頌 普告四恩之功.

兒郎偉抛樑震 眞樂臺高餘萬仞 金色界中主者誰 曼殊舍利傳心印

兒郎偉抛樑离 眞影堂堂老古錐 塵塵妙色放光處 覺首上人應展眉

兒郎偉抛樑兌 帝字曹峰浮翠盖 蓮花世界路何迷 財首指頭雲靄靄

兒郎偉抛樑坎 三日明泉波淡淡 木覓山頭薔蔔花 應知寶首躋菡萏

兒郎偉抛樑乾 三十六宮都是仙 賢首樓臺平等住 空居兜率夜摩天

兒郎偉抛樑坤 蠢蠢其徒鎭日奔 玻璃色界元淸淨 智首何年建刹幡.

伏願上樑之後 百福鼎集於吉祥之門 五魔咸沐於曹溪之水. 七殿禪堂充滿七菩提果 參話頌拈 同遊華藏刹海之濱 八萬經閣 會集八大覺人 讀誦說聽 頓證諸佛解脫之境.

13
송광사 국사전 중수기

1919년 5월 5일

내가 어느 날 용화당에서 차를 마시는 모임에서 불조의 가풍을 설하다가 수선修繕하는 일에 대해서 말하게 되니, 간고幹蠱의 생각이 있는 본사 주지 설월雪月옹이 나에게 말하기를 "지금 국사전을 중수重修해 마쳤는데, 문미門楣에 한 말씀을 새겨서 걸어두어야 되지 않겠습니까?" 하였다.

내가 말하기를 "그렇다! 그러면 이를 중수한 전말顚末을 들을 수 있겠는가?" 하였다.

설월 스님이 말하기를 "상량문을 보지 못해서 예전의 인연을 고찰할 수 없는 것이 한탄스럽습니다만, 기문記文에 말하기를 '강희 61년(임인壬寅, 1722)에 백암栢巖 노사께서 중수하셨고, 가경 12년(정묘丁卯, 1807)에 화봉華峯 스님이 수리하였다고 하였는데 몇 번이나 중건하였는지는 알 수 없습니다.

지금 중수한 일은 병진丙辰(1916) 봄에 관산冠山의 청신녀 김씨가 국사전 수리를 위해 일금 이천 관을 보시하였습니다. 그런데 이 전각은 예사로운 법우法宇가 아니기에 정사丁巳(1917) 가을에 정당政堂(행정 당국)에 공문을 보내어 그 소중함을 알렸습니다. 정당에서는 공학박사 기술원인 쿠리야마 무지(栗山木子) 씨를 다시 보냈는데, 그는 도상圖像들을 조사하고 나서 감탄하며 말하기를 '이 전각은 고려 때의 미술로 교묘한 장인의 옛 자취이니 훼손하지 않도록 해야 한다. 다만 시렁을 엮어 보수하면서, 뒤틀린 것은 바르게 하고 썩은 것은 새로 갈며, 빠진 것은 끼우고 쓰러진 것은 세우며, 새는 것은 기와를 덮고 부서진 것은 발라서 미적美績을 상하지 않도록 해야 한다'고 하였습니다.

무오戊午(1918) 10월에 벌목하여 공사를 시작했는데, 또 후루타古田씨를 보내 감독하면서 한결같이 그 말대로 보수를 하여 기미己未(1919) 5월에 이르러 준공하고 봉안하였습니다. 그 사이 8개월 동안 아무런 장애 없이 성취하여 새롭게 환연奐然하였으니, 그 단월의 공덕과 정당의 공적을 잊을 수 없습니다. 모든 뒷사람들에게 보이고저 하니 스님께서 한 말씀해주십시오" 하였다.

내가 말하기를 "아, 설월 스님의 공력功力이여! 거문고가 비록 묘하더라도 손가락이 아니면 소리가 나지 않고, 도道가 원만하더라도 스승이 없으면 깨닫지 못하는 것이다. 지금의 국사전 공역功役에서 단월과 정당은 다만 거문고와 도와 같은 것이요, 설월 스님이 노래하고 이끌어준 것은 손가락과 스승과 같은 것이로다. 이로 말미암아 엄연儼然한 금용金容이 옥탑 위에 높이 모셔지고 은연한 옥영玉影이 금벽金壁 가운데 번쩍거리며, 불일佛日이 조계의 수석水石을 거듭 비추고 조령祖令은 길상吉祥스러운 운연雲煙에 거듭 떨치게 되었다. 이것은 손가락을 놀리고 소리 높여 교화한 공력이 아닌 것이 없도다" 하였다.

설월옹은 웃으며 가만히 있었다.

그 나머지 전우殿宇의 웅장함과 기국基局이 빙 둘러 감싼 것과 산이 양명하고 물이 고운 정취와 샘물이 달고 숲이 우거진 멋은 보는 이들이 쓰게 될 것이기에, 단월檀越의 인연만 열거한다.

길吉 씨의 돈 360원, 대중大衆의 돈 139원 13전 6리, 사중寺中 돈 2,001원 69전 6리. 기미己未(1919)년 5월 오午일.

―

曹溪山松廣寺國師殿重修記.

己未五月午日

余一日會茶於龍華堂上 說盡佛祖家風 語及修繕之務 若有幹蠱之思 本住持雪月翁屬余曰 今國師殿重修了 而盍無一言揭楣哉. 曰然 則可得聞顚末乎. 曰恨未見梁文 莫考昔因 而但有記云 康熙六十一年壬寅 栢老重修 嘉慶十二年丁卯 華峰師修葺云 亦未知幾重建也. 今之役 則赤龍之春 冠山信女金氏 布金二千貫 以修國師殿 而然此殿元非尋常法宇故 丁巳秋走訴于政堂 使知其所重. 政堂再遣工學博士技術員栗山木子 測圖而嘆曰 此殿卽麗朝美術巧匠之古蹟 不敢毀撥者. 但架修補 而欹者正而朽者新之 闕者補而臥者立之 漏者瓦之破者塗之 毋喪美績也. 戊午十月 伐木而始役之 又送古田監督 一如其言而修補之. 至己未午月 竣工而奉安之. 這間八個月 無障成就 一新奐然 以其檀那之功 政堂之功難忘 而欲示諸後 師須一轉語曰 嘻 雪翁之力 琴雖妙而非指不發 道雖圓而非師不覺. 今之殿之役也 檀那與政堂 但如琴與道而已 雪翁之唱酬 若指與師也. 由是而儼然金容 嵬嵬乎玉榻之上 隱然玉影 彬彬於金壁之中 佛日重照於曹溪水石 祖令再振於吉祥雲煙. 是莫非運指叫化之力乎. 翁笑而黙然 其餘殿宇之宏傑 基局之環抱 山明水麗之趣 泉甘林茂之味 覽者記得 只列檀緣.

吉金三百六十圓 大衆金一百三十九圓十三錢六里 寺金二千一圓六十九錢六里 己未五月午日.

14

송광사 극락교 청량각 상량문

1924년(갑자) 4월 17일

살펴보니 수국水國의 광한전廣寒殿은 용왕龍王이 소요逍遙하던 재간의 능력이오, 천궁天宮의 은한교銀漢橋는 까막까치가 애써 노력한 공덕이니, 인천人天의 아름다운 약속이 서로 모이고 수륙水陸의 교묘한 기술이 함께 모인 것이다.

지금의 극락교極樂橋는 인천의 명칭을 초월하여 수륙이 서로 만나는 것에 근거하였으니, 신기루蜃氣樓는 방장方丈의 달을 토하여 광한전의 광명을 바라지도 않았고, 교룡蛟龍은 등에 조계의 구름을 가득 짊어지고 있어서 은한교의 색상에 부럽지 않도다.

이 극락교를 창건한 처음을 돌아보고 그 시작을 살펴보면, 옹정雍正 8년(1730) 봄에 탁근卓勤 스님이 창건하였는데, 함풍咸豊 4년(갑인甲寅, 1854) 가을 홍수에 무너져버렸다. 그 후로는 흙이 무너진 것을 돋우어도 통행하기가 어려웠고 널빤지 다리를 걸쳐도 건너기가 어려웠다.

이 산의 한붕漢朋 스님은 이렇게 건너기가 어려운 것을 개탄하여 예전에 만든 토목 공법을 바꾸어 병진丙辰(1916)년에 시작하여 곧 이루기는 했으나, 공사가 잘못되어 무너져버렸다. 그래서 이듬해 정사丁巳(1917)년에 축대를 고치고 다시 좋은 장공匠工을 불러 완공하게 되었다.

이 누각樓閣은 같은 해에 마치지 못하고 갑자甲子(1924)년이 되어서야 다시 역사役事를 하게 되었다. 다리 밑에다 장공이 방점을 찍고 목수는 재목을 고르면서 용머리에 초석礎石을 눌러 황금 정채精彩가 빛 났고, 거령巨靈은 도끼를 휘두르며 노반魯般과 공수工倕의 교묘한 구상 을 하면서 큰 용광로에 풀무질하며 추범錘範의 기묘한 지혜를 쓰게 되 었다. 푸른 새우처럼 드리운 꼬리에 채색 무지개는 태미太微의 기운을 머금었고, 붉은 무지개가 숙인 머리에 검은 거북이는 봉래蓬萊의 섬을 짊어졌도다.

하늘의 나루를 건너가니 붉은 전각殿閣이 안개 속에 나타나고, 연 도輦道에 오르니 푸른 누각이 구름가에 걸려 있으며, 옥빛 기와에는 물고기의 비단 비늘이 번쩍대고 아름다운 옥 계단은 기러기처럼 줄을 서 있다. 옥녀玉女가 창가에 나타나니 그 그림자는 두 난새를 새겨넣은 거울 속에 잠기고, 선인仙人이 용마루에 있으니 그 기운이 채색 봉황의 향기에 취하였도다.

제비가 찾아와 하례賀禮하는 정성을 펼치려 하니 이에 봉황이 거동 하는 잔치를 열게 되어, 학이 인포麟脯(마고麻姑 신선이 먹었다는 기린의 포脯) 의 성찬盛饌을 등에 지고 너울너울 날아오니 고개 마루의 구름이 잘게 잘게 썰어지고, 용안龍眼이 봉간鳳肝의 술을 방울방울 따르니 물속의 달그림자 흔들리며 얇게얇게 저미어진다.

비단 주머니의 새로운 말을 하려고 하니 벌써 아름다운 누대樓臺의 장관壯觀에 남겨졌고, 이미 쌍무지개의 들보가 올라가니 육위六偉의 짧 은 노래를 지어 싣는다.

들보를 동쪽으로 던지니
목이 마른 사자후로 용궁龍宮 물을 마시며

밝은 해가 부상扶桑의 아래에서 솟아나
고개 마루 노을 속에 붉은 햇살 퍼진다

들보를 남쪽으로 던지니
제자봉帝字峰 앞에는 우담발화 피었는데
그 한 가지 꺾어다가 선재善材에게 준다면
일백 성一百城을 찾던 벗이 삼삼三三으로 절하리다

들보를 서쪽으로 던지니
연꽃이 피는 곳에 온갖 새는 우짖는데
내가 만약 천마天馬의 등 위에 올라타면
가는 길이 높이 솟아 높고 낮음 상관없네

들보를 북쪽으로 던지니
곤鯤 새는 어느 날 구름 날개 펼치고서
한 발 들고 창고봉倉庫峰에 잠시 동안 머물다가
한 자의 손을 뻗어 추극樞極을 만지구나

들보를 위쪽으로 던지니
자미궁紫微宮 가운데 구름 장막 걷히고
머리 돌려 만약에 천이통天耳通을 얻게 되면
직녀織女가 베를 짜는 메아리를 들으리라

들보를 아래로 던지니
석가모니 경전 속에 많은 게송偈頌 말씀하고
조계수는 긴 하늘과 한 띠로 둘러있어
수많은 어룡魚龍들이 모두가 변화하네

엎드려 바라노니, 상량한 뒤에 은하수와 뭇 별들은 길상吉祥의 오색 구름을 내리고, 수궁水宮의 용들은 마니摩尼의 칠보七寶를 보내소서. 관리와 유생들은 누각에 올라 불법을 보호하며 한당漢唐의 문물로 소요逍遙하는 풍류를 즐기고, 용상龍象의 비구들은 다리에 올라 공空함을 관觀하면서 중생을 널리 제도하는 것으로 자유自由의 본색本色을 삼으소서.

―

曹溪山松廣寺極樂橋淸凉閣上樑文

甲子 四月十七日上樑

觀夫水國之廣寒殿 龍王之逍遙幹能 天宮之銀漢橋 烏鵲之劬勞功德. 人天之佳約鼎集 水陸之巧術咸臻. 今極樂橋者 超人天之名稱 據水陸之際會 蜃樓吐方丈之月 不願廣殿之光明 蛟背孕曹溪之雲 無愧漢橋之色相. 欲稽創始 可考濫觴 雍正八年庚戌春 卓勤之所創也 咸豊四年甲寅秋 洪水之所圮斁 厥後培土圮之艱通 加板橋而難陟 山之釋漢朋公 慨步涉之極艱改土木之前功 始丙辰而幾成 仍匪工而破壞 越丁巳而改築 招善匠而重成. 但是樓也 在同年而未終 待甲子而重役 於是囚匠星於橋底 木宿掄材壓礎砥

於虯頭 金精動色 巨靈運斧 騁巧思於般倕 大冶鎔爐 用奇智於錘範 碧蝦垂尾 彩虹飲太微之光 赤霓矯頭 黑鰲負東萊之島 天津欲渡 彤閣出於煙中 輂道纔登 翠樓架於雲表 魚絹鱗於玉瓦 雁列齒於瑤階 玉女臨窓影沈雙鸞之鏡 仙人在棟 氣醉彩鳳之香. 欲展鶑賀之誠 爰設鳳儀之宴 鶴背飣麟脯之饌 細切嶺頭之雲 龍眼瀉鳳肝之醪 薄批潭底之月 要進錦囊之新語 留作瑤臺之壯觀 旣登雙虹之脩樑 載唱六偉之短頌 抛樑東 渴獅哮吼飲虯宮 大明初到扶桑下 萬縷彤霞嶺日紅 南 帝字峰前現優曇 若把一枝贈善材 百城巡友禮三三 西 蓮花開處百禽啼 我若能跨天馬背 昂昂不問路高低 北 溟鯤何日化雲翼 翹足暫居倉庫峰 手長一尺摩樞極 上 紫微宮裡開雲帳 回首若證天耳通 應聞織女支機響 下 迦羅藏海談祇夜 曹溪一帶與天長 無數魚龍皆變化. 伏願 上樑之後 銀河星宿 降吉祥之五雲 水宮龍兒 輸摩尼之七寶 縉紳章甫 登樓而護法 以漢唐之文物 作逍遙之風流 龍象比丘 陟橋而觀空 以廣濟衆生 爲自由之本色.

15

불일보조국사 감로탑 개축기

병인丙寅(1926) 9월 20일 봉안식

아! 우리 국사께서는 고려 희종熙宗 6년(경오庚午, 1210)에 시적示寂하시고, 그 뒤 이듬해에 절의 북쪽 언덕에 탑을 세웠다. 그 후에 세 번을 나갔다가 세 번을 돌아온 자취는(이 내용은 410면, 「보조국사사리탑이안연기평」에서 볼 수 있음) 묵암默庵 노사의 글에 다 기록되어 있으니 군말을 할 것이 없다. 717년이 지난 뒤 대정大正 15년(병인丙寅, 1926) 여름 본사 주지 찬의贊儀 스님이 홀연히 중창할 것을 발원하여 티끌처럼 모은 재산을 아끼지 않고 1,020여 원의 돈을 마련하였다.

이해 5월 보름에 시작하여 장공을 불러 동역董役하였는데, 우禹 임금의 신부神斧로 다듬는 소리 가운데 황석공黃石工과 장석군匠石君은 조각조각 잘라내었고, 진나라 채찍을 휘두르니 긴 대석隊石과 짧은 축석築石들은 데굴데굴 굴러 도착하였다.

이에 8월 27일에 탑을 열었고, 9월 초3일에 그 밑을 깊숙이 파고들어가니, 하나의 단지 같은 자기磁器 속에 백 편百片의 성골聖骨이 가득 들어있었다. 쟁쟁하게 울리며 옥을 떨치는 듯하고 반짝반짝 빛나서 금이 녹아 있는 듯하였다.

이에 자기(높이 한 자, 둘레 작은 동이)를 설법전의 사자좌獅子座 위에 받들어 모시고, 향을 사르고 목탁을 울리면서 모든 대중이 배관拜觀하며 입을 모아 경축慶祝하였다.

그런데 30매枚의 사리에 한 알이 보이지 않았으니, 임진왜란 때에 잃어버렸던 것일까, 참으로 미친 사람이 삼켜버린 것이었을까?

삼칠일 동안 향공을 올리며 엄호하면서 사리를 봉안할 곳을 고쳐 다듬기를 기다렸다. 9월 18일에 본래의 자리에 봉안하고서 회灰를 바르고 뚜껑을 덮었는데, 인좌신향寅坐申向(西向)이었다. 아래에 새로 3층을 쌓은 것은 높게 드러내려는 뜻이었으며, 그 위에다 옛 탑을 쌓아 예전처럼 안도安堵하였는데, 모두 합해 구층이 되었다.

네 계단은 본래 터에 의지하였으니 넓지도 않고 좁지도 않았다. 그 뒤는 담장을 쌓아 만들고 그 앞은 통하게 하여 탑을 참배하는 길로 30계단의 잔도栈道를 만들었으니, 그것은 국사님의 사리 30매의 숫자를 표시한 것이 아닌가 한다.

보조국사 사리탑 수리 후

굽어 살펴보면 여산驪山의 잔도와 같고, 우러러 바라보면 전각殿閣의 길을 따라 천극天極으로 가는 상징과 같도다.

오호라! 어허라!

나는 말세의 보잘것없는 중생인데 무슨 다행스런 선근善根으로 717년 전의 거룩한 유골을 면전面前에 배알拜謁하게 되었는가. 거기에다 하물며 오늘은 단월의 인연이 되었으니, 오랜 겁劫에 무슨 기이한 인연을 심었는지 알 수 없다. 썩지 않는 뿌리를 무상無上의 복전福田에다 심었던 것이리라.

지난 정묘丁卯(1927)년 가을에 뜻있는 대중들이 그 공덕이 사라질까 걱정이 되어 돌을 다듬어 거기에 다음처럼 명銘을 새겼다.

법유法乳는 조계曹溪에 길게 흐르니
단월의 공덕은 송령松嶺에 높고
불일佛日은 법계를 밝게 비추며
감로甘露는 선경禪境을 적시는구나
法乳長曹溪 檀功隆松嶺
佛日明法界 甘露沾禪境

나는 외람되이 보조국사 법파法波에 목욕하며 여기에서 자라고 여기서 늙으면서 심전心田에 털끝만큼의 선행善行도 없었다. 그런데 마침 이번 일에 참예하고 거룩한 유골에 몸소 절을 올리며 이번 중창의 공역功役을 취하도록 보았으니, 기리고 우러르는 원願이 가슴에 미어서 모르는 결에 붓을 들어 단숨에 이러이러하였다고 적었다.

曹溪山佛日普照國師甘露塔改築記

丙寅九月二十日奉安式

唯我國師 高麗熙宗八●年庚午示寂 越明年立塔于寺之北麓 而其後三出三入之蹟(見此卷初七丈) 備盡於默老之筆 不欲贅言. 越七百十七年後 大正十五年丙寅夏 本寺住持贊儀 忽發刱願 不惜塵財 費一千二十餘圓金 濫觴於五月望 招工董役 禹斧聲中 黃石工匠石君 片片而斷截 秦鞭影下 長隊石 短築石 轉轉而到着 於是開塔於八月二十七日 穿邃於九月初三日 一瓿磁器 百片聖骨 滿中安然 錚錚然玉振之 燦燦然金融焉. 仍奉磁器(高尺餘也 周小盆也)于說法殿獅子座上 焚香鳴鐸 一衆拜觀 萬口慶祝而三十枚舍利 不見一粒 疑是壬亂所失耶 眞若狂夫所吞耶 三七日間 香供嚴護 第待修治邃道 至九月十八日 奉安于本座 灰塗而盖覆之 乃寅坐申向也 新疊下三層 意欲高顯 而其上仍疊古塔 依舊安堵合九層也. 四階依本址 而不廣不俠 築其後而垣之 通其前而隊之 爲三十級而成棧 疑是舍利三十枚之表數耶. 俯而察之 若驪山之於棧道 仰而望之 象天極之於閣道歟 嗚呼噫嘻 唯吾末葉殘生 何幸善根面謁乎 七百十七年前聖骨. 於此乎 況復今日檀氏之緣 不知浩劫植何奇緣 而以種不朽根於無上福田也. 越丁卯秋 介衆發議 恐泯厥功 鍊石勒銘曰 法乳長曹溪 檀功隆松嶺 佛日明法界 甘露沾禪境. 予叨沐國師之法波 長於玆 老於斯 而乏一毫善於心田 適參于玆 親拜聖骨 目醉刱役 贊仰之願 塞乎胸次 不覺抽毫 記諸一線如是如是

● 전사 과정에서 六을 八로 오기한 것이다.

16

보조국사사리탑 이안 연기평

옛 기록을 병인丙寅(1926)년 9월 20일 베껴 쓰다

보조국사께서 고려 희종 6년(경오庚午, 1210) 3월 27일에 시적示寂하시니, 세수는 53세였다. 사리는 큰 것이 30과顆요, 작은 것은 헤아릴 수 없었다고 하였다. 4년이 지난 계유癸酉(1213) 4월 10일 수선사修禪社 북쪽 언덕에 탑을 세웠는데, 옛 보현전 위쪽이다. 지금 성수전 위쪽이니 여기가 곧 옛날의 터이다.

그 뒤 100여 년이 지나 (이상하게 그 연대와 주관했던 사람을 알 수 없다.) 무슨 연유인지 보조암普照庵 정상頂上에 이안하였으니, 거기는 세상에서 말하는 호배등虎背嶝이다.

입멸入滅하신 뒤 260년이 지난 성화成化 13년 즉 조선 성종成宗 8년(정유丁酉, 1477) 4월 27일에 주지 육정六正선사가 무설당無舌堂 앞에 봉안하면서 비석도 함께 세웠다. (지금 설법전 즉 장경각 앞이다.)

그 뒤 150년이 지나 임진왜란 때 파괴되었는데, 단지 구부龜趺만 남았다고 하였다. (사리가 산실散失된 것은 이때였다.)

그다음 86년이 지나 청나라 강희康熙 17년 무오戊午(1678)년에 설명雪明장로가 백암栢庵선사의 가르침에 의해 다시 비와 탑을 세웠다고 하였다.

10년 후에 강희 26년 즉 숙종肅宗 13년(정묘丁卯, 1687) 3월 6일 해문海文 스님이 고봉등高峰嶝(지금의 율원) 위에 이안하면서 탑 앞에 비석을 세

웠다고 하였다.

 다시 37년이 지나 옹정雍正 원년 즉 경종景宗 3년(계묘癸卯, 1723) 4월 16일 영해影海선사가 주지 기인起仁에게 명하여 옛터에 봉안하게 하였다고 한다.

 다시 43년이 지나 건륭乾隆 29년 즉 영조英祖 41년(을유乙酉, 1765) 3월 19일 주지 창오昌旿선사가 비전등碑殿嶝 위의 부휴선사 탑 뒤에 이안하였다.

 다시 6년이 지나 즉 영조 46년(경인庚寅, 1770) 11월 12일 주지 승감勝鑑(平遠이라고도 함)이 옛터에 봉안했다고 한다.

 그 뒤 156년이 지나 대정大正 15년(병인丙寅, 1926) 9월 20일 주지 찬의贊儀 스님이 탑과 축대를 고쳤다. (그 사유는 기문에 적어두었다.)

 평하여 말한다. 그 비와 탑의 이안을 살펴보니, 비는 오직 한 번 부수어졌고 다시 세웠는데, 한 번 나간 곳이 바로 현재 비전등碑殿嶝이다. 탑은 한 번 부수어진 것을 다시 세웠으며, 세 번 나갔다가 세 번 들어왔는데, 현재 있는 곳이 곧 옛터이다.

 그래서 나가면 촉루觸髏(유골)가 오염되고 누추해졌으며, 들어오면 상서로운 광채가 영롱해졌다고 하였다.

 만약 금강처럼 무너지지 않는 진신眞身이라면 길하거나 흉하거나 뉘우치거나 원망함에 무슨 상관이 있겠는가. 다만 세제世諦의 소견으로는 재앙이나 상서가 출입에 상관있다고 할 수 있으니, 이렇게 해서 절에 사는 승려들의 화복禍福과 성쇠盛衰가 이르게 된다면 거기에 대해서 말하지 않을 수 있겠는가?

세상의 귀중한 보배도 위험한 곳에 두면 위험하고, 안전한 곳에 두면 안전한 법이다. 하물며 거룩한 유골은 엄중하기 짝이 없는 보배인데 경망하게 마음대로 옮기거나 움직이면서 안전한 것과 위험한 것과 길한 것과 흉한 곳을 가리지 않았으니, 화禍와 복福과 재앙과 상서가 어찌 감히 여기에 있지 않을 것인가.

후예後裔인 우리들이 만약 삼가지 않고 경망하게 행동한다면 우리 조사들께 반역의 후손이 될 뿐만 아니라 아비지옥의 고통을 달게 받아야 할 것이다. 가히 삼가지 않으리오.

曹溪山普照國師甘露塔移安緣起評

古記抄丙寅九月二十日

高麗熙宗八年 庚午三月二十七日示寂 壽五十三 舍利大者三十 小者無數云 越四年癸酉四月十日 立塔于社之北麓 古普賢殿上 今聖壽殿上 是古址也. 越百餘年〈年代及主者名未詳 可怪也〉以何緣移安于普照庵頂上(世所稱虎背嶝云) 示滅後二百六十年 大明成化十三年 卽李朝成宗八年丁酉四月二十七日 住持六正禪師 奉安于無舌堂前 與碑並立〈今說法殿卽藏經閣〉至一百十五年壬亂破壞 只存龜趺云.〈舍利散失此時也〉越八十六年後 大淸康熙十七年戊午雪明長老 依栢庵禪師所敎 重立碑塔云云 十年後康熙二十六年 卽肅宗十三年丁卯三月六日 海文比丘 移安于高峰原上 立碑于塔前云 越三十七年 雍正元年 卽景宗三年癸卯四月十六日 影海禪師命住持起仁 奉安于古址云 越四十三年 乾隆二十九年 卽英宗四十一年乙酉三月

十九日 住持昌昕 移安于碑殿嶝上浮休塔後云 越六年 卽英宗四十六年 庚寅十一月十二日 住持勝鑑〈亦云平遠〉 奉安于古址云 越一百五十八年 大正十五年丙寅九月二十日 住持贊儀 改塔築坮云〈事由在本記文〉

評曰 觀其碑塔之移安 碑唯一壞 重立而一出 現在碑嶝是也. 塔亦一壞 重立而三出三入 現在古址是也. 然而出則觸髏汚陋 入則祥光玲瓏云. 若以金剛不壞之眞身 何管於吉凶悔恪哉. 但以世諦上所見災祥管於出入以若此 至於寺僧之禍福衰盛 不欲言而得乎. 如世之重寶 置諸危處則危之處諸安處則安之. 況以聖骨之莫嚴重寶 妄自遷動 不擇安危吉凶之地 禍福災祥 安敢不存於此哉. 吾輩之爲裔者 若不愼而妄動 則何啻吾祖之逆孫甘受阿鼻之苦痛 可不愼哉.

17

풍악산 송광암 중수급개금기

경오(庚午: 1930) 2월

이 글은 금명 스님이 입적하기 며칠 전에 지은
마지막 기문記文이기에 옮겨둔다.

들자오니 나뭇잎 하나로 부처님을 덮어주고 십륜의 왕위를 얻게 되는 감응이 있었고, 셋 낱의 동전을 스님에게 시주하여 오리五里의 보장寶藏을 얻게 되었다고 하는데,• 하물며 전각殿閣을 고쳐 부처님을 봉안하고 열 꾸러미의 돈으로 부처님의 옷을 입힌 자는 어찌 왕위와 보장으로만 논할 수가 있으리오.

이 절은 보조국사께서 창건하신 것으로 그 땅이 수려하고 부처님은 신령하여 간절히 기도하면 감응하는 것이 종을 치면 울리는 것과 같고, 소원을 구하면 곧 이루어지는 것이 달이 뜨면 강물에 비치는 것과 같아서, 그 신이한 영적은 마을에 널리 전해져오고 있으니 번거롭지 않게 알 수 있을 것이다.

옛 기록을 고찰해보면, 가경嘉慶 11년(병인丙寅, 1806)에 양개良盖 스님이 여섯 번째 중수를 하였고, 함풍咸豐 6년(병진丙辰, 1856)에 증천證天 스님이 중수하였는데 고故 선극모宣克模 공公이 공덕주가 되었고, 건양建陽 원년(병신丙申, 1896)에 우화又和가 중수하였는데 승지承旨인 선영홍宣永鴻 공이 또 공덕주가 되었으며, 소화昭和 2년(정묘丁卯, 1927)에 주지 경봉景鳳이 모연하고 화주하여 중수하였는데 참봉參奉 선남훈宣南熏 공이 또 대공덕주가 되었다.

경오庚午(1930) 봄 개금불사改金佛事에는 참봉 공과 본 면의 면장面長 장張 공과 사사끼(佐木) 등 여러 군자君子들이 함께 좋은 인연을 맺어서 불사를 성취하였다. 불우佛宇가 밝게 빛나고 썩은 서까래와 어긋난 기와들이 변하여 금강보전金剛寶殿이 되었으며 검게 얼룩졌던 몸이 고쳐서 광명이 나는 황금의 몸이 되었으니, 이로부터 부처님의 마음이 신령하여 복을 내리게 되고 천룡이 기뻐하며 재앙이 사라지게 되었다.

아! 선宣 공의 삼대三代가 복을 지어 십륜왕十輪王의 영화로운 삼축三祝(부귀, 장수, 많은 아들)은 말할 것 없고 여러 군자들이 동참하여 맺은 인연은 오리五里가 황금 풀밭이 되고 팔부八部의 천룡天龍들이 반드시 감응하게 될 것이로다. 그 화주가 단월들의 어진 인연을 규합하여 다 같이 정업을 닦아 종지가 원만해질 것을 의심할 여지가 없도다. 이 아름다운 자취가 사라질까 걱정되어 시말始末을 간략하게 적어 그 공덕을 오래가게 하노라.

• 『잡보장경雜寶藏經』에 나오는 이야기. 옛날 악생왕이 동산에 나가 놀다가 황금 고양이를 따라가다가 땅을 파보니, 거기에는 금전이 가득 차 있었다. 그렇게 자꾸 파서 5리까지 묻힌 금전이 가득 찬 구리쇠 독을 얻었다. 왕은 이를 가전연존자에게 이야기하니, "그것은 왕이 전생에 지은 인 因으로 얻은 복입니다. 먼 옛날 비바시 부처님 때 여러 비구들이 네거리에 높고 큰 자리를 만들고 그 위에 발우를 얹어 두고 '세상에 누가 이 든든한 창고 안에 돈을 넣겠는가? 이 창고에 넣은 돈은 물도 띄울 수 없고 불도 태울 수 없으며, 왕도 빼앗을 수 없고 도둑도 겁탈할 수 없을 것이다' 하니, 그때 어떤 가난한 사람이 이 말을 듣고 매우 기뻐하여 나무를 판 동전 세 닢을 모두 발우에 넣고 성심으로 발원하였습니다. 그리고 5리쯤 걸어오면서 걸음마다 기뻐하며 진심으로 발원하고는 집에 들어갔는데, 그때의 그 가난한 사람이 바로 지금의 왕입니다. 왕은 과거에 세 전을 보시한 인연으로 말미암아 세상마다 존귀하여 그런 세 개의 돈 항아리를 얻었으며, 5리 동안 걸음걸음마다 기뻐한 인연으로 항상 5리 안에 그런 돈이 있게 된 것입니다" 하였다. 왕은 전생의 인연을 듣고 기뻐하면서 떠나갔다.

高興君錦山面楓岳山松廣庵重修及改金記

伏聞 一葉覆佛 感得十輪之王位 三錢施僧 尙得五里之寶藏 而況修一殿而安佛 鉹十束而衣佛者 豈特以王位寶藏論之哉 今玆寺者 卽普照國師所刱也 其地也秀麗 其佛也神靈 懇禱卽應如鍾待叩 求願卽遂如月印江 其神異靈蹟 自在閭里之口碑 不足煩之. 考其古記 嘉慶十一年丙寅 良盖比丘爲六重修 咸豐六年丙辰 證天比丘重修 故宣公克模作功德主 建陽元年丙申 又和重修 承旨宣公永鴻又作功德主 昭和二年丁卯 住持景鳳募化重修 參奉宣公南熏又作大功德主 庚午春改金佛事 參奉公與本面長張公 及佐木等諸君子 同結良緣成就佛事. 奐然佛宇 朽梠脫瓦 變成金剛寶殿 漆身烏窮 改作光明金體 從此佛心靈而降福 天龍歡而消災. 嘻 宣公三代之作福 十輪王華三祝已無可論 諸君叅同之結緣 五里金苟 八龍必有感應以其化主之叫合 檀氏之良緣 同修淨業 同圓種智之無疑也 恐泯芳蹟 略其始末 以永厥德云尒.

금명보정 선사비

1942년 송광사 일주문 앞 비림에 세움

陰記

諸方之善知識如稻麻竹葦未曾遍叅然以余所觀或通乎理而滯乎事或深於定而乾於慧皆可以有議惟錦溟老師無是也有古老風焉余少時因佛事留松廣者約半年所幹孔劇雖未能橫經請益然心則已悅而誠服矣事濟而歸自以謂木弓餘緣更續有日匆匆四十年余不復南行老師已西化蹉跎之易會遇之難有如是夫今其神足龍隱變公齋銘入洛而示於余且曰知師之於吾師有知焉盡下一轉語以侈其陰乎日唯唯否否念齋之銘盡矣復何爲哉然吾知其老師一生諄諄於教誨而時復安於坐禪勤於念佛者亦累夏矣持律謹嚴爲諸方矜式故明治壬子昭和丙寅兩設戒壇而四來乞戒者每盈千指又復勤懇於秉筆故其所著述皆後學之可寶者也不專禪而定力大不入世而處事明非眞俗雙融者其孰能與於此哉師歿已一紀矣龍隱懼其德業之或泯盡罄私槖乃謀貞珉松廣泰安觀音大興白羊華嚴泉隱諸寺皆以公財助之其在門弟子之列者與夫受一偈承一語者莫不傾誠竭力以告厥成此豈非羊華老師之德化而尤感於變公之誠力也耶吾知其愈久而人之不能忘已已

雲陽沙門退耕相老識

系譜　浮休七世楓巖　應庵朗允

受業門生代表　弟資　　　　　　　　職員

曼庵宗憲　　龍隱完燮　　住持綺山錫珍　　教務清隱淳弘　　講師錫虎炯珣　　營建龍隱完燮

錫虎炯珣　　栢隱鍾宅　　監務龍隱完燮　　林務藤谷丙烈　　仁山相禎　　別座栢隱鍾宅

海隱裁善　　孫弟資　　　　法務錦堂在順　　書記靈隱日五　　大愚錦秋　　俗侄　金在斗

綺山錫珍　　鳳吉　　　　　監事春谷再榮　　春皐炳烈　　　　　　　　　　　在圭

　　　　　　東熙　　　　　　　　　　　　　　　　　　　　　　　　　　　　在守

　　　　　　　　　　　　　　　　　　　　　　　　　　　　　　　　　　　　　念佛院化主　鶴潭得秀
　　　　　　　　　　　　　　　　　　　　　　　　　　　　　　　　　　　　　圖書室主務　金蓮敬圓　錦溟寶鼎

時衆二百餘　　佛紀二千九百六十九年壬午二月日

贊助記　　松廣寺中泰安寺中觀音寺中大興寺中白羊寺中華嚴寺中泉隱寺中　受業門生與有志六十人

石出藍浦　製作京城石物美術工業社　刻工金昌雄　李庚求　鄭漢景　石工曺小根

華嚴講主錦溟堂大宗師碑銘幷序

前進士　念齋　宋泰會　撰
葦滄居士　吳世昌　篆
嗣法弟資　龍隱完燮　謹書

日有人焉幼而以孝名長而以教著出入無礙事理雙修非大導師不能焉以吾方外之交惟錦溟大師庶幾焉師諱賓鼎號錦溟金其姓駕洛王裔鶴城君完后也中世自靈巖寓谷城考通政大夫相宗妣完山李氏有娠夢彩雲如錦溪張成溪之異 哲宗辛酉正月十九日生頭角嶄然慧識迢邁十一歲就學書執俎夜抱書砣砣不已侍母病積二年須臾不離側踏雪採艾得蛤感神明而復矧翔時十四歲也成師莫不傾心敎誨忘年推詡自六經四子以至老莊諸家一皆涉獵筆法頗適健性勤儉緻密也衆虛舟禪師諮決心疑蓮師委疾且窘跨命求法他門師蹴告曰十年恩重物何足有無哉或有誘之者輒辭日以財求法非吾本分聞者韙之侍師疾也尋醫求藥靡所不用其極至有一晝夜往還二百里自後被聘轉經本寺之普照廣遠諸庵及方丈之華嚴泉隱海南之大興谷城之泰安所至爭迎或重跰之巨細久近皆綜核纖悉記之序之三十年如一日寺乘始得完爲壬寅冬營建聖壽殿而兩年之間三上書三入京告厥成功戊申之夏一山酷被兵燹衆皆犇而獨臨危不怖誓以殉敎使靈場古刹免於焦土則若夫罷籃興之役懲吏悖習固其餘事也　光武丙戌以禪敎兩宗授資憲階爲本寺都總攝者四爲海印寺禪議者一六十一生朝自題有云盆昏迷難點石疲能隨喜但龝經緇素和之者甚多余嘗讚其影有眼其眸即五色紋錦胸海則萬里滄溟盖記實也庚午二月十三日入寂世壽七十法臘五十五有集若干卷其編錄者鄕師列傳曹溪高僧傳著叢譜釋譜畧錄三藏法數佛祖讚詠淨土百詠念佛要解續名數集十地經科楞嚴科圖大東詠選質疑錄等數十種上足朱龍隱完燮早負靑藍之譽而學儒書于余者也以紀羣之交屢謁銘文余日師之悟境非吾可測而其至行實事可書者多是不可以不銘銘日　如是我聞戒名爲孝離是而說卽非佛敎世之師家匪心伊貌邪解痴喝無噸不效所以道俗胥溺淖茫茫濁流伊誰孤棹縈惟吾師發彼蒙罩所過必化如睡夢覺德等虛空量不可較我來作銘如斑在豹

부록 1

금명대종사
비명碑銘과
음기陰記

화엄강주
금명당대종사
비명 병서

전진사 송태회가 찬하고,
위창거사 오세창이 전서를 쓰고,
법을 이은 용은완섭이 삼가 글씨를 쓰다.

말하노니, 사람으로 어려서 효로써 이름나고 커서는 가르침으로 드러나며 들고나는 데 걸림 없이 사事와 이理를 함께 닦는 것은 대도사大導師가 아니고는 불가능한 것이다. 나의 방외方外에 사귀는 이로써는 오직 금명대사가 그러한 분이다.

  스님의 휘는 보정이요, 호는 금명이며, 그 성은 김씨니 가락왕 후예인 학성군 완完의 후손이며 중세에 영암에서 곡성으로 오게 되었다. 아버지는 통정대부 상종이며, 어머니는 완산 이씨인데 임신할 때 비단 같은 오색구름이 감싸고 시냇물이 불어나 큰 바다를 이루는 이상한 꿈을 꾸었다 한다.

  철종 신유辛酉(1861)년 정월 십구일에 태어났는데 두각頭角이 높이 솟았고 지혜가 뛰어났으며 열한 살(1871)에 학문에 나아가 낮으로는 농사일하고 밤에는 책을 끼고 힘써 부지런히 공부하기를 그치지 않았다.

  어머니께서 병이 드시니 2년 동안 잠시도 그 곁을 떠나지 않으면서 눈 속에서 영지靈芝를 찾고 땅을 파서 조개를 찾아 신명神明을 감동시키더니, 그러다가 신상䏬翔(歸天)하셨는데 그때가 열네 살(1874)이었다.

열네 살에 성동成童하여 아버지께서 출가하기를 명命하므로 송광사 금련金蓮화상을 의지하여 머리를 깎았다. 무릇 배우는 것은 한번 읽으면 곧바로 외웠으며 열일곱(1877)에 경파景坡화상에게서 계를 받았다.

그 뒤로 사방을 유학遊學하며 대종장들을 찾아다니며 참구하였으니, 원해·범해·원화·함명 등 여러 스승들에게서 마음 기울여 배우지 않음이 없었고, 세월을 잊고 추후推詡하였으며 육경六經 사자四子에서부터 노장老莊의 제자백가를 모두 한번 섭렵하였다.

필법은 힘이 있고 굳세었으며 성품은 근검 치밀하였다. 허주선사를 찾아뵙고 마음의 의심을 물어 결단하였다. 은사 금련화상이 병들어서 곤궁하고 어려워지자 다른 문중의 스승에게 가서 법을 구하라고 명하니 꿇어 앉아 고하기를 "십 년의 은혜가 중하거늘 어찌 있고 없는 것에 족하겠습니까?" 하였다.

혹 누가 유혹하는 자가 있어도 문득 사양하여 말하기를 "재물로써 법을 구하는 것은 나의 본분이 아닙니다" 하니, 듣고는 모두가 옳다고 하였다.

스승이 병들어 모시게 되니 의사를 찾고 약을 구하면서 써보지 않은 것이 없었으며 그 지극함에 이르러서는 하루 밤낮 동안에 200리를 다녀오기도 하였다.

서른 살(1890)에 건당하였으며 그 뒤로는 초빙을 받아 경을 가르쳤으니 본사의 보조암 광원암 등 여러 암자와 방장산의 화엄사·천은사, 해남의 대흥사, 곡성의 태안사 등 이르는 곳곳마다 다투어 맞이하였다.

혹은 한곳에 계속 머물기도 하고 혹은 안거하며 참구하기도 하며, 혹은 학림에서 교편을 잡기도 하고 혹은 계단에서 수범垂範하시기도 하면서 거의 빈 자리가 없었다. 강마훈도講劘薰陶하지 않음이 없었으니 역중域中의 준재들이 문하에서 많이 배출되었다.

무릇 일을 하실 때는 반드시 굳세고 과감하였으며 처음이 있으면 끝이 있지 않음이 없었다.

옛 사적의 크고 작은 것이나 오래되고 가까운 것을 모두 종합하여 핵심과 섬세한 것을 모두 기록하고 서序하여 30년을 하루같이 하여 사승寺乘(절의 역사)을 비로소 완성하게 되었다.

임인壬寅(1902) 겨울에는 성수전을 영건하였는데 두 해 동안에 세 번이나 상서上書하고 세 번 서울에 들어가 그 성공을 아뢰었다.

무신戊申(1908) 여름에는 한 산중이 병선兵燹(전쟁의 화재)을 입게 되어 대중이 모두 달아나버렸는데 홀로 위험에 당하여도 겁내지 않고 순교할 것을 맹세하였으니 신령스런 옛 고찰의 도량이 초토를 면하게 되었던 것이다.

남여籃輿의 힘든 부역을 혁파한 것이나 벼슬아치들의 관습적인 행패를 징계한 것 등은 그 나머지 일이다.

광무 무술戊戌(1898, 병술丙戌은 誤刻)년에는 선교양종 자헌資憲의 위계를 주었으며, 본사의 도총섭이 네 번 되었고 해인사의 선의가 한 번 되었다.

61세(1921)의 회갑이 되던 날은 스스로 제題하기를 「갈수록 혼미하여 점석點石(부싯돌로 불붙이는 일)하기 어려운데 피곤해도 경전을 뒤적이기 즐겨한다」하였는데, 치소緇素간에 화답하는 자가 매우 많았다.

나는 일찍이 그 영影에 찬讚하기를

빛나는 눈동자에
헌걸찬 모습이여!
다가서면 다정하게 손을 내밀 듯
바라보면 엄연히 공경스럽네
빛나는 문장은 오색무늬 비단이요
넓은 가슴은 만리의 바다로다

하였으니 그 실제를 적은 것이다.

경오庚午(1930) 2월 13일에 입적하시니 세수는 70세요 법랍은 55년이다.

문집 몇 권이 있으니 그 편록編錄한 것은 『향사열전』 『조계고승전』 『저역총보』 『석보약록』 『삼장법수』 『불조찬영』 『정토백영』 『염불요해』 『속명수집』 『십지경과』 『능엄과도』 『대동영선』 『질의록』 등 수십 종이 된다.

상족上足인 용은완섭 스님이 일찍이 청람靑藍의 명예를 떠맡고서 나에게서 유서儒書를 배우기도 하여 오랜 세월 동안 사귀었는데, 몇 번이나 와서 명문을 청하므로 내가 "스님의 깨달으신 경계는 내가 측량할 바가 아니다" 하였으나, 그 지극하신 행行과 실다운 일을 쓸 것이 많으므로 이를 명銘하지 않을 수가 없도다.

명하여 말하기를

이와 같이 나는 들었노니
효孝로써 이름을 경계하니
이를 떠나 말하게 되면
부처님의 가르침이 아니리라
세상의 사가師家도
마음은 아니면서 그 모양이니
삿된 견해 어리석은 할喝을 하며
낯 찡그림을 본받지 않음이 없네
그러하여 도인이나 속인들이
거의가 진흙탕에 빠졌도다
망망한 탁류에
그 누가 홀로 노를 저으랴
오직 우리 스님만이 맬 수 있으리
저 몽조蒙罩를 펴서
지나가면 반드시 교화하시어
잠든 꿈을 깨우시니
덕은 허공과 같아
헤아려도 비교할 수 없구나
내가 와서 명을 짓지만
표범 가죽에 얼룩만 짓네

음기陰記

〈이 비의 음기는 퇴경 권상로 스님이 지은 것이다.〉

제방의 선지식이 한량없이 많아서 두루 참예하지 못하였지만 그러나 내가 본 바로는 혹 이理에 통하면 사事에 막히고, 혹 선정은 깊으나 지혜는 메마르기도 하였는데 모두가 의론하기를 오직 금명 노스님은 이렇지 않아서 고로古老의 가풍이 있다 하였다.

나는 젊은 시절에 불사 때문에 송광사에 약 반년 동안 머물렀는데 일을 주간하시는 바가 몹시도 지독하여 능히 경을 끼고 청익請益하지는 못하였지만 마음으로는 기뻤으며 성심으로 감복하였었다.

일이 끝나고 돌아와 스스로 이르기를 목궁木弓이라 하고 나머지 인연을 다시 계속하다 보니 어느덧 총총히 40년이 지났으며 나는 다시 남쪽으로 가지 못하고 노스님께서는 이미 서화西化하셨으니, 세월 흐르는 것은 쉽고 만나기는 어려운 것이 이와 같은 것인저!

지금 그 신족神足인 용은완섭 공이 명銘을 가지고 서울에 들어와 나에게 보이면서 말하기를 "우리 스승님에 대하여 아는 대로 한 말씀 내려주시면 음기로 넣도록 하겠습니다" 하기에, 말하기를 "아니, 아니된다. 염재 선생의 명銘에 모두 다했는데 다시 무엇하러 하겠는가" 하였다.

그러나 내가 아는 그 노스님께서는 일생 동안 순순諄諄히 가르침을 펴시다가 때로는 다시 좌선 안거하시기도 하고 염불에 힘쓰기도 하시기를 여러 해 동안 하셨다. 계율 가지기를 근엄하게 하여 제방의 긍식秤式이 되시므로 명치 임자년(1912)과 소화 병인년(1926)에 두 번 계단을 세워 사방에서 계를 구하러 오는 자가 매번 천 명이 넘었으며, 또다시 부지런히 간절하게 붓을 잡아 저술하신 바가 모두 후학들의 보배가 될 만하였다.

참선에만 전념하지 않았어도 선정의 힘이 크시고, 세상에 들어가지 않아도 일을 하면 분명하시었으니 진眞과 속俗을 쌍융雙融하지 않은 이라면 그 누가 능히 이와 같이 되리오.

스님께서 돌아가신 지 일기一紀(12년)가 더 지났고 용은 스님은 그 위대하신 덕업이 혹시나 없어질까봐 걱정되어 개인의 주머니를 털어 옥돌 비석 세우기를 도모하니, 송광사 태안사 관음사 대흥사 백양사 화엄사 천은사 등 여러 절에서 모두 공재公財로 도왔으며, 그 문중에 제자로 늘어선 이와 게문 하나라도 받고 한 말씀이라도 들은 이들이 정성을 기울여 힘쓰지 않음이 없이 하여 그 일이 이루어짐을 고하게 되니, 이는 어찌 노스님의 덕화를 사모함과 더욱이 완섭 공의 정성스런 힘이 아니겠는가. 나는 그것이 유구悠久하여 사람들이 잊지 않을 줄을 아노라.

운양사문 퇴경상로退耕相老가 쓰다.

- 계보 : 부휴 7세 풍암 → 응암낭윤 → 영암등찬 → 성월서유 → 지봉지안→ 벽련인성 → 금련경원 → 금명보정
- 수업문생대표　　만암종헌 석호형순 해은재선 기산석진
- 제자　　　　　　용은완섭 백은종택

- 손제자   봉길 동희
- 계제자   동하동식 천경종출
- 직원
    주지   기산석진
    감무   용은완섭
    법무   금당재순
    감사   춘곡재영
    교무   청은순흥
    임무   등곡병렬
    서기   영은왈오 춘고병렬
    강사   석호형순 인산상정
    염불원 화주   대우금추
    도서관 주무   학담득수
    영건   용은완섭
    별좌   백은종택
    속질   김재두 재규 재수
    시중   200여

불기2969년 임오壬午(1942) 2월 일

- 찬조기
    송광사중 태안사중 관음사중 대흥사중
    백양사중 화엄사중 천은사중
    수업문생 여 유지 60인
- 석출   남포
- 제작   경성석물미술공업사
- 각공   김창웅 이경구 정한경
- 석공   조소근

부록 2 승계보 僧系譜

세번	1	2	3	4	5	6	7	8	9	10
1	벽송지엄 碧松智嚴 1464-1534	부용영관 芙蓉靈觀 1485-1571	청허휴정 淸虛休靜 1520-1604	송운유정 松雲惟政 1544-1610	송월응상 松月應祥 1572-1645	송파각민 松坡覺敏	동운혜원 東雲慧遠	무주행규 無住行珪	월암지명 月岩智明	금파근화 金波勤華
2				현빈인영 玄賓印英						
3				소요태능 逍遙太能 1562-1649	해운경열 海運敬悅 1580-1646	취여삼우 醉如三愚 1622-1684	화악문신 華岳文信 1622-1707	설봉회정 雪峰懷靜 1678-1738	송파각훤 松坡覺喧	정암즉원 晶庵卽圓
4										
5										
6									송암청윤 松岩淸閏	
7								진봉심우 珍峰深宇	명진재엄 明眞再嚴	
8				제월수일 霽月守一	화월현옥 華月玄玉	모운지훈 慕雲智熏	설담자우 雪潭自優 1649-1710	청은영경 淸隱永瓊	면암유정 勉庵有情	
9				편양언기 鞭羊彦機 1581-1644	풍담의심 楓潭義諶 1592-1665	상봉정원 霜峰淨源 1627-1709	낙빈홍제 洛濱弘濟 1656-1730	기성쾌선 箕城快善 1693-1764	보월지징 寶月智澄	관월경수 冠月景修
10								벽허원조 碧虛圓照	영허성준 靈虛性俊	금파행우 錦波幸佑
11						월저도안 月渚道安 1638-1715	설암추붕 雪岩秋鵬 1651-1706	상월새봉 霜月璽篈 1687-1767	용담조관 龍潭造冠 1700-1762	규암낭성 圭岩朗成
12										혜암윤장 惠庵坑藏
13						월담설제 月潭雪霽 1632-1704	환성지안 喚惺志安 1664-1729	실송연초 雪松演初 1676-1750	동파탄학 東坡坦學	학송한영 鶴松翰英
14								호암체정 虎岩體淨 1687-1748	풍악보인 楓岳普印	운계경일 雲溪敬一
15									청봉거안 靑峰巨岸	율봉청고 栗峰靑杲 1738-1823
16									설파상언 雪坡尙彦 1707-1791	퇴암태관 退庵泰觀 ?-1789

11	12	13	14	15	16	17	18	19	20	세번
오파유혜 鷲波有慧	병암계언 屏庵戒言	성월우희 性月禹希	정암혜수 定庵慧修	영담원준 影潭元俊	응암장열 應庵壯悅	우송상수 友松尙洙	제산정원 霽山淨圓 1862-1930			1
										2
연파혜장 蓮波惠藏	수룡색성 袖龍賾性	서주의수 犀舟義修	화월서홍 華月叙䃣	청악만하 清岳晚霞	학산보인 鶴傘普印					3
		철선혜즙 鐵船惠楫 1791-1856	풍암의찰 豊庵宜札	보운석일 寶雲碩一	허은경은 虛隱敬恩	응허성안 應虛性安	취운혜오 翠雲慧悟			4
	침교법훈 枕蛟法訓	화운은철 化運銀哲								5
낭암시연 朗岩示演	송월치익 松月致益	응화유한 應化有閑 1813-1885								6
만허이척 萬虛頤陟	용파영훤 龍波永暄	운파익화 雲坡益化	동화경운 東化敬雲	원응계정 圓應戒定 1856-1927						7
쌍운신잠 雙運信岑	설하정훈 說何正訓	이봉낙현 离峰樂玄 1814-1890	충봉인오 忠峰印悟	우송선명 友松善明 1879-1936						8
응암진숙 應庵眞淑	평암영초 坪庵永初	인봉찰유 麟鳳察裕	금담도종 金潭道宗	용파택주 龍波宅柱	동파성묵 桐坡聖默	만하승림 萬下勝林				9
사암채영 獅巖采永										10
서월거감 瑞月巨鑑	회운진환 會雲振桓	원담내원 圓潭乃圓	풍곡덕인 豊谷德仁	함명태선 涵溟台先 1824-1902	경붕익운 景鵬益運 1836-1915	경운원기 擎雲元奇 1852-1936				11
기암이준 畸庵以僎	제월의경 霽月義敬	응암치영 應庵致永	진응혜찬 震應慧燦 1873-1941	응하 應夏 1881-1908						12
퇴운등혜 退雲等慧	동화영오 東華永悟	우화성규 雨華晟奎	혼해찬원 混海贊元							13
대운우평 大雲宇平	송원처붕 松源處朋	진각여옥 眞覺呂玉	인봉도징 麟峰道澄	만성금현 晚惺錦鉉	만화관준 萬化寬俊	동파 東坡	용운봉완 龍雲奉玩 1879-1944			14
금허법첨 錦虛法添	용암혜언 龍岩慧彥 1783-1841	경허성우 鏡虛惺牛 1846-1912								15
설봉거일 雪峰巨日 1747-1805	백파긍선 白坡亘璇 1767-1852	도봉국찬 道峰國粲 ?-1861	정관쾌일 正觀快逸 ?-1873	백암도원 白岩道圓	설두유형 雪竇有炯 1824-1889	다륜익진 茶輪翼振	설유처명 雪乳處明 1858-1903	영호정호 映湖鼎鎬 1870-1948		16

세번	1	2	3	4	5	6	7	8	9	10
17										
18										
19									**연담유일** 蓮潭有一 1720-1799	**의암창인** 義巖暢仁
20										양악계신 羊岳啓璇 ?-1837
21										**금담보명** 金潭普明 1765-1848
22										**백련도연** 白蓮禱演 1737-1807
23										
24										
25										
26										
27								금계원우 錦溪元宇	청파혜원 青坡慧苑	백인태영 百忍泰榮
28								함월해원 涵月海源 1691-1770	완월궤홍 翫月軌泓 1714-1770	학봉익탄 鶴峰益綻
29										
30									영파성규 影波聖奎 1728-1812	낙허치관 樂虛致寬
31										우운혜정 遇雲慧定
32								포월초민 抱月楚旻	송매성원 松梅省遠	쌍운금화 雙運錦華
33										

11	12	13	14	15	16	17	18	19	20	세번
						서월경우 犀月敬瑀	금화유성 錦華維星	**학명계종** 鶴鳴啓宗 1867-1929		17
	포운응원 浦雲應元	**예암광준** 禮庵廣俊 1834-1894								18
은암정호 銀岩正浩	**경월영오** 鏡月寧旿 1775-1857	수성근헌 壽星謹憲	용허이운 龍虛理云	**서해묘언** 犀海妙彦						19
침송성순 枕松聖珣	덕운천훈 德雲天焄	한양용주 漢陽龍珠	취운도진 翠雲道珍	**만암종헌** 曼庵宗憲 1876-1956		**금용일섭** 金蓉日燮 1901-1975				20
대은낭오 大隱朗悟 1780-1841										21
완호윤우 玩虎倫佑 1758-1826	**초의의순** 草依意恂 1786-1866									22
	환봉경민 喚峰景旻	**견향향훈** 見香向薰								23
	호의시오 縞衣始悟 1778-1868	**범해각안** 梵海覺岸 1820-1896								24
		무위안인 無爲安忍 1816-1888								25
		하의정지 荷衣正持 1779-185								26
완진대안 翫眞大安	침허처화 枕虛處華	초우영선 草愚永瑄	남호행준 南湖幸準	**용성진종** 龍城震鍾 1864-1940	동산혜일 東山慧日 1890-1965	**퇴옹성철** 退翁性徹 1912-1993				27
백파묘화 白坡妙華	영성석잠 永醒錫潛	능파이순 凌坡耳順	영담장학 永潭藏學	**용악혜견** 龍岳慧堅 1830-1908	백하청민 白荷晴旻	석두보택 石頭寶澤 1882-1966	**효봉학눌** 曉峰學訥 1888-1966	**구산수련** 九山秀蓮 1909-1983	**범일보성** 梵日菩成 1928-20	28
								회광일각 廻光壹覺 1924-1996		29
성원의찰 性圓宜察	경암신묵 鏡庵信默	진암정오 眞庵定旿	보운본섭 寶雲本燮	**회광사선** 晦光師璿 1862-1933						30
금계성창 錦溪盛昌	혜신우정 慧信宇定	취월의관 就月誼官	만응처희 晩應處禧	풍곡영안 豊谷永安	**퇴경상로** 退耕相老 1879-1965					31
충허지책 冲虛旨策	연파섭정 蓮坡涉貞	**경파성원** 景坡性元								32
남악영오 南嶽暎吽	인파진화 仁波進華	보월경림 寶月璟林	낙하취인 洛下取仁	**용호해주** 龍湖海珠						33

431

세번	1	2	3	4	5	6	7	8	9	10
34							현은형오 玄隱洞悟	홍파인형 泓波印洞	월영대찰 月影大察	한월성유 漢月性宥
35					환적의천 幻寂義天 1603-1690					
36				중관해안 中觀海眼 1567-?						
37			부휴선수 浮休善修 1543-1615	벽암각성 碧岩覺性 1575-1660	취미수초 翠微守初 1590-1668	백암성총 栢庵性聰 1631-1700	무용수연 無用秀演 1651-1719	영해약탄 影海若坦 1668-1754	풍암세찰 楓岩世察 1688-1767	묵암최눌 默庵最訥 1717-1790
38										
39										
40										
41										
42										
43										
44										
45										
46										
47										
48										
49										
50										

11	12	13	14	15	16	17	18	19	20	세번
경암응준 敬庵應俊	호암계원 湖庵戒元	관허순학 寬虛順學	**보응문성** **普應文性** 1867-1954							34
										35
										36
서암혜학 西庵慧學	운암영찰 雲岩咏察	해룡덕선 海龍德禪	신월혜순 信月惠順	**설월용섭** **雪月龍燮** 1868-1938						37
사월극원 沙月克願	봉월광찬 鳳月廣粲	성암정은 聖庵定垠	**계월준영** **桂月準永**		보담혜준 寶潭惠俊 1829-?					38
			인파 **印坡**							39
처송식민 處松湜敏	경담진현 鏡潭進玄	학송정준 鶴松正俊	추담서관 秋潭瑞貫	**침연장선** **枕淵章宣** 1824-1907	대붕지수 大鵬智藪 1843-1923					40
				침룡취진 **枕龍取珍**	용호덕운 龍浩德云 1837-1925	연파화인 蓮坡華印	향운창호 香雲昌昊	**계룡규성** **溪龍圭成** 1913-1995		41
무송의인 撫松義仁	금파광언 金波廣彦	은파성관 銀波性寬	**하담향섭** **荷潭向燮** 1850-1925							42
		포운서학 布雲接鶴	**계봉계선** **䨲峰戒宣** 1859-1924							43
보봉맹척 寶峰孟陟	계봉기준 繼峰琪俊	**수산원만** **守山圓滿**	원해문주 圓海文周 1850-1888	율암찬의 栗庵贊儀 1867-1929						44
	용운처익 **龍雲處益** 1813-1888	한운한오 漢雲漢旿	**화성주흔** **華性湊炘** 1856-1927							45
		동명화인 **東溟化印** 1839-1889								46
		구연법선 **九淵法宣** 1844-1897								47
충담영수 忠潭永守	원암지원 圓庵志源	용우묘순 龍雨妙純	우연증원 雨源證圓 1860-?	**금당재순** **錦堂在順** 1890-1973						48
환해법린 **幻海法璘** 1749-1820	춘파혜원 春坡惠園	용파성홍 龍坡性弘	화월극한 華月極閑	인월봉언 印月奉彦	**용암진수** **龍岩振秀** 1868-1930	**해은재선** **海隱裁善** 1889-1955	**현곡잉석** **玄谷芿石** 1900-1965			49
	영봉표정 **影峰杓正**	**침명한성** **枕溟翰醒** 1801-1876	**화산선오** **華山善旿** 1823-1914							50

433

세번	1	2	3	4	5	6	7	8	9	10
51										
52										**응암낭윤** 應庵朗允 1718-1794
53										
54										
55										**백화팔정** 白花八晶
56										**제운해징** 霽雲海澄 1719-1804
57										
58										
59										
60										
61										
62										
63										
64										
65										
66										
67										유악책현 維岳策賢

11	12	13	14	15	16	17	18	19	20	세번
	해련보심 海蓮甫心	영호의관 影湖義寬	호붕진흥 浩鵬振洪 1863-1937							51
무봉섭화 鵡峰攝化	의봉의성 義峰倚聖	휴암긍언 休庵亘彦	함호완규 菡湖玩圭 1848-1928							52
희암등찬 晞庵等璨	성월서유 聖月瑞蕊	지봉지안 智峰之安	벽련인성 碧蓮仁性	금련경원 金蓮敬圓 ?-1889	금명보정 錦溟寶鼎 1861-1930	용은완섭 龍隱完燮 1899-?				53
						백은종택 栢垠鍾宅 1907-1989				54
										55
보광정선 葆光品宣	원응계홍 圓應戒洪	백봉필한 白峯必閑	서룡혜감 瑞龍惠坎	혼허품준 渾虛品俊 1843-1928	연해국신 蓮海國臣 1889-?					56
				경해관일 鏡海官一 1843-1928	석호형순 錫虎炯珣 1886-?					57
	은허계훈 隱虛戒熏	성월두은 性月斗銀	용명기환 龍溟琪煥	영운준찰 榮雲俊察 1868-1941	환경대현 喚鯨大鉉 1890-1917					58
퇴은봉의 退隱鳳儀 1767-1844	백허덕언 白虛德彦	충운문옥 忠雲文玉	보명수일 葆明守一 1841-1876							59
	월주철인 月舟哲印	금운응묵 錦雲應默	영월축문 映月竺文 1861-1929							60
	연주유전 蓮舟裕專	호월보원 晧月普原	연계인찬 蓮溪仁贊	보운두신 普芸斗愼 1862-1944	춘곡재영 春谷再榮 1900-1967					61
			경봉축정 景峰竺靜 1864-1931							62
화운정순 華雲定淳	월화백운 月華伯云	추파찬선 秋波讚璇	취월기순 翠月基順 1854-1933	기산석진 綺山錫珍 1892-1968						63
	동호성민 東湖性敏	남호관영 南湖寬榮	취봉창섭 翠峰昌燮 1898-1983							64
		용월우천 龍月祐天 1876-1941	상전 瓺銓 1889-?							65
			성공종규 性空宗奎 1908-1989							66
홍암경안 鴻庵環按	벽하구붕 碧霞九鵬	통허치성 洞虛致誠 1844-1901								67

세번	1	2	3	4	5	6	7	8	9	10
68										
69										**벽담행인** 碧潭幸仁 1721-1798
70										
71										
72										
73										
74										
75										
76										
77										
78										
79						우계준익 友溪寯益	화봉회변 華峰懷卞	**두월우흥** 斗月禹洪 1744-1816	**기봉장오** 奇峰藏旿 1776-1853	
80									기운설환 奇雲說還	
81				**백곡처능** 白谷處能 1617-1680						
82			모운진언 慕雲震言 1622-1703	보광원민 葆光圓旻	회암정혜 晦庵定慧 1685-1741	서악도태 西嶽道泰	석봉임활 石峰任活	우암현엽 愚庵玄爗		
83										
84		**경성일선** 敬聖一禪 1488-1568								

436

11	12	13	14	15	16	17	18	19	20	세번
	영파남준 影波南準	쌍원예운 雙圓禮運	임성문휴 任性文休 1852-1934	**청오유완** 青悟裕玩 1892-1919						68
해운염심 海雲歛心	용연두문 龍淵斗文	**예운선종** 禮雲禪鍾 1873-1945								69
회계휘종 會溪輝宗 1759-1835	학암서일 學庵叙馹	해봉친언 海峰親彦	만성유관 晚惺宥寬	**추강봉우** 秋江鳳羽 1882-1961						70
	연파후원 蓮波厚源	송악화순 松岳華淳	운파취선 雲坡就善	**용선천희** 龍船天禧 1870-1939	**눌봉정기** 訥峰正基					71
				금월찬진 錦月粲軫 1880-1910						72
					유산희운 酉山禧芸	선파학성 仙坡學成	**선곡지우** 禪谷智雨			73
영월엽홍 詠月曄洪	낙파각훈 樂波覺訓	초은의유 超隱義有	**취은민욱** 取隱旻旭 1815-1899							74
		연월이준 運月以俊	**초은평률** 草隱評律 -1902-							75
			우담홍기 優曇洪基 1822-1881							76
	영송봉오 詠松奉悟	침송축헌 枕松竺憲	혼명성호 混溟誠昊 1860-1939	**방포태영** 芳圃泰英 1893-?						77
	경송계묵 敬松契默									78
정담예찬 靜潭禮贊	**허주덕진** 虛舟德眞 1806-1888	정봉 正峰 ?-1895								79
영허여만 盈虛如滿	**포우행성** 布雨幸性 1850-1884	**한봉성학** 漢朋聖鶴 1864-1929								80
										81
경월상규 慶月祥奎	취봉보윤 翠峰普潤	해운경천 海雲擎天	선월경홍 禪月敬洪	**수경찬민** 袖鯨贊玟 1855-1923						82
				취암경은 翠巖璟恩 1865-1934						83
										84

승계보(僧系譜) 색인(索引)

법호법명	세	번	법호법명	세	번	법호법명	세	번
각성(벽암)	4	37	광준(예암)	13	18	대현(환경)	16	58
각안(범해)	13	24	구산수련	19	28	덕인(풍곡)	14	11
견향향훈	13	23	구연법선	13	47	덕진(허주)	12	79
경봉축정	14	62	국신(연해적전)	16	56	도연(백련)	10	22
경붕익운	16	11	규성(계룡)	19	41	동명지선(화인)	13	46
경성일선	2	84	금당보명	10	21	두월우홍	9	79
경송계묵	12	78	금당재순	15	48	등찬(희암)	11	53
경운원기	17	11	금련경원	15	53	만암종헌	15	20
경원(금련)	15	53	금명보정	16	53	만하승림	17	9
경월영오	12	19	금용일섭	16	20	묘언(서해)	15	19
경은(취암)	15	83	금월찬진	16	72	무용수연	7	37
경파성원	13	32	긍선(백파)	12	16	무위안인	13	25
경해관일	15	57	기봉장오	10	79	묵암최눌	10	37
경허성우	13	15	기산석진	15	63	문성(보응)	14	34
계룡규성	19	41	낙현(이봉)	13	8	문주(원해)	14	44
계묵(경송)	12	78	남호관영	13	64	민욱(취은)	15	74
계선(제봉)	14	43	낭암시연	11	6	방포태영	15	77
계월준영	14	38	낭오(대은)	11	21	백곡처능	5	81
계정(원웅)	15	7	낭윤(용암)	10	52	백련도연	10	22
계종(학명)	19	17	눌봉정기(용화)	16	71	백암성총	6	37
관영(남호)	13	64	대붕지수	16	40	백은종택	17	54
관일(경해)	15	57	대은낭오	11	21	백파긍선	12	16

법호법명	세	번	법호법명	세	번	법호법명	세	번
백화팔정	10	55	사선(회광)	15	30	성총(백암)	6	37
범일보성	20	28	사암채영	11	10	성학(한봉)	13	80
범해각안	13	24	상로(퇴경)	16	31	성호(혼명)	14	77
법린(환해)	11	49	상전	14	65	세찰(풍암)	9	37
법선(구연)	13	47	서산(청허휴정)	3	1	송운유정(사명)	4	1
벽담행인	10	69	서유(성월)	12	53	수경찬민	15	82
벽련인성	14	53	서해묘언	15	19	수련(구산)	19	28
벽송지엄	1	1	석전(한영정호)	19	16	수산원만	13	44
벽암각성	4	37	석진(기산)	15	63	수연(무용)	7	37
보담혜준	5	38	석호형순	16	57	수일(보명)	14	59
보명(금담)	10	21	선곡지우	18	73	수초(취미)	5	37
보명수일	14	59	선명(우송)	15	8	승림(만하)	17	9
보성(범일)	20	28	선수(부휴)	3	37	시연(낭암)	11	6
보응문성	14	34	선오(화산)	14	50	시오(호의)	12	24
보인(학산)	16	3	선종(예운)	13	69	안인(무위)	13	25
보정(금명)	16	53	설두유형	16	16	약탄(영해)	8	37
봉완(용운)	18	14	설월용섭	15	37	언기(편양)	4	9
봉우(추강)	15	70	성공종규	14	66	여만(영허)	11	80
봉의(퇴은)	11	59	성우(경허)	13	15	연담유일	9	19
부용영관	2	1	성원(경파)	13	32	연파혜장	11	3
부휴선수	3	37	성월서유	12	53	연해적전(국신)	16	56
사명(송운유정)	4	1	성철(퇴옹)	17	27	영관(부용)	2	1

법호법명	세	번	법호법명	세	번	법호법명	세	번
영봉표정(혁원)	12	50	우담홍기	14	76	익운(경붕)	16	11
영오(경월)	12	19	우송선명	15	8	인성(벽련)	14	53
영월축문	14	60	우홍(두월)	9	79	인영(현빈)	4	2
영해약탄	8	37	원기(경운)	17	11	인파	14	39
영허여만	11	80	원만(수산)	13	44	일각(회광)	19	29
영호정호	19	16	원응계정	15	7	일선(경성)	2	84
예암광준	13	18	원해문주	14	44	일섭(금용)	16	20
예운선종	13	69	유완(청오)	15	68	잉석(현곡)	18	49
오천(해은재선)	17	49	유일(연담)	9	19	장선(침연)	15	40
완규(함호)	14	52	유정(송운)	4	1	장오(기봉)	10	79
완섭(용은)	17	53	유한(응화)	13	6	재선(해은)	17	49
완호윤우	11	22	유형(설두)	16	16	재순(금당)	15	48
용선천희	15	71	윤우(완호)	11	22	재영(춘곡)	16	61
용섭(설월)	15	37	율암찬의	15	44	적전(연해국신)	16	56
용성진종	15	27	은철(화운)	13	5	정기(눌봉용화)	16	71
용악혜견	15	28	응암낭윤	10	52	정봉	13	79
용암진수	16	49	응하	15	12	정원(제산)	18	1
용운봉완	18	14	응화유한	13	6	정지(하의)	12	26
용운처익	12	45	의순(초의)	12	22	정호(영호한영)	19	16
용은완섭	17	53	의암창인	10	19	제봉계선	14	43
용호해주	15	33	의천(환적)	5	35	제산정원	18	1
용화(눌봉정기)	16	71	이봉낙현	13	8	제운해징	10	56

법호법명	세	번	법호법명	세	번	법호법명	세	번
종규(성공)	14	66	창인(의암)	10	19	침명한성	13	50
종택(백은)	17	54	채영(사암)	11	10	침연장선	15	40
종헌(만암)	15	20	처능(백곡)	5	81	태선(함명태현)	15	11
주흔(화성)	14	45	처익(용운)	12	45	태영(방포)	15	77
준영(계월)	14	38	천희(용선)	15	71	태현(함명태선)	15	11
중관해안	4	36	청오유완	15	68	통허치성	13	67
지경(환적의천)	5	30	청허휴정	3	1	퇴경상로	16	31
지봉지안	13	53	초은평률	14	75	퇴옹성철	17	27
지선(동명화인)	13	46	초의의순	12	22	퇴은봉의	11	59
지수(대봉)	16	40	최눌(묵암)	10	37	팔정(백화)	10	55
지안(지봉)	13	53	추강봉우	15	70	편양언기	4	9
지엄(벽송)	1	1	축문(영월)	14	60	평률(초은)	14	75
지우(선곡)	18	73	축정(경봉)	14	62	포우행성	12	80
진수(용암)	16	49	춘곡재영	16	61	표정(영봉혁원)	12	50
진응혜찬	14	12	취미수초	5	37	풍곡덕인	14	11
진종(용성)	15	27	취봉창섭	14	64	풍암세찰	9	37
진홍(호봉)	14	51	취암경은	15	83	하담향섭	14	42
찬민(수경)	15	82	취운혜오	18	4	하의정지	12	26
찬원(혼해)	14	13	취은민욱	15	74	학눌(효봉)	18	28
찬의(율암)	15	44	취진(침룡)	15	41	학명계종	19	19
찬진(금월)	16	72	치성(통허)	13	67	학산보인	16	3
창섭(취봉)	14	64	침룡취진	15	41	한봉성학	13	80

법호법명	세	번	법호법명	세	번	법호법명	세	번
한성(침명)	13	50	현곡잉석	18	49	화성주흔	14	45
한영정호(영호)	19	16	현빈인영	4	2	화운은철	13	5
함명태선(태현)	15	11	형순(석호)	15	57	화인(동명지선)	13	46
함호완규	14	52	혜견(용악)	15	28	환경대현	16	58
해안(중관)	4	36	혜오(취운)	18	4	환적의천	3	35
해은재선	17	49	혜장(연파)	11	3	환해법린	11	49
해주(용호)	15	33	혜준(보담)	15	38	회계휘종	11	70
해징(제운)	10	56	혜찬(진응)	14	12	회광사선	15	30
행성(포우)	12	80	호봉진홍	14	51	회광일각	19	27
행인(벽담)	10	69	호의시호	12	24	효봉학눌	18	28
향섭(하담)	14	42	혼명성호	14	77	휘종(회계)	11	70
향훈(견향)	13	23	혼해찬원	14	13	휴정(청허)	3	1
허주덕진	12	79	홍기(우담)	14	76	희암등찬	11	53
혁원(영봉표정)	12	50	화산선오	14	50			

● 승계보와 승계보 색인은 송광사박물관장 고경 스님이 정리하였습니다.

찾아보기

[ㄱ]

『가송록歌頌錄』_ 96
간화선看話禪_ 152, 153, 154, 186, 217, 220
「감로암중수화문甘露庵重修化文」_ 54
갑신정변甲申政變_ 62
갑오경장甲午更張_ 67, 134, 184, 228
강석호姜錫鎬_ 65, 66, 131
강일통江日通_ 100, 109, 110, 114, 115
건당建幢_ 45, 49, 50, 52, 54, 85, 118, 124, 229
경붕景鵬_ 43, 46, 124
경상우도지례현비봉산봉곡사사적_ 166
경운원기擎雲元奇_ 43, 86, 125, 181
경원敬圓_ 42, 51, 53, 124, 426
경월영오鏡月寧遨_ 198, 199
경월擎月 거사_ 87
경파景坡_ 42, 43, 124, 421
경해鏡海_ 115
경허성우鏡虛惺牛_ 49, 69, 70, 71
계룡鷄龍_ 121, 243
「계안문契案文」_ 62, 142, 147, 353
고담古潭_ 153
고봉高峰_ 153, 164, 380, 392
고심율사_ 203
고종高宗_ 47, 62, 65, 73, 79, 97, 131, 135, 139
광원암廣遠庵_ 43~46, 50, 52, 61, 72, 87, 112, 125, 211, 220, 226, 227, 229, 337, 421
광원암중수화문_ 54
교연皎然_ 209
구곡각운龜谷覺雲_ 93, 170, 179
구산九山 스님_ 244, 246
구연법선九淵法宣_ 44, 63

구정九鼎_ 120
국사전_ 69, 94, 95, 97, 98, 99, 391, 398, 399
권상로權相老_ 93, 425
『고문진보古文眞寶』_ 46, 90, 196, 235
극락교極樂橋_ 92, 109, 371, 386, 401
『금강경오가해金剛經五家解』_ 173
금강계단金剛戒壇_ 73, 79, 87, 112, 126, 196, 201, 204
금담보명金潭普明_ 35, 196~202
금당錦堂_ 243, 244, 427
『금명대사수시錦溟大師壽詩』_ 106, 147
금봉錦峰_ 125
금용일섭金蓉日燮_ 89
금폐禁弊의 절목節目_ 68, 69, 134
기로소耆老所_ 73, 76, 78, 79, 135, 137, 138, 356
기룡麒龍_ 58
기봉奇峰_ 49, 52, 59, 98, 101, 226, 227
『기신론起信論』_ 43
김가진金嘉鎭_ 104
김규진金圭鎭_ 102
김돈희金敦熙_ 100, 101
김영택金永澤_ 65, 68, 131, 134
김용대_ 122
김상종金相宗_ 40, 84
김성근金聲根_ 74, 125, 137
김시원金時元_ 60
김잉석金芿石_ 87, 115
김학모金學模_ 108, 125
김현암金玄庵_ 86, 181
김형근_ 109, 110
끽다거喫茶去_ 220, 221, 234, 246

443

[ㄴ]

나옹혜근懶翁惠勤_ 153, 154, 156, 163, 169, 173~175, 178, 186

남곡南谷_ 86, 374

남여혁파籃輿革罷_ 65, 66, 80, 131

남종선南宗禪_ 151, 165, 188

남포석南浦石_ 99

『남화경南華經』_ 47, 58, 59, 92, 226

눌봉정기訥峰正基_ 62, 104

눌산訥山_ 117

능가사楞伽寺_ 55, 117, 212, 342

[ㄷ]

다가茶歌_ 229, 236

다도茶道_ 209, 233~235

다비茶毘_ 45, 89

다선일여茶禪一如_ 221, 241, 246

다선일향茶禪一香_ 30, 241

다솔사대웅전상량문_ 90, 364

『다송문고茶松文庫』_ 40, 96, 119, 144, 147, 208, 241, 336

다송산방茶松山房_ 67

『다송시고茶松詩稿』_ 32, 36, 40, 54, 144, 147, 241, 250

다송자茶松子_ 29~31, 39, 40, 76, 83, 117, 119, 120, 123, 138, 141, 143, 144, 147, 149, 188, 191, 209, 210, 2217, 222, 228, 230, 231, 235, 237, 241, 242, 243, 246, 247, 250, 259, 262, 310, 317, 330, 336, 378, 382, 384

다신전茶神傳_ 230, 233~235

다약설茶藥說_ 236

「당사상주집물전장서堂司常住什物傳掌書」_ 73

『대동영선大東詠選』_ 144, 147, 423

대붕大鵬_ 81, 108

대승계大乘戒_ 42, 126, 196, 235

『대승선종조계산송광사지』_ 149

대은大隱_ 35, 196~202

대장경인경불사大藏經印經佛事_ 64, 132

『대혜어록大慧語錄』_ 164, 182, 217

도성당道成堂_ 95, 375

도총섭都摠攝_ 69, 132, 422

『동다송東茶頌』_ 230, 231, 233~237, 259, 276

『동래박의東萊博議』_ 46, 90, 196, 235

동명지선東溟智宣_ 51

동방장東方丈_ 47, 352, 378

『동사열전東師列傳』_ 53, 79, 90, 183~187, 195, 200, 205

동학운동_ 59

동화사桐華寺_ 96, 106, 110

두월斗月_ 43, 80, 96, 98

등촉계燈燭契_ 142

[ㅁ]

『만보전서萬寶全書』_ 233

만일암挽日庵_ 32~35, 78, 195, 196, 200, 201, 209

만암종헌曼庵宗憲_ 125, 426

만하승림萬下勝林_ 203

망월사望月寺_ 74, 135

매천황현梅泉黃玹_ 60, 125

「명부전계안서冥府殿契案序」_ 60

몽산덕이蒙山德異_ 153

몽성암夢聖庵_ 101

무용수연無用秀演_ 53

무위無爲_ 200, 229

무학無學_ 64, 153, 169, 173, 175

묵암默庵_ 44, 52, 53, 59, 60, 64, 95, 99, 108, 116, 205, 348, 375, 406

「묵암입석모연문默庵立石募緣文」_ 59

문정왕후文定王后_ 163, 170

민영철閔泳喆_ 65, 131

[ㅂ]

박상전朴祥銓_ 92

박춘정朴春庭_ 117

박한영朴漢永_ 85, 96, 106, 110, 189

『반야般若』_ 44, 62

백곡처능白谷處能_ 104

백암성총栢庵性聰_ 53, 145

백은종택栢隱鍾宅_ 113, 121, 426, 427

백운경한白雲景閑_ 155, 156

『백열록栢悅錄』_ 144, 146, 236, 237

백파긍선白波亘璇_ 46, 88, 211~213

『범망경梵網經』_ 47, 79, 90, 126, 196, 235, 361

범일보성梵日菩成_ 242

범해각안梵海覺岸_ 35, 46, 110, 124, 147, 183~185, 187, 195, 196, 199, 201~203, 205~213, 229, 230, 235, 236, 241, 306, 323, 421

『범해선사시집梵海禪師詩集』_ 202, 208, 229

『범해선사집梵海禪師集』_ 208~210

법원사法源寺_ 156, 203

벽계碧溪_ 166, 170, 179

벽담碧潭_ 52, 53, 86, 93, 98, 100, 179, 180, 181, 184, 205

벽련인성碧蓮仁性_ 53, 205 ,206, 426

「벽련선사전碧蓮禪師傳」_ 53, 205

벽송지엄碧松智儼_ 165, 166, 175, 179

「벽송당대사행적碧松堂大師行蹟」_ 164

벽암각성碧巖覺性_ 43, 53, 184, 337, 347, 378

보련각寶蓮閣_ 90, 207, 209

보명존자普明尊者_ 155

보명학교普明學校_ 84, 89, 91, 126

보제당普濟堂_ 72, 89, 107, 116, 117, 119, 125, 187, 382

「보적암중수문寶積庵重修文」_ 60

「보조암강당선불장연화결사문」_ 56, 347

보조국사普照國師_ 30, 55, 69, 71, 76, 79, 93, 94, 107, 113~1115, 146, 153~154, 159, 160, 163, 182, 183, 186~190, 217, 220, 241, 246, 347, 349, 380, 381, 391, 406~408, 410, 414

보조암普照庵_ 44, 46 51, 52, 54, 56, 62, 63, 78, 80~82, 85, 91, 93, 94, 96, 112, 118, 124, 125, 140, 141, 222, 223, 227, 229, 230, 279, 347, 374, 375, 410, 421

보조장삼普照長衫_ 190

「본군수원우상제막공덕기」_ 56

봉곡사鳳谷寺_ 166, 169

봉천암奉天庵_ 52, 60

부도원浮屠園_ 31, 122, 123

부용영관芙蓉靈觀_ 165, 166, 175, 186

부휴선수浮休善修_ 43, 52, 53, 94, 104, 122, 180, 182, 184, 186, 212, 337, 347, 411, 426

불량계佛糧契_ 142

『불조록찬송佛祖錄讚頌』_ 106, 144, 145, 147, 188, 227

『불조원류』_ 166, 169, 178~181, 183, 184

[ㅅ]

『사략史略』_ 47, 58

『사분율四分律』_ 47, 49, 196, 235, 361
『사산비명四山碑銘』_ 46, 90, 196, 235
『사서삼경四書三經』_ 47
사암채영獅巖采永_ 178
사자후_ 53, 205, 402
사판事判_ 132
「사천왕진상중수개채권문」_ 54
「산신계서山神契序」_ 60
삼보三甫_ 139
삼보종찰三寶宗刹_ 196
삼의三衣_ 195
삼일암_ 52, 63, 65, 73, 80, 222, 223, 361, 380, 395
「삼일암중건연기론」_ 80
삼장三藏_ 126, 347
『삼장법수집三藏法數集』_ 106
삼학三學_ 126, 188, 195, 199, 234
『삼현三賢』_ 44, 62
서불암西佛庵_ 50, 55, 56, 121, 252, 342, 345
서산西山_ 33, 163, 178, 198
서상수계瑞祥受戒_ 35, 197, 199, 203
서우西藕_ 43
서의순徐誼淳_ 109
서정순徐正淳_ 86, 110
서해묘언犀海妙彦_ 205, 236
석굉釋宏_ 153
석옥청공石屋清珙_ 154, 156, 169, 179
석호형순錫虎炯珣_ 89, 115, 125, 426, 427
선불장選佛場_ 56, 347, 380
『선가귀감禪家龜鑑』_ 163, 165
선곡禪谷_ 201
『선문수경禪門手鏡』_ 88, 211~213
『선문염송禪門拈頌』_ 46, 93, 144, 152

『선문증정록禪門證正錄』_ 87, 88, 211, 212
『선문촬요禪門撮要』_ 71
선의禪議_ 101, 133
선재동자善財童子_ 44, 367
설두雪竇_ 46, 51, 212
설암雪巖_ 344
설월雪月_ 45, 71, 74, 83, 90, 125
설준雪俊_ 169, 176, 177
섭리攝理_ 76~78, 110, 114, 131, 132, 137
성공性空_ 243
성리학性理學_ 67, 133, 161, 163, 232
성수망육聖壽望六_ 73, 135
성수전聖壽殿_ 73~79, 82, 97, 132, 135~139, 355, 356, 410, 422
성월서유聖月瑞喬_ 53, 426
성종실록成宗實錄_ 176
성철性徹_ 204
『송광사고松廣寺史庫』_ 86, 123, 149
「송광사사자항신구로연기변」_ 96, 384
「송광사시왕탱신성기」_ 67
『송광사지松廣寺誌』_ 40, 52, 54, 80, 149, 150
「송광사하사당중수량문」_ 66
송명학교松明學校_ 85, 91, 108, 126
송명회宋明會_ 106, 125
송태회宋泰會_ 91, 92, 97, 100, 101, 104, 106, 121, 123, 125, 132, 141, 207, 208, 269, 310, 420
수경袖鯨_ 108
수산원만守山圓滿_ 44
수선사修禪社_ 47, 55, 71, 93, 152~154, 292, 352, 353, 392, 410
「수선지서修禪誌序」_ 93
『수심결修心訣』_ 71

신미信眉_ 169, 174, 176, 177

심검당尋劒堂_ 73, 108, 381, 382

[ㅇ]

안순환安淳煥_ 102

『양반전』_ 179

여규형呂圭亨_ 101

여자도진汝自島鎭_ 74

연담유일蓮潭有一_ 35, 196, 200

『염불요문念佛要門』_ 107

『염불요문과해念佛要門科解』_ 107, 144, 146

『염송拈頌』_ 158, 211

『염송설화拈頌說話』_ 93, 103, 226

연수성延壽星_ 57

연해蓮海_ 243

영월축문映月竺文_ 117

영준英俊_ 41

영해약탄影海若坦_ 53, 184, 205, 212, 337, 348, 411

영허여만虛盈如滿_ 45

예수무차회豫修無遮會_ 80

예운혜근猊雲惠勤_ 100

예운禮雲_ 186

완월玩月_ 90, 91, 207

완섭完燮_ 86, 103, 125, 423, 420, 425, 426, 427

용선龍船_ 85, 374

용성龍城_ 92, 125, 201

용악혜견龍嶽慧堅_ 64, 222, 225~228, 243

『용악집龍嶽集』_ 222

용암진수龍岩振秀_ 54, 111, 118

용운처익龍雲處益_ 44, 47, 51, 59, 63, 93, 95, 99, 109, 110, 352, 375, 380, 381, 392, 393

용화당龍華堂_ 108, 110, 398

우담홍기優曇洪基_ 43~45, 51, 63, 72, 86~88, 90, 115, 211~213, 226, 227, 337, 348

우송友松_ 110

우화각羽化閣_ 69, 70, 101

『원각경圓覺經』_ 43, 58, 167

원감국사圓鑑國師_ 96, 221, 246

원감국사비_ 99

원우상元禹常_ 56

원응계정圓應戒定_ 125, 205, 212, 213, 236

원종圓宗_ 85, 181, 189

원해圓海_ 44, 45, 50, 124, 421

원화덕주圓華德柱_ 43, 47, 58, 63, 90, 110, 124, 229, 337, 421

원화성진圓華性眞_ 117

원흥사元興寺_ 73, 135

「원효암산왕계안문元曉庵山王契案文」_ 60

「유산서遊山序」_ 63

『육조단경六祖壇經』_ 182

육홍陸鴻_ 209

윤성구尹成求_ 65, 131

윤웅렬尹雄烈_ 61, 62, 74, 125, 137, 353

윤희구尹喜求_ 96, 100

율목봉산栗木封山_ 67, 68, 134

율산목자栗山木子_ 98

율암찬의栗庵贊儀_ 44, 68, 109, 195, 205, 236

은적암隱寂庵_ 49, 58, 59, 81, 82, 89, 110, 140, 222, 224, 257, 260, 374

을미사변乙未事變_ 60, 353

음기陰記_ 96, 100, 101, 104, 109, 110, 121, 420, 425

응암낭윤應庵朗允_ 52, 53, 86, 92, 106, 205, 206, 348, 426

응월應月_ 43, 380
응하應夏_ 81
의발衣鉢_ 44, 63, 155
의병義兵_ 81~83, 138~140
이건창李建昌_ 54, 100
이면상李冕相_ 58
이범진李範晉_ 47, 48, 125, 135, 352, 353, 381
이봉낙현離峯樂玹_ 52, 54, 80, 86, 98, 100, 229, 230
이용원李容元_ 64, 109
이종원李宗元_ 100, 104
이최려李最呂_ 97, 100, 101
이하영李夏榮_ 65, 66, 80, 131
인암忍庵_ 243, 244
인월印月_ 90, 91, 207
인월대隣月臺_ 220, 221
임석진林錫珍_ 80
『임제록臨濟錄』_ 162
임제종臨濟宗_ 86, 154~256, 160, 162~166, 169, 170, 173, 178, 179, 181~183, 187~189, 206
일각一覺_ 204

[ㅈ]
자민玆敏_ 117
자정국사慈靜國師_ 107
장자莊子_ 47, 58, 226, 293
『저역총보著譯叢譜』_ 103, 144, 146, 423
전경불사轉經佛事_ 78, 79
전등식傳燈式_ 52, 124
「전독대장경발문轉讀大藏經跋文」_ 79, 353
정관존자淨觀尊者_ 33
정괄鄭恬_ 176

정기회鄭基會_ 64, 109
정대유丁大有_ 96, 97
정만조鄭萬朝_ 100
정명원鄭明源_ 76, 355
「정봉-대화상출세통장」_ 59
정봉正峰_ 59
정심正心_ 166, 167, 169, 170, 175~177
정약용丁若鏞_ 33
정인홍鄭寅弘_ 80
『정토찬백영淨土讚百詠』_ 112, 144, 145
정혜결사定慧結社_ 71, 93, 160, 190
『정혜결사문定慧結社文』_ 71
정혜쌍수定慧雙修_ 235
제납박타提納薄陀_ 155
제봉霽峰_ 139
제산霽山_ 201
제운霽雲_ 52, 72, 98, 100
제자백가諸子百家_ 46, 47, 58, 124, 229, 421
조규화趙圭和_ 81~83, 138~141
『조계고승전』_ 54, 103, 108, 111, 117, 118, 144, 146, 152, 184~189, 330, 423
「조계산국사전중창상량명병서」_ 98, 391
「조계산송광사국사전중수기」_ 98, 398
「조계산진영당이건급신조영연기론」_ 94, 374
조도수趙道洙_ 116
조동종曹洞宗_ 85, 86, 181
조성희趙性憙_ 86, 110
조주趙州_ 220, 221, 230, 233, 234, 241, 242, 244~246, 259, 262, 298
주원장朱元璋_ 156
중관해안中觀海眼_ 165, 178
증심사證心寺_ 85, 181

지공指空_ 155, 156, 170, 173, 175, 178

지눌知訥_ 30, 71, 152, 160, 186, 217, 220

지방학림地方學林_ 91, 93

지봉智峰_ 53, 205, 206, 211, 426

진각혜심眞覺慧諶_ 152, 160, 220

진각국사眞覺國師_ 30, 61, 93, 103, 144, 218, 219, 220, 221, 226, 241, 246, 347, 391

진명국사眞明國師_ 153, 221

『진심직설眞心直說』_ 71

진안월초震顏月蕉_ 90, 365

진영당眞影堂_ 86, 96, 374, 392

진응震應_ 81, 85, 88, 125, 212

『질의록質疑錄』_ 144, 145, 423

[ㅊ]

창봉窓蜂_ 120

천일청千一淸_ 73

청량각淸凉閣_ 92, 109, 401

청원루_ 78, 223, 278, 279

청진암淸眞庵_ 45, 52, 59, 60, 63, 81, 99, 125, 222, 224

「청진암중건화문淸眞庵重建化文」_ 62

초은草隱_ 78, 359

초의의순草衣意恂_ 32, 35, 36, 88, 195, 196, 198~203, 209, 211~213, 229~231, 233~236, 240, 241, 259

총섭總攝_ 42, 64, 67, 76, 80, 131, 132

최남선崔南善_ 110

최익현崔益鉉_ 86

추강秋江_ 87

추사秋史_ 88, 146, 211

추업풍鄒業豊_ 100

축성전祝聖殿_ 47, 48, 62, 135, 352, 353, 380, 381, 382

「축성전창건기」_ 62, 352

취미수초翠微守初_ 53, 184

취봉창섭翠峰昌燮_ 91, 179, 243, 244

취암경은翠嚴璟恩_ 68, 95, 105, 134, 375

취운혜오翠雲慧悟_ 205, 236

「취은화상열반계서翠隱和尙涅槃契序」_ 72

취은민욱翠隱旻旭_ 69, 125, 201

칙령勅令_ 64, 65, 67, 68, 71, 131, 132, 134, 358

칠불계맥七佛戒脈_ 35, 196, 201, 202, 234

칠성탱七星幀_ 63, 76, 77

칠전七殿_ 378, 380, 392, 395

「칠전동방장고금명이변」_ 96, 378

「침계루중수상량문」_ 61

침명枕溟_ 46, 49, 52, 55, 59, 81, 86, 89, 211, 212, 227, 348

침연枕淵_ 52, 59, 81, 108, 110, 227

[ㅌ]

태고보우太古普愚_ 154, 165, 166, 169, 170, 186, 206, 375, 380

통허치성洞虛致性_ 72

「통허화상출세통장서」_ 72

[ㅍ]

「팔상전약사전양등계서」_ 60

팔영산八影山_ 50, 55, 56, 117, 212, 252, 342

편양언기鞭羊彦機_ 165, 175

평산처림平山處林_ 154, 178

포허抱虛_ 43

풍곡덕인豊谷德仁_ 46

풍암세찰楓巖世察_ 52, 53, 72, 91~95, 122, 182, 184, 186, 205, 206, 337, 348, 375,

426

풍암영각楓巖影閣_ 45, 95, 96, 122, 184

[ㅎ]

하담향섭荷潭向燮_ 111
하마비下馬碑_ 47, 49, 131, 353
학명鶴鳴_ 106, 125
학성군鶴城君_ 41, 420
학열學悅_ 169, 174~177
학조學祖_ 169, 174, 175, 358
한붕성학漢朋聖鶴_ 45
한용운韓龍雲_ 86, 181, 189
함명태선涵溟台先_ 43, 45, 46, 51, 89, 115, 124, 229, 337, 421
함허득통涵虛得通_ 169, 173~176
향일암向日庵_ 110
해은海隱_ 87, 93, 96, 115, 116, 118, 125, 426
「행록초行錄草」_ 40, 52, 117~119, 147
행장行狀_ 130, 31, 39, 40, 54, 59, 90, 92, 93, 111, 117~119, 147, 166, 184, 195, 205, 208
「행해당중건상량문行解堂重建上樑文」_ 72
「행해당중건화문行解堂重建化文」_ 62
허균許筠_ 163
허정환許正煥_ 101
허주덕진虛舟德眞_ 49, 51, 52, 55, 59, 72, 226, 227, 421
『현담懸談』_ 44, 62
현빈인영玄賓印英_ 178
「현요玄要」_ 73, 135
혜감만항慧鑑萬恒_ 152, 221
혜암상총慧庵尙聰_ 157
혜준惠俊_ 67, 134
호불護佛 정책_ 161

호붕진홍浩鵬振弘_ 92, 104
호연혜전浩然惠典_ 81, 117
혼해찬원混海贊元_ 43, 110, 124
홍릉洪陵_ 68, 134
홍현주洪顯周_ 235
화산華山_ 89, 92
화성주흔華性湊炘_ 110, 114
「화송광사금명당和松廣寺錦溟堂」_ 70
화엄대회華嚴大會_ 73, 135
환경喚鯨_ 92
환선정喚仙亭_ 89
환암혼수幻庵混修_ 153, 170, 179
환적지경幻寂智鏡_ 170~175, 178
환해幻海_ 52, 104
황계계단_ 203, 361
황대인黃大仁_ 97, 100, 101, 104, 109, 110
『황정경黃庭經』_ 57
회계會溪_ 52, 54, 86, 93, 94
회광晦光_ 73, 78, 79, 85, 86, 181, 183, 189, 330, 359
효봉曉峰_ 243, 244
희암등찬喷庵等瓚_ 53
「흥양군팔영산능가사서불암기」_ 50, 342

참고문헌

조계산 송광사지 2001

조계산 송광사 사고史庫

한국불교전서 1996

다송자시고

다송자문고

조계고승전

불조록찬송

동사열전

금명대종사비명병서

백열록

용악집

청허당집

효봉어록

구산선문

불조원류

보조전서

진각국사어록

초의집

범해선사문집

조선왕조실록

오대산진여원중창기

봉곡사지

한국민족문화대백과사전

규장각 도서 〈규장각지도〉 순천송광사사적부지도

국립중앙박물관 유리건판 사진

다송자 금명 보정

1판 1쇄 인쇄 2024년 2월 1일
1판 1쇄 발행 2024년 2월 8일

저자   현봉
발행인   원명

대표   남배현
본부장   모지희
책임편집   박석동
경영지원   허선아
디자인   동경작업실

펴낸곳   (주)조계종출판사
등록   2007년 4월 27일 (제2007-000078호)
주소   서울시 종로구 삼봉로 81 두산위브파빌리온 1308호
전화   02-720-6107
전송   02-733-6708
이메일   jogyebooks@naver.com
구입문의   불교전문서점 향전(www.jbbook.co.kr) 02-2031-2070

ISBN 979-11-5580-216-8 (03220)

이 책의 판권은 지은이와 (주)조계종출판사에 있습니다.
이 책 내용의 일부 또는 전부를 재사용하려면
반드시 양측의 서면동의를 받아야 합니다.

조계종
출판사   지혜와 자비의 눈으로 세상을 바라봅니다.